自序

13年前我决定撰写《李兆基博士传记》，记载香港企业家拥有一份傲视全球的成绩，作为香港回归祖国的一份献礼。于是在1997年初开始搜集资料，再以三个星期时间，躲在温哥华，足不出户，顺利写成全本传记，准时于1997年7月1日出版。

至2006年中旬，我每次参加李兆基博士的各个慈善捐款和公益活动，都遇到很多很多同一的提问："《李兆基博士传记》的延续篇何时会出版呢？"正如李兆基博士一再强调他做善事如同做生意一样，都要善用"四两拨千斤"的杠杆原理，产生几何效应。因此受惠于李兆基慷慨捐助的人越来越多，他们都很在意、乐意、愿意多了解李兆基博士的为人处事，既是受惠者对施恩者之尊重，也是对传奇创造者的崇拜，更盼能从他的成功事迹中获得启迪，以有助于自己的事业与人生。事实上，笔者亦察觉到李兆基博士在回归后，不但能安然稳渡1998年的亚洲金融风暴，而且以李兆基博士在这几年间更上一层楼的成就，更能给予在危机危难、困难困扰中的人很大鼓舞，证明危中有机、危中探机、危中取机是确有其人、确有其事。这是更应撰写《李兆基博士传记——延续篇》的原因。

原计划《李兆基博士传记——延续篇》应在2007年7月1日香港回归十周年时出版，以有其独特的意义。我没有想过这计划会全盘失算失控，变成了我不自量力的"狂想"与"妄想"。十年人事几番新，不是因为我的一枝秃笔，十年内毫无进步，也不是我年纪大了，精力不足以每天写1.5万字，能以三个星期完成一本传记或小说，而是我创办的勤＋缘媒体服务有限公司在2004年中旬于香港联合交易所主板上市。作为一间上市公司的创办人和总负责人，公司的业绩成败并不只是控股股东的个人荣辱，而是必须要肩负的责任。上市公司的首席执行官必须要根据非常严谨的上市条例运作、必须竭心尽力开拓业务以使股东的利益获得最大保障，加上在中国内地经营媒体有关的服务须加倍地、异乎寻常地谨慎，绝对不能掉以轻心，这是众所周知的。我从没有预算过为了这间上市公司所要付出的精神、时间、体力会如此浩大，所要承担的责任、压力和期望是如此沉重。尤其我毕生的最大愿望是毋负于人，每当我走在中环，遇到我的读者笑盈盈地向我打招呼说："你是梁凤仪吗？我是你的读者，现在也成了你的股东。"我就既感激又担心，为信任我、为支持我而投资勤＋缘，我不竭心尽力做好公司，又何以为报？

我只要心无旁骛、专心疾书，写作速率仍然可以保障。但上市至今，我把家庭、亲友、休闲、娱乐、嗜好甚而健康都全放在第一位之后，没有任何人与任何事对我的重要性，可以凌驾于公司的业务和商誉之上。心有所系，却系于要把勤＋缘这间小型上市公司在极速时间内，发展成为第一间由外资控股而能在中国内地经营全面性媒体业务，并在浩瀚的中国内地消费者市场内，建立以传统媒体电视节目制作与电视广告为核心业务的跨媒体业务平台，教我如何能以13年前般的自由之身和自由之心进行公司业务之外的任何活动与工作。我真的愧对李兆基博士和那很多一直盼望能早日读到《李兆基博士传记——延续篇》的广大群众。

众所周知，金融大海啸席卷全球，其山崩地裂之威力，破坏了国际金融体制，危害了社会经济，在2008年第四季度至2009年第三季度，全球金融企业界人士无不心惊胆颤、坐立不安，工作量与精神压力比平常不知增加多少倍，我自己亦不能例外。我曾想过应该引进别些作家接替我完成这个任务，几经思量之后，我下定决心，哪怕极度忙碌、不眠不休以至心力交瘁，我都必须在悉心照顾公司业务之余，腾出时间精力把《李兆基博士传记——延续篇》写好，并加添了自香港回归后这13年内两次金融大风暴中李兆基博士的应变成绩。因为我欣赏且敬佩李兆基博士念旧怀远的品德，他对故友的隆情高义，实在教人感动。时至今日，他对我视为恩师的冯景禧先生之真情思念、对冯景禧夫人的尊重关怀、甚至对跟随过冯景禧先生工作的旧属们，都时刻表示友爱，每年主动地邀约各人畅叙，这份人情出自于千亿富豪的内心，我们不知如何言谢。写文章写得比我好的作家，多如恒河沙数，我之所以不愿意把这个任务转交，既为舍不得放弃一个回报李兆基博士真情厚义的机会，更为怕其他作家在与李兆基博士的交流沟通上不如我熟谙，对于能掌握李兆基博士心意这方面，我还是比别人容易，毕竟我有三十多年跟随在香港企业家身边学习的经验，他们很多的"潜台词"，我听惯了、揣度惯了，比较容易事半功倍。

在过去的一年，公司业绩必须做强做大，争取比以前更好的成绩。《李兆基博士传记——延续篇》必须改好写好，得出比13年前出版的《李兆基博士传记》更为人阅读与珍藏的价值。故此，2009年是我记忆中体力消耗最多、精神压力最大的一年。一向喜欢工作和热爱责任的我，从来没有因工作与责任给我的重担而吭过半句、叹过一声，在这2009年，很多时候我都想大喊一声，说："真是太辛苦了。"

再艰难的日子都会过去，再大的困境都会为有志之士的努力所克服。这是我个人的经验，亦是从李兆基博士过去几十年的人生中所领会到的信念。他的传记延续篇终于在2010年第一季度完成。而坚定不移的韧力和努力得到了额外的回报，因为我所撰写的作品已属于公司的资产，从《李兆基博士传记——延续篇》所产生的有关作者利益将属勤+缘所有。在一举两得的情况下，曾有过的一切艰辛，早已烟消云散，于我，只留下一段非常珍贵的人生历程，并再一次证明世上无难事，只怕有心人。相信在以后每一回想，我终于完成任务的舒畅和快慰会使我不住回味，且沾沾自喜。

在此，谨向所有提供资料的朋友，及参与出版发行印刷等各项工作的各单位与人士致谢，没有你们的专业和合作，《李兆基博士传记——延续篇》不能如此畅顺而精美地面世。最后，谨向我的读者致意问候，你们永远是我奋斗的一股强大的鼓舞力量。

梁凤仪

2010年3月28日

写于李兆基博士私人航机回程香港途中

目录

后记

附录

《第 一 章》

世纪传奇 传记传世

第一节 再创高峰 言行实录

“在巍峨的雪岭上潇洒滑翔的李兆基，极目远望，但见群山含情，蓝天带笑。李先生满心欢喜，他自信明天跟今天一样，他都会拥有一个宁静而光明、自在而畅顺的世界。”

上文取自13年前《李兆基博士传记》第六章尾段，此书获国家新闻出版总署颁发“1997年度全国畅销书第一级大奖”。这本由李兆基亲自口述经历，并由笔者破例执笔撰写的世界富豪级自传，就是在这种祥云朵朵、喜气盈盈、山外有山的非凡意境中完成。当时的李兆基怀抱着一片平和的心境，款款谈及他的未来抱负和理想，又预见他在不久将来必会再闯另一高峰，为他的人生更添异彩。

在这悠悠13载，李兆基过得更精彩、更出类拔萃、更为人津津乐道。传记续篇，应以传世。

第二节 香港福地 创富载德

李兆基长期对香港前景充满信心，远在1976年，于恒基成立三周年纪念刊物李兆基的序言是这样写的：

“香港为世界贸易之枢纽，亦为国际金融中心，向属工商重镇，旅游购物胜地，因其具有经济之潜力，足够之工源，低廉之税率，及汇兑之自由，凡此皆足以做成其优越地位。

“由是万商云集，人口荟萃，加上战后急剧膨胀之下，顷已接近500万之众，而全港土地仅约400平方里，其中适宜发展，可供建屋者不及20%。地狭人稠，寸金尺土，居住乃成生活重担。每年婚嫁觅居青年数以万计，楼宇需求，有增无已。加以市区可供发展土地日形短缺，当局虽有移山填海之方，普建廉租屋宇之策，无奈缓急不克相应，预见数年内‘屋荒’仍然存在，而地产业将必璀璨，楼宇价格，长远着眼，应予看好。”

到了30多年后的今天，香港之发展均如李兆基当年之预测一一超额兑现。香港国际金融中心之地位日益重要，在期内更超越多个先进国家，吸引大量国内及国际企业来港上市，于2009年度在香港新上市公司之集资额为2 482亿港元，冠绝全球，而上市公司之集资总额更达6 460亿港元，为全球第四位。于2010年首季，香港上市公司之股票总市值已上升至约18万亿港元，于全球排行第七。加上香港多年来在法律、经济、会计与国际及国内衔接，为香港创造了更佳之投资条件，当中包括：

（一）国内及国际企业接踵来港上市，吸引大量资金流入本港，金融业务大有可为，国际财经机构纷纷来港扩展业务，大量国内旅客访港，带动住宅、商业及零售物业市场蓬勃。香港地产除为国内和本地人士的热门投资项目外，亦越来越备受亚洲以至全球投资者瞩目和欢迎。

（二）在中国国力日益强大、国家资源经济逐步有序地开放的形势下，市场吸引力之大，无与伦比。香港背靠祖国，面对世界，既享有“一国两制”所带来的庇荫与支援，又熟识世界各地不同企业的经营手法与发展情况。在现今东西文化融汇交流、国际贸易蓬勃发展之际，作为中国对外“南大门”的香江，要发挥穿针引线之作用，自然有其难以取代之优势。

（三）中国经济增长目前傲视全球，这种趋势的延续性日强，国内企业必会引用国际融资力量加强竞争力，使他们能更进一步跻身于全球强势企业行列。今天的美国《财富》杂志评选之五百强就有不少中国企业。受惠于经济开放的国策，首先得益者必然是近水楼台的香港金融市场。

（四）香港的公平公正会计制度和法律制度，早已与国际接轨。而且香港一向享有资讯自由，香港人在弹指之间即可掌握世界各地之重要信息，投资营运自然深具国际水准。

（五）香港的低税制，全球并没有多少其他地区可以与之比拟。国际金融中心之中，香港的低税制就比纽约和伦敦优胜。

（六）香港金融证券条例成熟，金融体制早已确立，并获国际认同。罗马之建成既非一日，香港为全球业界重视的金融中心地位并不容易取代。中国想实行全球化，与世界接轨，最方便莫如利用香港的现成架构与优势。

（七）美国企业安然公司 (Enron) 与世界通讯公司 (WorldCom) 等欺诈事件被揭发后，安达信会计师楼黯然结业，美国国会参议员随即提出的会计峻法萨班斯法案 (Sarbanes-Oxley Act) 出台，对上市公司之行政管治与对企业之会计账目监管过度严谨，新上市公司认为到香港上市更快及更方便。

（八）香港经过多年实实在在的经营，已凝聚大量国际财经人才。香港市民游资充足，投资意欲强，领悟力高，灵活性大，加上能全面接收国际财经资讯，使港人完全有条件运用今日多元化之财经投资工具，共创一个热闹辉煌的投资环境。

由此可见，香港有上述天时、地利、人和之融合背景，正是创富的福地，进军国际市场的据点，李兆基毫无疑问是其中的佼佼者。本传记详述了他的眼光独到、英明决断，以至他在地产和金融业内点石成金的经历，并记载了他取诸社会还诸社会的德性，为香港这块福地，广播了培养下一代的很多种子。

第三节　恒基地产　经营有方

恒地在过去13年间，在李兆基英明领导下，除成功应付了该期内经济大幅起落，更将恒地规模壮大。其股东资金总额，由1997年6月底之600亿港元，倍增至2009年年底之1 300多亿港元，又于近年把握机会，趁金融风暴后，各国发债印钞救市，货币充塞市面，引致货币有贬值之虞，而香港地产得天独厚，有特别优势，既可保值，又可增值，故恒地即时开始重点大量投资买入3个种类资产，每类各有特色，分述如下:

第一类——香港地产

于2009年下半年，恒基地产有三项投资策略:

旧楼重建

以250亿港元搜购市区中心40多个旧楼重建地盘，预计将可兴建1.2万个住宅单位。

农地补价

恒基地产为乌溪沙及元朗大棠两个项目补价120亿港元给政府，预计将可兴建6 000个住宅单位。

农地改作屋地

恒基地产另增购农地约1 000万平方呎，加上原来已持有3 000万平方呎，合共有多达4 000万平方呎，为香港拥有最多农地的公司。其中政府拟在粉岭北、坪輋、上水古洞及洪水桥发展四个卫星城市，而恒地于上述地区均拥有农地储备，可申请农地改作屋地，届时估计可兴建2.5万个住宅单位。

总结以上三种项目，加起来估计将可兴建4.3万个住宅单位，比近年香港每年建成总数约1万个单位之四倍为多。

上述市区“旧楼重建”、“农地补价”，其投资成本较公开投地为低，另有“农地改作屋地”，其成本亦比投地为相宜。此外，部分发展项目亦包括价值不菲之商铺单位，将可为恒地带来很大收益，使恒地业绩更加辉煌。

第二类——国内地产

直至2009年底为止，恒地在中国内地拥有庞大的土地储备，可发展楼面面积合共约1.46亿平方呎，重点投资于15个一线及极具潜力的二线城市，土地分布于市中心以及重点发展的新区。大部分的专案可于短期内动工，预计其中有1/3可以在两至三年内推出市场销售。恒地在这些城市的土地投资成本相对地偏低，近期同区的土地成交价较恒地当时买入价普遍高出两至三倍，有些高出更多。

第三类——煤气能源

恒基地产旗下之香港中华煤气有限公司已有148年历史，与香港共同成长，服务社会，家喻户晓，见证着本港的昌盛发展。中华煤气早已于15年前进入内地发展，凭着李兆基的魄力和策略，现今已在内地投资超过100个项目，遍布于全国19个省、直辖市和自治区内之93个城市，客户数目超过1 000万户。其版图仍在不断扩大，业务范围亦由早期之城市管道燃气拓展至水务、矿业、清洁能源等其他公用事业。

近期亦积极拓展环保能源业务，包括煤层气及煤矿瓦斯液化利用、煤矿及煤基化工、天然气汽车加气站及非常规能源等，投资规模庞大，已成为中国首屈一指的外资燃气集团。

在中国蓬勃的经济发展带动下，预期中华煤气的新兴环保能源业务及在内地的公用事业业务，于2012年年终时，应可与香港的煤气业绩看齐。稍后内地的业绩预期会有比香港更好的表现，中华煤气未来的前景实在十分亮丽，必能为其母公司恒地放一异彩。

总而言之，"香港地产"成本控制得宜，发展进度灵活；"国内地产"早着先鞭，在地价未大幅上升时，已落实购入不少优质地块。而"煤气能源"方面，由于中华煤气在香港为百年老店，煤气的安全生产及技术出类拔萃，随着祖国现代化发展，定能为祖国煤气安全生产作出贡献，而其业务已遍布全国，前景秀丽。恒基地产上述三类发展，为日后高速发展奠下稳固基础，今后业绩可望每年均有双位增幅。

第四节　进军金融　进退得宜

2003年，李兆基注意到香港地产每天的总成交额平均约2 000至3 000万港元，但香港股市每天的总成交额却不少于200至300亿港元。两者相距达1 000倍之多，香港是国际金融中心自无疑问。李兆基洞悉先机，坐言起行，于是他毅然前往海外做广泛的考察，深究财经金融之道。

2004年12月李兆基当机立断，投资国际金融市场。趁日本经济起步复苏，大手投资于日本高息可换股债券及日本银行股，获利数倍。继而乘胜追击，把握着千载难逢的机会，以策略性大量投资认购初期到香港上市的国企股份，当中包括中国人寿、中国平安保险、中国神华、中国远洋等等。该等优质国企股份，在上市后均有以倍计的升幅。除此之外，李兆基在数年前每澳元兑75美仙的时候，已一直看好及投资澳元，与现价澳元比较，约升值30%。

从上方简述有关李兆基在地产及金融的投资，可见他独具慧眼，长袖善舞。于2010年李兆基已在国际权威媒体福布斯的富豪榜排名上回升至第22名，市场相信李兆基将来有望重入福布斯世界富豪榜十甲之列。在香港，他早已得到“亚洲股神”之称誉。

《第 二 章》
恒基地产 光芒四射

第一节 恒地业绩 卓越不凡

香港在回归前地产市道特别兴旺，李兆基长袖善舞、运筹帷幄，恒地业绩彪炳，加上中华煤气、香港小轮、美丽华等的资产使李兆基的财富作惊人的几何级数增长，以致在1997年位列福布斯全球富豪榜之第四名。1997年底至2000年代初期，因着全球经济大气候的转移，美国科技股兴盛而香港地产市道衰弱，以致其在世界富豪榜上一度滑落至57位，但2010年初回升至22位。

众所周知，香港回归祖国后这13年的经济环境，波涛起伏，暗涌处处。一直以来作为香港经济支柱行业的地产，也无可避免地受到冲击和考验。在回归后的五至六年间，香港地产市道萎缩，房价劲跌，一般市民的资产亦大幅缩减近半，李兆基却仍然临危不乱、挥洒自如，带领着他的恒基地产化险为夷，且屡见突破，持续佳绩。

一、1997年至2003年：困扰期

1997年香港主权回归祖国后，由于外资涌现，以及背靠祖国的良好因素，地产业仍是发展蓬勃。李兆基因对香港特区政府宣布的“八万五”房屋政策存在隐忧，于是积极在这一年加速销售，以积谷防饥。恒地因而亦完成了12个发展项目，建成了约3 000个住宅单位，相当于香港当年新住宅楼宇落成的20%，舒缓了当时的楼宇短缺问题。

1998年，香港经济受亚洲金融风暴影响，严重放缓。恒地因已有备无患，经得起这次经济风暴冲击。当香港特区政府正忙于以一系列措施挽救香港经济时，李兆基又立刻抓紧时机，认为香港经济可能于翌年反弹，于是决定进攻普通住宅市场，并配合政府推出有利商业发展的新政策，加速恒地及时发展高级写字楼项目。总的来说，恒地于1998年香港新写字楼面积的总供应量达250万平方呎，约占当年全港新建成量三分之一。

1999年下半年，香港经济果然出现强力的反弹，大量用家再次出现，而住宅物业价格相比前一年的低迷时期上升了大约15%。李兆基又认为事不宜迟，指令恒地迅速销售，结果出售了大约9 500个住宅单位，合共价值210亿港元。

2000年，资讯科技迅速发展，由于这些高科技行业公司在香港扩展业务，带动了豪华住宅及高级写字楼的租金及价格飞涨，但对于大众住宅物业则影响不大。李兆基晓得这种两极化的市场发展，预计到经济转淡时，物业市道就会回跌。于是，他决定以合适的价钱预售发展中的单位，因此高科技泡沫经济在十月破灭时，恒地所受到的影响不大。在2000年的财政年度里，恒地完成的住宅单位超过10 000个，占当年香港私人楼宇供应量的三分之一。而在该年度，预售单位合共5 800个，合计总值140亿港元。

2001年，美国发生“九一一”事件，香港高失业率及通货紧缩的情况下，本港的房地产市道变得一蹶不振。但李兆基是年以创新手法及优惠计划大力推行预售，为公司带来满意的销售成绩。财政年度里，恒地出售的住宅单位合共5 800个，总值128亿港元。

2002年，环球市场仍受到美国“九一一”事件及中东局势等不明朗因素所拖累，全球经济复苏缓慢。李兆基立即把握低地价的机会，购入更多发展地皮，以及加快与政府进行补地价谈判，争取更有利的条件改变土地用途。另一方面，中国内地则表现出持续的经济增长，香港背靠祖国，自然会得到大量商机，因此李兆基深信香港经济能较其他地区早一步复苏。果然，香港政府采取了勾地拍卖政策，调节房地产的供应，这对香港住宅物业价值有稳定作用。这完全在李兆基预计之内。

2003年，非典型肺炎袭击香港，无情地严重打击消费市场，房地产价格较1997年平均下降了近七成，令超过十万名业主变成“负资产”。在七月份，中央政府采取多项措施帮助刺激香港经济，其中包括宣布“内地与香港关于建立更紧密经贸关系的安排”(CEPA)、“自由行”以及兴建连接深圳及香港的后海湾干线(Deep Bay Link)。香港与内地的经济交流因实施CEPA得到了很大的推动力，而“自由行”对香港的旅游业及零售业起了很大的支持，香港经济被灌以活水活力。结果，房地产市场回复稳定，价格逐渐上扬。李兆基适时出售及预售多个楼盘，均取得令人满意的销售成绩。是年度，恒地出售了大约 8 000 个住宅单位，总值 156 亿港元。

二、2004 年至 2007 年：复苏期

2004 年年初开始，香港经济持续稳定增长，实质国民生产总值增长达 8.1%，反映出香港已经由低迷时期作出强势反弹，重拾稳定发展的势头。在经济好转的利好情况下，恒地位于新市镇以及主要交通网络上的大型商场，租金收入显著上升。在李兆基的悉心领导下，恒地于 2004 年成功完成了数个建筑独特的地标性发展计划，包括香港地标国际金融中心。

这一年，李兆基决定积极回应香港特区政府的邀请，以香港荟萃有限公司的名义，提交了一份全面、创新以及独特的西九龙发展计划建议书，意愿为香港建造另一个感动全港以至全球的地标建筑计划，显示出李兆基的非凡魄力、财力、心力和对香港的忠诚与爱护。

2005 年，自香港与大陆实行 CEPA 协议后，两地的经贸关系日益深化，再加上“自由行”扩展到内地其他城市，香港得以凭着其优越的地理位置及前所未有的经济增长势头，而成为亚洲区内一颗闪耀非常的东方之珠。在这种优势下，香港得以成功进行经济结构转型，最终成为国际金融中心及资产管理中心。也就是说，越来越多跨国及国内财经机构来香港建立办事处，及带来了大批多元文化、年轻进取以及高收入的行政人员及投资者，亦带来对豪华住宅需求相应增加。密切注意着时势变化的李兆基洞悉了市场走势，立即决定拓展这个新兴市场。是年度，恒地出售了多个高级豪华住宅单位，销售收入合共逾百亿港元。

2006 年，香港房地产价格及租金继续上升。李兆基有见于注重生活品味的高收入一族迅速冒起，又火速对公司发展的楼宇重新定位，并加快豪华住宅出售的速度，其

中位于启德的翔龙湾于数天内出售了超过 1 000 个单位，而位于中环的聚贤居更于首天出售了六成单位。李兆基配合时势的策略一次又一次地证明成功。

2007 年，根据政府统计数字显示，住宅物业交易上升至十年来的最高位。各种不同面积的住宅单位在销售数量以至销售总值上都录得大幅增长。豪华住宅的租金及售价继续直线上升，但供应量却非常有限，持有大量流动资金并欲购买市区豪华住宅的人士，只能追捧数量有限的优质楼盘。这给李兆基造就了一个营销良机，他及时推出多个面向维多利亚海港或位于市区核心地区的高级住宅楼盘。销售成绩跟前一年比较，增长了 130%。

从李兆基这数年的经营香港地产策略，可以知道他的成功在于不但晓得什么时候急攻、什么时候退守，更知道什么情势可以利用、什么环境不宜强求。于是不论在顺境和逆境中都能录得佳绩。

三、2008 年：由盛而衰期

2008 年首季，恒生指数约 29 000 点，到第四季因雷曼事件触发的全球金融海啸，引致恒生指数由高位劲跌至约 13 000 点，跌幅超过五成。地产市道亦不例外，该年年初与年尾之楼价比较，差不多跌了一半。是年，恒地趁楼市高峰期出售多个地产项目，又同时减少地产投资。

四、2009 年至今：由衰而盛期

2009 年初，恒生指数约 15 000 点，因雷曼事件略已平息，经济亦略有复苏迹象，在下半年恒生指数升回约 25 000 点。李兆基在 2008 年尾，于经济最低点时已看出衰极而盛的道理，因此积极增加土地储备，购入 40 多个旧楼重建地盘，又与政府洽谈农地换屋地补价，及增购农地储备约 1 000 万平方呎。

该三大类的地产投资可为恒地带来可观业绩，分述如下：

翔龙湾的豪华住客会所设计得品味非凡。

（甲）旧楼重建

李兆基在2009年下半年，劳心劳力，经历无数次讨价还价，投资250亿港元，于市区中心搜购40多个旧楼地盘，根据香港旧楼重建新法例，预算将来该等地盘可兴建楼面约800万平方呎，约等于1.2万个住宅，超逾香港近年每年新建成约一万个住宅的总呎数，是项投资相信利润可观。

（乙）农地补价

在2009年下半年，李兆基以一贯胆大心细作风，与政府讨价还价，最后决定为乌溪沙及元朗大棠两个项目补地价120亿港元，将上述两个项目由农地改为屋地，将来可建面积约400万平方呎，约达6 000个住宅单位，逾2008年香港新建成之住宅单位之半数。此外，恒地还正在与政府进行元朗和生围及大棠二期由农地改屋地的洽商。上述地盘成本较低，将来能够产生厚利。

（丙）农地改作屋地

李兆基近十多年来都是香港拥有最多农地的地产大王。他在2009年下半年更增购农地约达1 000万平方呎，加上原来已持有的3 000万平方呎，合共拥有约4 000万平方呎农地，稳坐香港最大农地储备的领导地位。目前恒地手上已有政府初步确认发展三个卫星城市之蓝图，可改作住宅的农地有（一）粉岭北之乌鸦落阳、（二）坪輋、（三）上水古洞；另有划入十大基建内的洪水桥，预计届时合共可兴建楼面约1 800万平方呎，估计将多于2.5万个住宅单位，供应量之多，由此可见。此外，尚有合适的农地正在陆续申请改作住宅用途，将来盈利之丰，不言而喻。

李兆基认为投资农地之好处是，新界农地将来有机会发展成为卫星城市，尤其是广深港高速铁路可使往返内地更为便捷。配合跨境基建及靠近大陆的优势，当中的农地定能锦上添花，发挥超值功能。

总结以上“旧楼重建”、“农地补价”、“农地改作屋地”三种项目，及有油塘湾船厂、亚洲冻仓等地盘，可建楼面200万平方呎，约等于2 000个住宅单位。上述四种地产项目，加起来可兴建之楼面将约达3 200万平方呎，估计将多于4.5万个住宅单位，为近年香港新建成住宅每年平均一万个单位的四倍有多。这些待兴建的住宅单位，将会作为在港分期分层出售之用，乃是恒地“香港地产”重点投资之一，料将会为恒地带来可观业绩。可见李兆基的投资策略的确有胆有识，决胜千里。他的地产投资动向，早已成为一般市场的指标。

第二节　恒地营运　多姿多采

李兆基以地产赚来的丰厚身家为基础，及时发展财经业务，大有所获，再利用以钱搵钱的方式，成为今日教人羡慕的数千亿超级富豪。他这13年来在香港经营地产运作方面的得意之作甚多，其中最为突出有下列数项：

一、国金地标　傲视香江

1997年香港回归后，在香港兴建之国际金融中心是李兆基及新鸿基雄图大略的杰作之一，这座傲然屹立在美丽绝伦的港岛海旁的最高商厦，绝对是香港地标。

1996年竞投香港中环机铁站上盖发展项目的共有五大财团，均是财势均等之地产界精英。最终恒地、新鸿基地产、中国银行和中华煤气组成之财团得以夺标。当年地产界估计该项目之总投资额高达400亿港元之巨。

国际金融中心楼高88层，已成为香港地标和租金最贵的威煌建筑物。李兆基在国际金融中心的发展项目上有如下六项贡献：

（一）李兆基在国际金融中心兴建前，向建筑及设计人员作出策略性指引，要求兴建一幢香港人引以为傲的建筑物。李兆基亲自挑选了世界著名建筑师西沙佩里 (Cesar Pelli) 为国际金融中心进行设计。为了提高该物业之实用效率，李兆基要求把大楼由圆形改为方形，而在建筑物的周边尽量减少梁柱结构，以便能尽览维多利亚港全景。

（二）国际金融中心后期的补地价讨论在1999年进行，当时政府提出了每平方呎须补地价约5 100港元。李兆基当时看淡地产后市，不肯接受这个价格。延至1999年底，重新展开与政府讨价还价。李兆基最成功的一招是向政府提出把第二、三、四期的地价作一次过补足给政府，以能合理地削减地价。在经济低迷时，李兆基成功为国际金融中心争取到理想补价。此外，亦掌握到建筑最佳时机，使建筑费锐减。原本地价连建筑费预算要400亿港元建成的国际金融中心，最终以200余亿港元完成，节省近半。

（三）李兆基及新鸿基地产把原先两幢40层高的大楼设计，向政府据理力争改为一幢88层高的标志性超级摩天大楼，即国际金融中心第二期，把节省下来的用地变作为公众用地，创造了双赢局面——发展商构建了一幢高价值的建筑物以及香港地标，而香港市民则可以享受尽览维港景色的高质素公众用地。

（四）李兆基由国际金融中心第二期的早期设计阶段开始，便亲自审阅及指导有关的建筑方案。经李兆基提出采用“双层升降机”，既不影响等候时间，又可同一时间输送双倍人流往两高层转换大堂的方案，可以有效地把升降机由原先计划的80部减少至62部，因此升降机槽的占用面积也相应减少，办公室的可用楼面面积因此增加了超过5%，这表示大楼的租金收入也相应增加了5%。

（五）李兆基在建筑安全上反应敏捷，于国际金融中心第二期建筑到30层时，美国纽约发生了“九一一”事件，他立即下令成立了一个国际专家小组去研究国际金融中心的设计安全问题。所得结论是大楼应是世界上最安全的摩天大楼之一，因为大楼采用了很多创新和先进的安全设施。

（六）李兆基捐赠了2 000万港元，资助摆放在国际金融中心内的公众艺术品。另外，恒地又连同合作伙伴新鸿基赞助毕加索的名作“巡游”帷幕在国际金融中心内展出。这幅长10.52米、阔16.2米的名作是毕加索于1917年创作的，展览在2004年10月由当年法国总统希拉克、李兆基及国际金融中心的合作伙伴新鸿基的郭氏兄弟主

上图：位于香港中环之国际金融中心，已成香港地标式建筑物。

下图：国际金融中心商场展出名画家毕加索作品、法国国宝“巡游”舞剧帷幕。

上图: (由右至左) 2009年12月, 李兆基博士联同香港特别行政区行政长官曾荫权伉俪、香港旅游发展局主席田北俊先生, 以及新鸿基地产副主席郭炳江先生, 一同为“除夕倒数咏香江”主持启动仪式。

下图: 恒地集团赞助“除夕倒数咏香江”, 国际金融中心二期外墙 LED 显示“2010”字样, 与市民共迎新一年。

持揭幕礼。近年，国际金融中心每年除夕倒数的烟花汇演均由香港特别行政区行政长官曾荫权、香港旅游发展局主席田北俊、李兆基博士、新鸿基地产之董事局成员等主礼。新的一年，维港之上，七彩缤纷的漫天烟花闪耀着东方之珠，国际金融中心在全港市民注目中尽显辉煌。

国际金融中心不但是李兆基的骄傲，也是香港人的骄傲。

二、买卖精确 神机妙算

李兆基天生资质过人，从来在地产业务上掌握出货入货、买价卖价的时间都准确得如有神助，他的数口之精、准，令人啧啧称奇，五体投地。在这13年内，最突出的项目有如下数项：

（一）2001年第三季度取得入伙纸的宝云道富汇豪庭是李兆基独门楼宇销售策略的成功例子。李兆基认为港岛地点好的楼宇越来越少，物以罕为贵，宝云道楼宇不应急于求售，于是决定一幢出售、一幢出租。直至2002年开始有买家热诚要求恒地出售，2003年便先作少量成交，到2004年才开始正式定价发售，延至2007年才大部分出售。初期的订价与后来的售价相比，足足高出一倍有多。

（二）李兆基掌舵的恒地是全港最多农地储备的地产集团，至今约拥有4 000万平方呎可于日后补地价转变成可发展之用地。李兆基这13年来对购入农地情有独钟，主要是由于他认为市区的商住用地入价已处于高位，经营溢利不多，而地产发展潜力在新界。在新界房产需求日殷的情况下，以农地补地价转为住宅用地，成本低、利润高，绝对有机会“刀仔锯大树”。

（三）在李兆基的策划下，恒地早已是全港最多旧楼在手的地产集团，对旧楼重建，驾轻就熟。2010年政府旧楼重建的新计划，将产生“旧楼业主”、“市容政策”与“地产发展商”等三赢的局面：

- 旧楼单位业主可趁此机会将残旧楼宇以高于旧楼市价变现，从而购买楼龄较新的住宅，免受危楼之苦。

- 其次，此举亦配合政府加快市区重建之政策，对市容重整大有帮助。尤其2010年初九龙土瓜湾发生旧楼倒塌之灾难事故后，有关课题顿成城中焦点。
- 其三，地产发展商拆旧建新，带动经济增长，兼可获利，并令就业人数增加。

三、运筹帷幄 高招奏效

李兆基对香港建筑物条例非常熟谙，经常令行内之建筑师佩服得五体投地。再加上他独有的市场触觉，地产界均认同他是无宝不落的凤凰。

近这13年来，恒地虽少参与竞投市区地皮，但所投的尽是精品，其中嘉亨湾项目就是李兆基结合灵活运用建筑物条例的认知，及捕捉市况以“低入高出”的例子。

嘉亨湾在招标时，投标条件已订明发展商如自建内街，可作三面单边丙级地盘，上盖住宅以十倍计算，但地盘可建面积需扣除内街部分。李兆基认为嘉亨湾一面临海，两面向大街，一面向横街，而公众经常使用该横街，实不需要有内街，该项目已可按三面单边之十倍丙级地盘发展，即地盘全数可作十倍计算可建面积。

嘉亨湾的地契要求发展商在地面首层指定范围建设一个公共交通交汇处及其他公共设施，余下的面积可作商铺之用。李兆基根据多年地产发展经验，认为原预留的面积并不足够按规定建设所述公共设施，应将首层如香港中区的汇丰银行总行、恒生银行总行、时代广场、中环广场等等，全部留作公众用途，给市民提供一项安全合适之交通运输设施。李兆基认为所损失的地铺面积，应可按建筑物条例取回五倍上盖住宅面积补偿。

李兆基又指出地面之公共交通交汇处已有先例可以不计入建筑楼面之内，上盖住宅面积相应可以增加。

恒地在2000年10月以24.3亿港元投得嘉亨湾地皮，其后亦如李兆基之预期，发展方案成功按例获政府批准。

李兆基把握2000年初建筑低潮期以低廉建筑费建成项目，而在2004年地产复苏时开售，这一来一回的平买贵卖就是恒地利之所在。

四、推陈出新　创意无穷

1998年至2003年无疑是香港经济处于零星落索、不知何去何从、呈现疲弱状态的几年。当时的香港市民，只因经济前景未明朗，由期盼置业，改持观望态度。李兆基认为必须要以崭新的推广概念去解除他们对房地产的疑虑，并与香港为家的市民共进退、同荣辱。市民一旦产生了安全感，他们就会一如既往般把积蓄放在房地产之上。于是，李兆基在地产市场推广方面推陈出新、创意无穷，他策划了六个为市场接受并起到激励作用的推广计划：

（一）跌价补偿计划

恒地的新都城第二期住宅楼宇推出时，向市民同时提供一项经济保障条款。买入该期楼宇的买家在两年后，如果发现所购单位跌价，恒地负责以现金补偿，补偿额度以20%为上限。这项计划一经宣布，无疑为全港大多正在犹疑不决的置业人士打了一支强心针。新都城第二期的销售不但在淡市中仍有升幅，结果没有一个买家需要向恒地申办“跌价补偿”。

（二）与品牌携手推广计划

1998年，李兆基为年轻的置业人士设计了鼓励他们置业的计划，破天荒与可口可乐携手合作，以这个国际公认为年轻人饮料的品牌为主题设计和布置示范单位，以可口可乐的代言人著名歌影星陈奕迅、杨千烨、梁汉文来拍推销广告，并大笔一挥，签批了抽奖送楼的推广计划。示范单位的参观者均可抽奖，看哪个幸运儿能获恒基先后送出的三个面积500至750平方呎的住宅单位。这个首创的结合市场热销产品和房地产一起推介的公关活动，获得了相当良好的市场反应。

（三）旧楼即时换新楼计划

1999年，李兆基推出“旧楼即时换新楼计划”。李兆基认为改善居住环境，不但使市民安居乐业，且会进一步引领他们热爱香港，于是实行此计划。

若旧楼业主买入恒地新建楼宇单位，可采用以下四个“旧换新”方案：

方案一：恒地可即时或于18个月内，按测量行估值之八成半价钱，购入买家现有旧单位。

方案二：旧楼可以在指定的恒生银行与渣打银行做按揭加按。

方案三：旧楼业主在18个月内将旧单位转售予下一手买家时，恒地承诺可用该旧楼估价之七成，在出具入息证明后，为其下一手买家提供12年按揭。

方案四：恒地于18个月内任何时间，为该旧楼业主提供加按至估价七成之按揭。

以上四点乃为便利旧楼业主买楼时可获灵活周转，亦展示了李兆基掌舵的恒地在风雨飘摇的地产市道中所显示的风采与魄力。

（四）嘉年华会计划

2000年，香港经济仍然疲弱。李兆基在房地产推广策略上，决心把气氛搞起来。于是由恒地在新都城二期举办一个色彩缤纷的嘉年华会。汇集了明星歌星与不同才艺之表演人才，各出奇谋，竭心尽力演出各种刺激欢乐兼而有之的娱乐节目。恒地举办了这个大规模的嘉年华会，对销售气氛产生了良好效应。

（五）保证原价收回计划

2000年底开始，李兆基又推出一项绝无先例的“保证原价收回计划”。自住买家在置业后的一年内随时可要求恒地以原价购回。在2000年至2006年推出的项目包括多个位于市区及新界的楼盘，都有提供这原价购回的计划。

（六）租金回报计划

2001年，李兆基再接再厉，推出了一项具影响力的“租金回报计划”。在推售旗下的浅月湾时，业主在两至三年内可获每年六厘租金回报保证，三年合共收取回报高达18厘。以当时香港银行定期存款利率计算，三个月或六个月之定息利率平均为三厘三至四厘二。若以此计算，浅月湾的高息投资回报保证计划之租金收入更倍于银行定期利息，这个承诺无疑让买家安心置业。

自1998年以来，李兆基的房地产推广策略让市民看到恒基的房产不只在品质上配合市场需求，那份照顾和关注置业人士利益的诚意，更为人津津乐道，这反映在2001年当恒基推出港湾豪庭时，竟意料不到地人潮如涌，出现“通宵买楼”的盛况。

五、以人为本 宜室宜居

李兆基的经营观念是“以人为本”，这个营商理念是旗舰集团恒地设计房产的基础。引用于推出嘉亨湾时，更见细致精彩。

嘉亨湾在兴建时地产市道处于低潮，建筑费在保障设施品质的前提下是尽量节省的。在嘉亨湾销售期间，地产市道渐入佳境，其后豁然开朗。李兆基在大部分单位已售出及合约未有要求的情况下，仍下令要加强嘉亨湾的各种设施，包括提升各住户单位内的设施及用料，使住户获得更多意料之外的享受与利益，业主们对恒地这种有福同享的经营原则无不表示满意和欣赏。更为住户所津津乐道的是嘉亨湾为他们精心设计的有两个名字很好听的配套设施，分别是为儿童设计的“倍安心儿童监察网路”，及为长者设计的“倍放心无线通知系统”。前者乃遥控智慧家居系统（Home Automation System）之一部分，于嘉亨湾各住宅单位之客厅、饭厅、睡房及厨房均设有电视天线及

上图：位于港岛东的嘉亨湾本着“以人为本”来设计，室内室外均美观之至。

下图：2006 年 5 月，恒基兆业于嘉亨湾会所举行“日本文化之夜”，以吸引日本客群。

影像传输讯号插位，住客可按个别需要，于厨房、客饭厅或睡房加装电视荧屏，并于客饭厅或睡房安装摄录镜头，在工作之同时，可兼顾小孩的一动一静或可欣赏电视节目，令父母倍感安心。住客并可经互联网，透过屋苑内的视像监察系统，浏览嘉亨湾各区如五楼住客会所及六楼园林式花园平台等经预先选定地方的即时情况，让照顾小孩更添方便。后者乃遥控智慧家居系统之一部分，于嘉亨湾之特色单位内已预先装置，若遇上家中长者、幼儿或有需要人士在紧急情况下，只需简单按铃，便可接驳至预设之电话号码，以便得到家人或亲友的协助。一老一幼都在被细意周到的关心照顾范围，一个安乐家庭的图画早就涌现在有心置业者的脑海内，让他们安心放心地置业。

六、生活品味 无以尚之

李兆基认为恒地必须带领潮流，并坚持楼宇品质必须一流。在秉承这两个原则之下，恒地在1999年至2008年委任林高演胞弟林高禹为总设计顾问，以创意崭新的推广概念让恒地楼宇创出与众不同的特色，恒地因而昂然踏入一个香港售楼的新纪元。

坊间的用家和地产经纪会发现恒基卖的是时尚，是品味，是高档生活，是享受概念，这一切的背后目标才是出售楼宇。以下是三个精彩的例子：

聚贤居是一幢划时代新式设计概念建筑物，因为它不只是优质建筑设计，最立要的是它表征了现代最一流都会中心地段内最高档的生活品味。整幢大厦具备独特的文化背景与生活情趣，因而将售价提升了每平方呎4 000元。亦因为聚贤居的独特性及优点，吸引了大量追求高档生活品味的高收入人士租用，租金不断攀升，犹如中环金融中心的六星级公寓般抢手，二手转售价格亦稳步上扬，令业主的投资价值增加。

同样，当林高禹设计嘉亨湾推广时，他要给这个项目一个清晰的定位。有鉴于日本人聚居的太古城并没有会所之设，于是嘉亨湾就以建立日本及韩国居民所钟爱的居住城为形象设计的核心与指标。嘉亨湾会所内的四大天地，亦分别满足了长者、儿童、男士和女士四种住客的理想要求。

至于比华利山别墅，在售楼的推广策略上推陈出新，广告片礼聘了 2005 年环球小姐冠军 Natalie Glebova 作代言人，并由名导演唐季礼执导，远赴法国的葡萄园拍摄。加上 80 间由不同著名室内设计师负责装潢成风格完全不同的别墅，在在展示了成功的现代人在辛勤工作后应有的回报。

恒地这种注重形象、着重官能享受、着重生活品味的推广策略，独树一帜，不但为市场中人接受，且为同业争相仿效。

七、热爱香港 共存共荣

李兆基从小来港，居于斯、长于斯、发迹发达于斯，对香港的热爱、忠诚、感恩、体贴和回报在在表现于李兆基的生活和工作之中。近这十年，有两宗由李兆基一心决策、一意力行的恒地大事，正好反映出李兆基对香港的极度忠爱。兹录如下：

（一）比华利山别墅

1997 年 7 月 1 日，董建华在中华人民共和国香港特别行政区成立庆典大会上讲话，提出一项事后被称为“八万五”的房屋政策。其用意是希望迅速达到人人居者有其屋的目的。为配合该项政策，恒地决定于 10 月 14 日竞投政府土地，并终以 56 亿港元夺得大埔三门仔大埔市地段 161 号地皮，计划兴建豪华别墅群。

亚洲金融风暴并没有平静下来，反而变本加厉。祸不单行的是国际炒家于此时移师香港，矛头直指香港联系汇率，加上台湾当局突然弃守新台币汇率，一天贬值 3.46%，这对港元和香港股市更是百上加斤。终于在 10 月 23 日，港股狂泻 1 211.47 点；10 月 28 日又疯狂下跌 1 621.8 点，香港股市终于跌破恒生指数 9 000 点大关。

香港到了 1997 年 10 月下旬，香港人的两大资产：证券和地产都齐齐受创，产生的骨牌作用，牵连巨大。其时放在李兆基面前的是地政总署给恒地所发出之付款通知，大埔三门仔大埔市地段 161 号地皮，在 1997 年 10 月 14 日支付了 3.8 亿元首期订金之后，必须在1997年11月11日或之前支付余数共52.2亿港元。

很多朋友向李兆基献计，不如放弃该地皮，“挞订”也只不过是亏了3.8亿元而已，比起冻结百亿元，是“除笨有精”之举。

因除了投资56亿港元之外，尾随的是另外50多亿港元的建筑费。在负资产一触即发、殃及半数香港人的关键时刻，在商言商，谁要投资100亿港元发展大埔区豪宅，是绝不值得。但李兆基还是选择履行合约，他提起笔签了那张52.2亿港元支票给香港特区政府时，感叹地说：“我完全知道后果，可是，如果连恒地都打退堂鼓，股市就不知要狂泻多少个‘1 000点’了。”李兆基对香港的深厚感情，不言而喻。

1998年开始，香港楼市暴跌引发了负资产狂潮，终于蚕食鲸吞整个香港中产阶级的财产。发展至2003年，加上非典型肺炎的天灾，香港各阶层家庭的经济状况简直是千疮百孔，奄奄一息。

李兆基性格沉实，习惯以平常心对付万难、应付万变，故此大埔三门仔地皮照正常的工序进行。该地皮按原定计划兴建，李兆基相信香港与深圳接轨交往，日后更来往自如，北上的香港厂家以及南下的大陆民营企业家都想享有金碧辉煌、美轮美奂的宫廷式居所。住在比华利山别墅变成身份象征，有着等同皇族贵胄般尊贵的感觉。

如果李兆基在13年前只付了3.8亿港元就作罢论，今天能省下共100亿港元的比华利山别墅投资，像李兆基主持营运的兆基财经一样去经营，应该可以多赚起码数百亿元。之所以明知山有虎，偏向虎山行，就是李兆基重承诺、顾全香港大局、保恒地商誉、爱国爱港。所以在芸芸精彩的地产发展项目中，李兆基情有独钟地要把大埔三门仔的比华利山别墅记录下来，这项他在1997年回归后所作的第一个精明决定，为李兆基赢得的并非金钱，而是一份莫可明言的骄傲与快慰。

（二）西九龙计划

2003年9月，香港特区政府宣布发展西九龙文化区（以下称西九龙）之后，恒地

位于香港大埔之比华利山别墅，高贵绝伦，宜室宜居。

的全资附属公司香港荟萃是最后入围的三个竞投财团。

李兆基下决心独资竞投这个西九龙项目，并非单从业务角度去思考盈亏问题。李兆基预计西九龙的总发展资金要300亿至400亿港元，预计总发展楼面超过1 000万平方呎，认为香港能够发展如此庞大的文化专案，乃是香港人的光荣，绝不能令香港人“失礼”。

李兆基当时的心愿是盼望能在这个曾被评为“文化沙漠”的东方之珠上，加添文艺亮光，让香港市民在一个有文艺氛围的国际金融大都会内享受生活。

李兆基不但对建设西九龙极具信心，还特别订出两大原则让香港荟萃从事是项计划：

（一）务必使西九龙成为自给自足的文化区，令香港一般平民百姓都能享受文艺、参与文艺、感受文艺。“将民众带进艺术，将艺术带给民众”是建设西九龙的首要宗旨。为此，香港荟萃很有计划地联系了国际级文艺机构，例如：法国的庞比度、罗浮宫、奥赛博物馆、英国的维多利亚及亚伯特博物馆、美国的芝加哥美术院，以及中国的辽宁省博物馆等，准备在香港荟萃投得西九龙后，为香港市民不断提供观赏世界顶级文艺活动的机会。

（二）一定要不惜工本甚至呕心沥血，设计及建筑一个具备世界级一流品质、地标式的活力文化社区，打造市民能自由享用的文化、商业和大型绿化的互动空间。为此香港荟萃在投标书中只提出低至2.8的地积比率发展上盖物业，这种克制使香港荟萃能为西九龙建设出多元文化的户外公众休闲地区，如海滨长廊、绿化温带雨林平台、文化广场等，并同时有音乐喷泉、地标门廊、有盖LED天幕。博物馆设计成系在空气中的明珠，演奏厅如莲花、帆船，表演剧院有如鹅卵石等独具心思之美观效果。整个西九龙汇集划时代、高雅与实用于一身。

香港荟萃的西九龙计划在香港市民的一片掌声之中于民意调查中领先。可惜，最终西九龙计划在香港特区政府作出不宜给予任何一个财团独领风骚的决定下闭幕。李兆基并不太失望，毕竟为香港、为市民尽了心是令他最舒畅的一件事。

第三节　恒基中国　稳重取胜

近年香港地产发展商见内地楼市升温，纷纷积极进入中国内地地产市场。李兆基的恒地并非近年才进军内地，早在20世纪80年代后期，国家开始实行经济开放政策，邓小平认定“发展是硬道理”。李兆基眼见内地地产发展的条件日趋成熟，包括了主观上主要省市的城市整体收入倍增、银行总存款金额逐年激增，反映人民越来越富裕，自然希望居住环境与家庭生活有所改进。尤其是中国人，自古以来，置业安居是人民的第一追求。在政治稳定、经济富裕的情势下更能实现这条不变的道理。客观上，国内各重点省市的基础建设渐趋完备，交通道路网络扩张迅速，农村人口更不断都市化。以恒地的雄财配合李兆基的伟略，自80年代末，已制订了一个在内地发展的大方向。

一、洞悉时势　早着先机

李兆基自1989年已开始了他的中国内地地产发展蓝图。第一个发展专案是与其合作伙伴携手购入位于广东省番禺市沙滘岛的地盘。该地盘占地815万平方呎，其后命名为番禺洛溪新城，分九期开发。第一期在1991年落成，到2002年完成整个项目，楼面总面积达1 400万平方呎。完成了他的一个骄人地产项目。

除了1989年着手发展的广东番禺洛溪新城外，恒地从1990年代初期尚有多个专案相继发展，包括1995年完成的深圳同福花园；1997年完成的上海不夜城、恒安阁、金柏苑，以及在北京市黄金地段的大型综合地标项目北京恒基中心；1998年完成的上海恒昌花园，2001年完成的广州恒宝华庭等。截至2001年完成的项目总楼面面积共约2 100万平方呎。在当时，香港之上市公司甚少在中国内地投资地产，更遑论像恒地在国内完成开发不同类型的商业及住宅专案。

二、重要时刻　英明果断

恒地在国内地产发展稳步前进，结集了在国内营运地产业务的丰富经验，与国家经济改革的显著成绩。李兆基在2004年开始部署扩大国内地产投资的大计，并于2005年3月29日至4月7日，亲自率领恒地高层十人，以相当紧凑的行程于十日之内实地考察了八个国内主要城市，包括南京、无锡、常州、宜兴、苏州、杭州、上海和西安。

自古以来，身先士卒、不辞劳苦的统帅亲征大多会得出突破性的成绩。这2005年被恒地中人视为“启动之旅”的一次八市考察之后，李兆基一锤定音，决定在国内房地产起飞前，以仍低廉的地价大幅增加国内房地产投资，把投放总额制订为300亿元人民币。一声令下，在18个月内，恒地在国内的可建楼面面积大幅增加至一亿平方呎。李兆基认定大陆地博人多，趁着天时地利人和尽在一身，又在国家经济逐年大幅增长的大气候下决意厉兵秣马，重锤出击，大展鸿图。李兆基决定以恒地的巨大财政资源，直接而豪迈地拓展内地房地产业务，写下了李兆基创办内地地产王国崭新的一页。

在李兆基的精心策动指挥下，重组专业团队糅合了“全国性视野、当地语系化操作”的经营观念，加上李兆基重视对熟识市场和有关法规的专才加盟，使恒地在内地地产发展上，从项目策划、品质控制、建筑监管、行销手法到物业管理，都能兼收并蓄，如鱼得水。

李兆基重新订立恒地在国内的发展策略，继续不惜工本，在国内主要城市兴建地标收租物业，包括北京中央商务区的北京环球金融中心、上海繁华焦点区的南京西路688号和南京东路步行街155号地段、恒丰路130号和147号地块等。这些投资物业位于城市独一无二的心脏黄金地段，并是运输系统枢纽或市区公共铁路系统车站地区。截至2009年底，恒地在国内发展中的商业项目，连同已完成的北京恒基中心商场、上海港汇广场第二座写字楼、广州地铁上盖的恒宝广场等优质物业，总楼面面积达3 200万平方呎，该等商业项目在三数年内陆续完成后，将可为集团每年提供超过十亿元人民币的租金。随着租金不断上升提供可观回报外，亦极具大幅升值的潜力，

北京恒基中心屹立于长安街上，已成地标性建筑物。

上图：2008年5月，恒基兆业为沈阳国际金融中心举行动土典礼。時任辽宁省省委书记张文岳先生及辽宁省省长陈政高先生等亲临出席主礼。左起：恒基地产集团执行董事叶盈枝先生、副主席林高演先生、沈阳市市委书记曾维先生、集团主席李兆基博士、辽宁省省委书记张文岳先生、省长陈政高先生、集团副主席李家杰先生、沈阳市市长李英杰先生，以及集团副主席李家诚先生。

下图：2009年6月，李兆基在北京环球金融中心的水晶墙前接受传媒访问及拍照。

上图：南京西路 688 号地段（上海市静安区）效果图。

下图：名人商业大厦（上海市黄浦区）效果图。

上图：天目西路 147 号地段（上海市闸北区）效果图。

下图：环球金融中心（北京市朝阳区）。

特别是上海市已定位为国际金融中心。在经济能力不断提升下，李兆基认为恒地在国内的投资物业组合的价值将以亿计增加。

除了在主要城市发展地标式建设外，李兆基亦早着先机把重点扩展至经济快速增长的二线城市。李兆基深信随着基建完成后，交通网络大为改善，会促进都市化的进程。为提高生活质素，对设计优良、配套设施完善的高品质住宅的需求，日渐增加，以恒地在房地产的丰富经验，以及对优质产品的严格要求，定能发挥优势，脱颖而出。

三、营运精明 决策有度

李兆基在发展国内物业上策略精辟。首先，以未来经济发展潜力为选择目标城市的重要考虑因素。李兆基特别欣赏有干劲、表现积极及认同市场为主导的地方政府领导，他相信搞好基建和拓展产业后，定能提升当地的生产总值，增加就业职位，从而带动置业的需求，令地价及楼价稳步上升。

在选择地点时，李兆基重点考虑环境优美的低密度住宅地块，在计划的地铁、轻轨及道路网络完成后，与市中心的车程将大为缩短，若能减至少于30分钟就很理想。买入地块后按当地市场需求分期开发，配以独特的设计、完备的社区设施和优美的居住环境，当为最抢手的楼盘。恒地在国内之土地储备买入价相对低廉，近期在同区拍卖的土地，楼面地价较恒基买入时之成本普遍高出几倍。

李兆基在国内地产发展的营运决策，亦相当开明精明。他愿意以开放态度与大型、有实力及有规模的地产发展商合作，以互助互惠为合作原则。在股权上他坚持不少于50%。如对方要求完全负责专案策划及销售，李兆基愿意予对方充分发挥的机会，但必会先行制订工作指标，严谨审视成效，万一不能以预期效果完成任务，则会果断地要求对方退位让贤。

李兆基长袖善舞，运筹帷幄，其中决胜之道，也在于他常常不耻下问，谦虚求教。他明白在中国内地发展业务，必须知国情、守国法，故此他不时求见中央及省市领导，聆听他们对整体经济及地产发展政策的意见，再行细心分析，予以配合。2007年6月，中央公布的一系列楼市政策与土地政策，李兆基认为对中国房地产的发展能起良好的调控作用，有助于整个中国房地产行业的健康平稳发展。这是作为中国支柱的房地产行业要持续发展所必须的、长远而有利的政策。宏观调控政策出台后，国内土地竞投依然炽热，但直至2008年全球金融海啸爆发前，恒地都没有参与高价投地。李兆基认为不理性地抢购地皮，会令房地产行业的净利润减缩，亦会导致中央政府加大宏观调控的力度，对地产发展商造成经营压力，更直接损害用家，影响全国建设和谐家庭、安居乐业的进度。李兆基身体力行，从不让恒地在国内高价抢地。

2009年初，国内房地产陷入谷底，但李兆基仍信心十足，未有加入削价促销，还趁机以低价增添土地储备。总而言之，李兆基认为在通货膨胀持续上升的情况下，日渐富有的内地家庭对高质素楼宇的需求必会相应增加。加上人民观念认为置业等同储蓄，房地产发展商将因国民生产价值的乐观上扬而从中受惠。

四、身先士卒 精益求精

李兆基之所以能够统领一支强劲的专业团队，在祖国土地上顺利开发房地产业务，关键原因是他爱才若渴，奖罚分明。只要对集团作出贡献，恒地参与国内房地产开发的员工可以告诉你，他们所得的年终花红可以比全年薪金更多。李兆基更令下属敬佩的是他数十年如一日的干劲，他总是不辞辛苦，亲身率领下属到各省市巡视地盘和楼房建设进度，并当场与基层员工讨论，给他们提出具体意见。这种勤奋拼搏、努力不懈、永不言倦的精神深深感染下属。上行下效，成功自不待言。

李兆基从来着重恒地楼宇的质素，所有发展项目在品质和设计上都力求完美。他经常邀请国际著名专业建筑、工程、设计及物业顾问公司鼎力合作。在大厦的建筑设计、供电、通讯系统、安全设施以至管理服务上均要达到至高至善水准。例如他礼聘了世界知名的美国西沙佩里(Cesar Pelli)建筑事务所全权负责北京环球金融中心的设计，要使这座屹立在北京地王上的甲级写字楼，可以媲美世界上任何一幢国际级办公大楼。同样，在上海位于南京西路之688号地块、南京东路步行街155号地段、恒丰路130号及147号地块，亦委托了闻名国际的日本丹下都市建筑设计株式会社担任项目设计。李兆基给他们的指示就是简单而分量极重的四字真言“精益求精”。市场对恒基的品质高度赞赏，2006年8月恒地出售广州的“恒荔湾畔”住宅项目，反应相当热烈，售价比当时的二手市场有大幅的溢价。2009年10月在长沙推出的“恒基·凯旋门”，推出的单位迅速售罄，售价亦较同区的楼价为高。这无疑是反映了用家对恒基品牌的信心。

截至2009年底，恒地在国内持有庞大土地储备，为集团提供可发展楼面面积共约1.46亿平方呎。除现有专案外，集团另有约3 000万平方呎可发展楼面面积正在洽商买入过程中，而大部分已达成协议。集团在国内之土地储备，仍以住宅为主，可发展的住宅楼面面积约1.2亿平方呎，将按计划有多个项目推出市场，预计在2011年，内地住宅项目销售额将接近人民币百亿元，往后更会以倍数增长为目标。

李兆基已订下在中国发展房地产之长远目标，要积极成为国内的大发展商。有了清晰目标自然会有向前冲的动力劲力，凝聚了团队的坚忍奋斗精神，在预期中必会得出开花结果的成绩。

第四节　中华煤气　惠及万民

李兆基的企业王国是多元化的，若论他的至爱企业，莫过于恒基兆业地产、兆基财经和中华煤气。

自1997年起计的这逾十年内，中华煤气的发展无疑是令李兆基很骄傲、很开心、很满意的。中华煤气在这十多年的表现，使他达成两个愿望：（一）从来以背靠祖国、面对世界作为企业发展原则的李兆基，已使中华煤气在内地成为一面鲜明光彩、前途无限的专业燃气企业标志。（二）从来以人为本作为企业精神的李兆基，令中华煤气向香港社会提供价廉物美、安全可靠的家庭必需品，造就了市民和股东的双赢局面。

一、知人善用 锐意进取

1997年，李兆基任命了陈永坚为香港中华煤气的首位华人常务董事。陈永坚于1992年加入中华煤气任市务科总经理，主责煤气和燃具推广销售工作，其主力负责的煤气干衣机更脱颖而出，成为公司最受客户欢迎的星级产品之一，证明陈永坚在煤气业务上的创新概念与市场触觉敏锐。他三年后出任市场及客户服务科总经理，同时兼掌企业传讯职务，职责范围扩展至客户服务，着意提升客户服务水准及效率；同时又推出不少创意盎然的电视广告，令中华煤气成为市民大众熟识的品牌，屡创不少骄人业绩。

李兆基看重陈永坚，除了他务实能干之外，起用华人当中华煤气的第一把手，为的是李兆基看准中国内地市场，他要中华煤气由单为香港市民服务的企业，扩展至为13亿中国人民提供燃气的专业龙头企业。中华煤气由华人作业务掌舵，在推行这个计划上更易沟通交流，更易知彼知己，以达成这项鸿图大计。这个大方向拟定之后，李兆基贯彻他一向的“无为而治”管理信念，让陈永坚在他的总决策范畴内有相当广阔的空间发挥所长。

中华煤气的管理层也就秉承李兆基做人、行事，以至做生意所一直坚守的“以民为本”、“服务人群”的信念，在兼顾业务发展的同时，努力贡献社会。作为公用事业机构的中华煤气，更具体地在多方面贯彻了李兆基的理念，实践了他的理想。

陈永坚领导着煤气公司同人获得李兆基的信任之后，全心全意全情全力，积极发展内地的燃气业务，成立多个合资企业。他丰富的经验亦在市务推广、生产、工程、业务发展及行政管理等方面发挥得淋漓尽致。

二、发展内地 旗开得胜

中华煤气在李兆基领导下，朝着决策上的大方向进发。就在2007年3月，中华煤气与百江燃气控股有限公司结盟。于香港联合交易所上市的百江燃气向中华煤气购入内地十家管道燃气公司的股权，百江燃气则向中华煤气发行约7.73亿股新股，令中华煤气成为百江燃气的最大股东，交易完成后，并易名为港华燃气。至2009年底，两家公司合计在内地拥有84个管道燃气项目，遍及14个省及两个直辖市，客户数目超过1 000万户，成为内地首屈一指的外资燃气企业。此外，随着多元化业务不断扩展，除投资于城市管道燃气项目外，中华煤气亦拥有19个其他项目，包括天然气上、中游项目、自来水供应与污水处理、天然气加气站及新兴环保能源项目等。连同城市管道燃气项目，中华煤气已于内地16个省、两个直辖市及一个自治区取得合共103个项目。

中华煤气更分别于2006年及2007年与山西晋城无烟煤矿业集团签订合资合同，发展煤层气液化项目。中华煤气占该项目七成股权，涉及总投资额达六亿元人民币。

山西煤层气项目分两期发展，首期每天产气25万立方米，是中国最大的煤层气液化工程，并已于2008年底顺利投产。第二期工程预计在2010年底完成，届时项目每日产能将达到82万立方米。的确，中华煤气已在李兆基坚定不移的企业发展方针下，成功地使原来只有香港单一地域市场的煤气公司，成为目前中国最具规模的燃气企业。从为香港65%住户，超过169万客户提供煤气使用，进而为内地超过3 000万同胞提供更广泛更优质之燃气服务，是李兆基事业上之一项骄人成绩。

三、为民筹谋　甘苦与共

李兆基做生意成功的秘诀就是看准时机、抓紧机会，赚取应得的利润。他悉心尽力经营中华煤气，最为市场津津乐道、敬佩不已的商业决策是在2004年4月，当时石油市价低于每桶25美元的时候，拍板跟澳洲液化天然气供应商签订长达25年的供气合约。发展至中华煤气于2006年9月正式引进天然气时，石油价格已升至每桶约60美元。这份合同令中华煤气能长期享受较低的天然气价格，因而可以大大节省制气成本，降低了煤气价格。李兆基的眼光敏锐，当机立断，在石油价格的决策上为香港广大之煤气用户，亦即等于数百万香港市民，三年内节省逾37亿港元。

中华煤气并不是香港法例规定受管制之公司，如要调价，只要向政府申报，并向立法会简报后便可实施。中华煤气虽然有调价的潜在自主权和充分理由，然而，李兆基主政下的中华煤气，坚持“以人为本”的企业精神和营运理念，绝不轻率作出调价。此举获得市民及市场人士的赞许，认为等于李兆基这几年又多捐了很多个亿给香港市民了。

李兆基的中华煤气既秉承与市民同富贵的经营理念，同时也自动地与市民共患难。1998年香港受亚洲金融风暴打击，经济疲弱，中华煤气毅然宣布“三不”政策——不加价、不裁员、不减薪。全体员工在李兆基的鼓励下，众志成城，努力为香港公用事业立下榜样。此后十年间，当其他公用事业机构都先后加价，中华煤气不但恪尽企业的社会责任，连续十年没有加价，与市民共渡时艰，更透过引入天然气主动降低煤气费，令广大家庭用户及工商业客户受惠。此外，2003年3月香港受非典型肺炎疫情的沉重打击，百业不振，酒楼食肆的生意受到严峻影响。中华煤气随即于4月宣布，容许饮食业界延迟支付煤气费三个月，舒缓业界现金流周转的压力，此举备受广大业界赞赏。

四、重视民生　屡获殊荣

在没有专利以及利润保障下，中华煤气多年无惧电力、柴油和石油气的竞争，一直在本地燃料市场稳占领导地位，这都有赖其价格优势、优质产品和服务，及不断投资于供气管网络及设施，与香港的城市发展一同成长。1995年，中华煤气推出独有的住宅安全检查服务，定期派员上门为客户检查煤气用具，视客户家居燃气安全为最重要的工作之一。

此外，中华煤气的产品推陈出新，不断推出崭新的燃气服务和炉具产品，迎合市

2006 年 11 月李兆基博士与特首曾荫权为煤气公司主持引进天然气启动仪式。

场的需要，同时积极开拓多元化业务，例如分别于铜锣湾及尖沙咀开设名气廊(Towngas Avenue) 主题餐厅，以推广明火煮食的乐趣。

中华煤气长年积极参与社会服务，于 2000 年由雇员组成煤气温馨义工队，积极利用公余时间参与公益活动，包括探访独居长者、送赠老火汤、提供免费理发服务、免费安装家居扶手等。每年端午及中秋佳节期间，煤气公司更分别送赠应节粽子及月饼予有需要人士。过去十年，已送赠共 57 万个月饼及逾 93 万只粽子。中华煤气多年来提供优惠予社会上有需要的人士，包括长者、残疾人士及单亲家庭的受惠用户达 80 000 户，占总客户人数约 5%。业务蒸蒸日上之同时，不忘回馈社会。中华煤气上下一心，愉快而积极地实践李兆基“服务人群”的理念。

中华煤气每年筹募善款不甘后人，并连续十多年获公益金最高荣誉奖。2009 年，公司已连续七年获香港社会服务联会（社联）颁发“商界展关怀”标志。煤气温馨义工队屡获社会福利署颁发“最高服务时数奖（私人团体——最积极动员客户参与奖）”。2008 年，更荣获社联颁发“2007~2008 年度全面关怀大奖”。该奖项是社联“商界展关怀”计划的最高荣誉，以表扬企业关顾雇员及社会所作的努力。

2008 年 5 月，四川八级大地震，中华煤气组织关怀送暖义工队，购置大量帐篷、毛毯、棉被、医疗用品、大米、干粮、食水及瓶装石油气与煮食炉具运往灾区。恒基地产集团联同中华煤气及员工，合共捐出逾 2 000 万港元作赈灾善款，实行出钱出力，积极回应和体现“一方有难，八方救援”的民族大爱精神。

中华煤气向来以重视环保见称。早于 1970 年代起，中华煤气已采用洁净环保的原料石脑油取代煤炭生产煤气，此举有助减少酸雨的形成，以及其他温室气体的排放。公司于 2002 年荣获香港环保企业奖、环保办公室（大型机构）荣誉金奖。2006 年 9 月起更引入天然气，采用天然气和石脑油混合原料生产煤气，进一步减少导致地球暖化的温室气体，改善空气质素，并于 2007 年获“香港工商业奖：环保成就大奖”。

事实上，这十年来，中华煤气屡获殊荣，包括：1997 年获香港生产力促进局的“香港服务业奖：生产力大奖”，李兆基还亲自从当时的特首董建华先生手中接过奖项。

1999年获香港管理专业协会颁发“优质管理奖”；在1999年及2006年均获国际性的气体工程师学会颁发“最佳气体公司奖”；又在2002年取得“香港服务业奖：香港零售管理协会优质顾客服务奖”。由此可见中华煤气与香港社会息息相关，已成为众多家庭的家居好友良伴。

到2008年中，国际金融市场陷入低迷状态，受美国次按事件影响，亚太区的经济都相继滑落，可是在此投资不明朗的气氛下，中华煤气在2008年中还能轻而易举的在市场上筹组了十亿美元的十年票据。2009年5月，中华煤气成功发行当时最长年期的30年港元企业担保票据，发行额5.5亿港元。其后在2009年12月及2010年1月，中华煤气再下一城，发行年期更长的40年港元企业担保票据合共5亿港元。这些票据均获热烈认购，反映中华煤气在金融资本市场上信誉超卓，投资者对这家首屈一指的燃气企业，充满信心。

第五节　酒店业务　焕然一新

1993年开始，李兆基企业王国中之美丽华酒店集团开始了崭新的局面。李兆基自杨志云家族手上购得美丽华的控股权，把美丽华纳入他的旗舰企业恒地为联营公司后，李兆基承诺杨志云夫人，会让这间由香港华人商家一手建立的美丽华继续如常营运下去，同时不会更换管理层，让杨志云的长子杨秉正一如过往管理美丽华，直至他退休为止。

李兆基是个重承诺、说一不二的人，他并没有把他这份对好友遗孀的诺言对外宣告，只默默放在心上，予以实行。

直至1996年底，杨秉正去世后，李兆基才自海外礼聘人才出任美丽华执行董事兼集团总经理。自此美丽华才开始真正踏入李兆基管治的企业版图内。

李兆基明白善用人才的重要性，亦会给予下属很大的自由度发挥所长，然而在重大决策上，还是由他决定整体的发展方向。例如1997年金融风暴和2003年非典型肺炎发生，令百业陷入困境，酒店业亦不例外。在这经营环境下，李兆基继续贯彻“良心雇主”的作风，并没有像其他行业般以大刀阔斧裁员来节省开支，反而支持同事共同努力渡过难关，并且鼓励新思维来增加收入，缔造商机。

有了李兆基作为强大后盾，同事都花尽心思为公司的经营注入新元素。当时美丽华善用酒店添置的消毒设备，承接了不少为写字楼客户搞好消毒卫生的工作，务求人尽其才，物尽其用，一份资源，两份收入，一起渡过难关。此外，美丽华亦把租金收入微薄的两间戏院改为食肆，并且连接了邻近位于诺士佛台的十多间食肆，将尖沙咀打造为一个既有规模又具特色的“九龙兰桂坊”，与中环的兰桂坊看齐。

自 2006 年开始，李兆基把美丽华董事局的领航责任交给次子李家诚。李家诚接手后，曾有著名外国酒店管理公司提出为美丽华管理酒店，这无疑是一个最直截了当、省时省事的方法，然而李家诚没有接受。“我一直没有忘记父亲对杨夫人的承诺，父亲是重视承诺的人，亦从小教导我们不要忘本，所以我还是决定由自己亲自打理，延续父亲的承诺。”

虽然半途出家，但李家诚一直很用心去经营美丽华集团的业务，将自己在恒基经营地产项目的成功之道用于美丽华身上。虽然要保留美丽华的历史，但一间有前景的公司在变化急速的坏境下，改革是势在必然之事，所以李家诚决定将公司重新定位为一间走在时尚尖端、提供高质素服务的特色酒店，并重新命名为 The Mira。

李家诚特别起用国际知名宴会设计师、好莱坞名人专用的设计师 Colin Cowie，为酒店设计了一个时尚且布局丰富多变的宴会厅，以不同灯光效果营造不同主题特色的婚宴。这引进外国婚宴理念的创新设计得到各界好评如潮，宴会、会议等预订订单长期排得满满。而在各婚庆博览会上，The Mira 宴会厅的销售额总是名列第一，无与伦比。

在李家诚的带领下，The Mira 得到各界一致好评，获得不少奖项，其中包括：旅讯 (Travel Weekly China)“中国旅游业界奖 2009——最佳新开业商务酒店”大奖及 Travel + Leisure“The Best of 2009——The Region's Hottest Place to Stay”大奖。

李家诚的计划是重新整装酒店商场、翻新美丽华大厦，并会将美丽华商场大装修，配合 The Mira 的设计，在这个尖沙咀黄金地区，打造一个“美丽华地段”，吸引高承租力租户、高消费的客人，优化整个业务，提升主要资产的价值和回报，他更相信这地段将有很美好的前景。

美丽华集团另一重要业务是旅游，对此李家诚亦有一番独特见解，认为旅游业的发展潜力无限。“我将旅游生意看作一个小朋友一样，只要用心栽培，日后就会有很大成就，我对它有很大期望。”他相信面向中国是往后发展之路向，“中国内地旅行团每年生意额达几千亿元，我们只要成功拿到五个百分点的占有率，就已经有过百亿的生意，前途无可限量。”

因此李家诚近年积极发展旅游业，并主打首创，要做到“人无我有”，才能建立自己的品牌形象。所以公司创办了不少特色旅行团，例如已得到维珍航空专利营办的太空旅游、邮轮旅游等，成功在竞争激烈的旅游业市场中突围而出。两年前美丽华旅游一年的生意额为四亿港元，现时之营业额已倍增至每年八亿港元，可见李家诚的经营策略是完全找对了路。

第六节　小轮转型　股东受益

上世纪 90 年代末期，李兆基眼见渡轮业务欠缺前景，遂果断地于 2000 年 1 月把整个乘客渡轮业务转让给新世界第一渡轮服务有限公司。并将业务转型，向地产进军，首先发展四个专案，包括将大角咀旧厂厦及船厂旧址兴建港湾豪庭；购入邻近旧楼地盘兴建新港豪庭；拆卸大角咀员工宿舍兴建亮贤居；及在油塘旧厂厦位置兴建嘉贤居。该四个项目位处市区，提供了数千个优质住宅单位。至今该四个地产项目已为香港小轮带来共 29 亿港元利润。香港小轮尚有两个发展中的地产项目，故拥有充裕现金，并积极寻找具有潜力又稳当的地产及证券投资机会。

李兆基认为作为一间具规模及有良心的香港企业，在注重业务之余，也必须关心社区，善待雇员，努力履行企业公民责任。新港豪庭及亮贤居于2005至2007年建筑期间获政府颁发“环保功德地盘奖”。香港小轮由2003年/2004年度起至今已连续八年获得香港社会服务联会颁发“商界展关怀”标志；从2005年起至今每年均获香港青年协会颁发“有心企业”标志。香港小轮也鼓励员工公余回馈社会，自2008年开始成立公司义工队。众志成城，服务社会，这是李兆基最开心见到的员工表现。

恒地近期锐意以雄厚土地储备和丰富资源为基础，加强业务发展，其业务一日千里，应是意料中事。

《第 三 章》

扩展金融 稳健投资

第一节　金融环境 否极泰来

1997 年到 2009 年间，香港经历过 60 年代以后前所未有的艰难岁月，李兆基不但在强风暴雨中屹立不倒，而且投资更成绩斐然，成为一个香港历史的奇迹创造者。

1997 年 7 月 1 日，香港在万众欢呼声中回归祖国，市面一片繁荣，投资气氛浓厚，乐观唱好的言论不绝于耳。有谁会料到仅仅一天之后，距离香港不远的地方，外资带头抛售泰铢，资金争先恐后涌出泰国。泰铢初而受压，继而大幅贬值，触发亚洲金融危机。这抛售抽资浪潮随即席卷其他亚洲国家，无一幸免。

中国不想加重邻国负担，毅然决定人民币不追随亚洲货币贬值。香港因为与美元有联系汇率关系，所以也不贬值。可是，港元不贬值的代价是令香港的出口、服务收费和租金都变得相对昂贵，令香港的竞争力骤减。随之而来的就是生意大受影响，裁员减薪的情况大幅增加，失业率直线上升。

1998 年大型国际对冲基金见有机可乘，开始部署狙击港元，做法是先沽空恒指，然后再“借货”大量抛售港股，并双管齐下抛售港元。港元汇价一旦受压，在香港联系汇率的自动调节机制下，港币息口无可避免会被抽高，而反过来高息又必不利于港股。于是，在这种形势下，港股和恒指双双应声急挫，国际炒家则获利甚丰。

为了不使香港成为国际投机者的“自动提款机”，香港特区政府于 1998 年 8 月决定大举入市购买港股和恒指合约，直接影响股票市场。虽然入市之举事前事后都有批评说政府干涉自由市场，但香港恒生指数总算在 8 000 点以上稳定下来，有投资股票的市民都额首称庆。

在 1997 年下半年和 1998 年这漫天风雨的一年半中，不但股票市道曾一蹶不振，地产市场也交投疏落。不过，即使在香港最困难的时刻，一向头脑冷静的李兆基也注意到唯一的一线曙光，那就是来自国内的“中国因素”。

香港股票市场在政府入市过后，惊魂稍定便开始憧憬中国加入世界贸易组织后的种种机遇和发展。例如世界贸易惯例适用于中国和外国之间的贸易，别国再不能无缘无故阻止中国货品入境，更不能征收歧视性关税。中国方面也需要开放国内市场予外地投资者，同时对所有人等都得一视同仁。故此，作为外国企业与中国之间的桥梁，香港应该商机不少，而事实也果然如此。中国入世的传言和行动使香港恒生指数于2000年3月攀升至18 300点高峰。股票市场一天的交易额可以是地产市场的数百倍。

可是，2000年下半年全球科网股爆破的股市灾难、2001年纽约的“九一一恐怖袭击事件”和2003年的非典型肺炎疫症接踵而来，2003年4月，香港的恒生指数跌至1998年后的新低，见8 331点。就是在这个应该是特别困难的时刻，李兆基以盛极必衰、衰极必盛的道理，断然决定向金融市场进发，并开始部署，于2004年，扩展国际金融投资业务。

事后证明，2004年果然是香港配合中国发展的一大契机年，当时，乘着中国批准“内地与香港关于建立更紧密经贸关系的安排”(CEPA)及自由行之大好良机，旅游及服务性行业的经营环境正逐步好转，香港经济挨过七年的艰苦经营后也渐开始复苏。而鉴于美国针对上市公司的新会计法萨班斯法案(Sarbanes-Oxley Act)要求苛刻，门槛偏高，于是各大企业纷纷转而来港上市集资，使香港出现了大量投资机会。海外各大金融机构有见及此，也迅速扩展以香港为基地的大中华业务，使金融投资活动持续增长。另一方面，2004年又适逢日本经济疲弱了十多年后开始渐露曙光，地产金融业次第复苏。这对李兆基而言，是出现了一个难能可贵投资金融业的切入点。

李兆基认定投资策略的金科玉律是胆大心细。成功的投资者之所以能胆大，是因为他们实力雄厚，即使在经常大上大落的股市中，仍然具备坚持到底，泰山崩于前而色不变的能耐。之所以心细，是因为成功者会搜集市场资料经过详细分析，制订“进可以攻、退可以守”的投资策略。

事后孔明，非常容易。但当时（2004年3月），在这数十年不遇的艰难岁月中，有胆别树一帜，且能脱颖而出者，只有李兆基等少数人。

第二节　细心探索　积极拓展

李兆基部署进军金融业，迈出的第一步便是四出接触各国际投资银行，寻找适当的国际投资机会。于是，李兆基本人不惜长途跋涉多次与他的投资团队“走出去”拜访各大财经机构的总部。他足迹遍及各大国际金融中心，由已发展国家如美国的纽约、英国的伦敦、法国的巴黎、瑞士的苏黎世及日本的东京，到新兴国家如印度的孟买、中东的迪拜。

巡游目的之一是让李兆基可以直接与该等国际级财经机构的最高管理层沟通，目的之二是让自己亲身体验每个经济大国的经济状况，作为其大致分配投资金额的基础。

李兆基每次投资巡游的“节目表”都排得很紧凑，有好几次更一口气连访日、美、欧各主要国际金融中心，每站停留三数天，每天到访两间财经机构。从每天上午九时半开始，李兆基在汽车中会先了解一天前的股市及汇市动态、是日开市行情等，甫踏入国际财经机构会议室便展开一连串的会议，每次会议均获各超级财经机构安排其环球经济师、投资策略师、股票专家、商品期货、利息及外汇等各方面的专家出席，提供投资意见。

李兆基每次与财经机构开会都自备铅芯笔、橡皮擦、笔记簿，在整个过程中，除耐心聆听外，还亲笔将每位财经专家的分析要点一字一字地记录下来，并仔细推敲其含意。每当分析员讲解及报告完毕，李兆基便会随即发问，以图更清楚了解有关分析；有时他又会反覆请教分析员其投资策略是否仍然适用，然后才组织下一步的投资计划。

各财经机构都乐于为李兆基悉心拣选用膳地点，务求让李兆基经过一天的辛勤工作后，可以来一顿大快朵颐的午餐或晚餐，以尽地主之谊。别以为用膳时间就可以稍事休息，即使吃午餐或晚饭时，有好些财经机构要员及专家仍继续向李兆基作出各种投资及股市分析，以收“时尽其用”之效。更有好几次，李兆基因时间关系未能与所有财经机构安排半天的会议，他们便藉一顿“长”的晚膳时间进行经济展望及投资建议的汇报。

2007年4月初，李兆基到访位于中东的第四大产油国——迪拜，亲自探索她如何由荒芜的产油国转型为旅游胜地以“持续”其日后的经济发展，亦趁机享受一下世界驰名的“帆船酒店”(Burj Al Arab)。在迪拜的会议编排如常紧凑，李兆基在三天的行程中会晤了多位首长，当中包括迪拜世界及棕榈度假村的发展商，与他们交换地产发展的投资心得。李兆基并乘坐专用游艇游览闻名不如见面的棕榈度假村；且在会见油务官员时向他们探讨油价走势；又向国家地产策划/审批官员了解迪拜的产业发展前景等。李兆基参观迪拜国际金融中心时，细心聆听其业务部主管讲述租赁市场概况及该中心四周的发展规模和规划。

游毕，李兆基认为迪拜的地产投资短期来说有供过于求的迹象：在地产方面，由机场到酒店只是45分钟车程，沿途可见两旁竖满建筑天秤，每个角落都在大兴土木，不难估计这块弹丸之地在未来两年便会有大量楼宇供应。他有一个疑问：这个只有百余万人居住的地方，75%为外劳，如何能够吸纳瞬即建成的大量房屋？至于股市投资方面，每间财经机构都只是推介一小撮地产股，加上当地股市交投不兴旺，始终觉得未成气候。

离开刻翠镂金的迪拜，乘坐私人飞机，只消三小时航程便抵达印度的商业中心——孟买。当天抵埗时已是黄昏时分，李兆基甫下机便须贴上“驱蚊贴”，急步登上停泊在机场门外的旅游巴士，然后花了一个多小时驱车经过凹凸不平的所谓“高速公路”，沿途但见街道两旁满是瘦削的原居民，有些卧在树底，有些三几个人围作一团，一路上塞满陈旧的电单车、老爷摩托车，与满目是保时捷（Porsche）、奔驰（Benz）、蓝宝坚尼（Lamborghini）的迪拜相比何止天渊之别！李兆基心想，难怪印度政府一直扬言须投放大量资源在基建项目。

虽道是商业中心，孟买市区大部份建筑物除残余昔日英国殖民地色彩，亦予人日久失修，繁乱而落后的感觉。地产发展未成气候，地盘不多，位置难言清幽，四周被贫民窟包围，加上土地权益模糊不清，存在风险难以估计。孟买股市交投情况虽较诸迪拜活跃，但透明度仍不及先进国家般清晰。李兆基对印度于是只采取观望态度。受李兆基一向的审慎态度影响，其一众基金经理选择投资十分小心，故其投资组合中并没有一毛钱投资于“次级按揭抵押债券”（俗称“次按”）。相比之下，欧、美、亚各洲各大超级银行在2007年下半年却纷纷发出因投资次按失利而须作大额拨备的警报，可见李兆基的机智和坚守“不熟不做”的营商原则。

事实上，股票市场是最早全球化的。投资的领域并不限于香港。投资界是全球性的大舞台，游走这个舞台之间的人不问国籍，不计种族，真正的较量只是眼光与识见。李兆基一踏足这国际舞台便如鱼得水，光芒四射。在2005年开始，李兆基已被誉为“亚洲股神”。

第三节　成功心得　公诸同好

很多香港人一方面以香港出了一位“亚洲股神”而感到自豪，另一方面也实在很热衷于了解李兆基投资之道。一向不爱宣传自己、低调实干的李兆基，因传媒不断追访及要求公开投资心得，开始接受传媒访问，分享经验。同时他亦多次提醒传媒，投资带有风险，每人承受风险的能力不同，他谈的只是自己的心得，不是叫人跟他的策略，还笑说投资不一定赚钱，盈亏一定要自负呢！

投资基本法主要有四种。简介如下：

投资基本法一：选择国家

李兆基认为第一步是要选择投资哪个国家。李兆基不断前往世界主要金融城市考察，对美国、日本、欧洲等地的经济进行了深入的调研与了解。他首先发现当年日本提供上佳的投资机会。2003年，日本经历过十多年的经济低潮后，很多股份都变得超值。另外，日本政府为了要加快经济增长，实行以零息口刺激经济，好让商人用低息做生意。经过十多年的喘息横行，日本经济复苏在望，故此日本四大银行的可换股债券乃上佳投资对象。例如2003年初以折让价投资住友银行可换股债券，换股价为每股3 000日元，而2005年尾股价已涨至13 000日元，结果在各日本银行债券之投资旗开得胜，获数倍账面利润。

李兆基又注意到美国科技股爆破后，受进攻伊拉克之长年战事所累，美国政府不但收支有赤字，外贸也有赤字。美国国债高筑，欠下债款超过十万亿美元之巨。美国政府陷两难局面：如果要救由次按及房产退供可能引发之金融风暴，则要减息。但减息，则美元下跌通胀上升，一连串可能引发经济学家所谓的“滞胀”不良现象随之而来。

选国家的话，李兆基认为中国最好。中国近年不但经济腾飞，而且国际地位日高，其中一个主要原因是反映各国认同中国政府所采取的经济策略。中国近年国民生产值的升幅没有一年令人失望，市场之浩瀚、商机之辽阔、民生之进步，有目共睹。所以中国是投资首选，几乎已是全球公认的共识。国内初期到香港上市的国企股份如富力地产、李宁、中国人寿、中国建材、东风汽车、平安保险及中国远洋，在上市后都曾经有过10倍以上的升幅。

相比印度、越南等发展中市场，中国市场的成熟程度更为全球投资者所接受。李兆基曾经亲自往访印度，其后认为印度除了一些优质科技股可以考虑外，其吸引性远逊于中国国企。

李兆基更认为国家元首的质素对国运盛衰影响极大。今日中国选举机制相当稳健，国家最高决策核心在于中共中央政治局，委员与常委们全都有丰厚的从政管治经验，无不经历过多年的千锤百炼才能入局，第十七大一中全会选出的年轻国家领导人习近平与李克强，都是从基层培训及实干起来的。这与美国总统选举制有很大差异，个别美国总统缺乏实战经验，必然较难在上任后即有彪炳的表现。综观中国政局稳定是在于中国领导班子产生得宜，李兆基对中国有无比信心，加上欧美经济都不稳，有东风压倒西风之势，故李兆基看好中国。

投资基本法二：选择投资货币本位

由于美元受双赤、经济增长放缓等利淡因素拖累，观乎美元兑人民币由 2005 年 7 月之 8.27 跌至 2008 年 7 月之 6.83，一年期货价更在 6.42 以下，美元弱势于此可证。现时美元与港元挂钩，港元资产可能被债务缠身而且已呈疲态的美元所累，汇价基本上已是一种损失。有见及此的投资者，投资时可转货币本位为外币，例如欧元、英镑及澳元。只此一转，一年回报可以自动升逾 10%。以 2008 年的澳元为例，“转本位”在用港币兑换澳元后，存澳元收六厘利息，港元却只有两厘利息，于是既可享受息差，又赚汇价，堪称“财息兼收”。当然短期外币走势可能有升有跌，不易预料，但息差却是一早知道和“必收”的。假如相对汇率不变，投资高息货币比持港元有利。

投资基本法三：选择行业

李兆基在认定中国的经济增长在未来日子里将较诸欧美地区优胜后，便沿用与拣选国家同出一辙的理念，即选行业亦须将重点放在增长潜力，因增长较高者就算在经济放缓时也只受相对轻微的影响。李兆基循此方针，再作具体推敲，大致而言属“火”的能源业包括煤炭及石油，属“金”的保险业及银行业，以及属“土”的地产业等四大行业。中国方面，保险与银行属首选，因为这两个行业已开放多年，政府对开放这两个行业持十足肯定的态度，经营方面已与国际接轨，运行畅顺。另外，长远而言，由于发展中的新兴国家如中国、印度等对石油、原材料需求甚殷，此类行业的发展潜力前景亦十分可观，故选择投资于国内优质股票时，能源业、保险业、银行业、地产业等均为长线投资对象。

投资基本法四：选择股份

李兆基认为投资股票应选择各行业之佼佼者，即所谓龙头股，只要该行业发展空间大，该等龙头股一定占尽优势，适宜长期持有。龙头股占有的市场份额通常较高，已有先入为主的优势；管理层普遍都已上了轨道，较少出现令人吃惊的意外。例如煤炭业的龙头股，其开采、生产、运输及发电乃一条龙设施，相对同业具相当优势。又例如地产业的龙头股，土地储备中大部份为早期买下及成本较低的“旧地”，利润自然获得保障。

第四节　气定神闲　险中求胜

2008年秋季，全球经济突然陷入极度慌乱、看不清前景、摸不到谷底的非常时期。比十年前的亚洲金融风暴影响更广、破坏力更大的全球金融大海啸已经发生。美国作为引发这次全球经济危机的国家，他们提出的救市方案是否奏效，至今仍然是一个疑问。成与败将可能直接影响往后几年日子，全球经济究竟会是阳光普照的初夏，还是风霜遍地的严冬？各人各自估量和打算。然则，李兆基的想法又如何？以李兆基的性格和才干，可以肯定的是他非但不会方寸稍乱，习惯于商场的滔天巨浪、横风暴雨的他，必然会气定神闲，险中求胜。

回顾在金融海啸发生前半年，李兆基认为香港股市经过2007年的大幅上升后，股份的市盈率已经很高，特别是新股上市的定价十分进取，获利机会远不及2003年至2006年上市的新股。因此李兆基在2008年4、5月时已经认为“宜守不宜攻，居安思危”。踏入2008年夏季，属传统股市淡静时间，加上当时港股已在牛皮阶段，故应由进取修改为保守，不宜大手认购新股及作为新股的策略性投资者。

2008年8月奥运在北京举行，举国同欢，同贺中国办奥获空前成功。一个多月后，雷曼兄弟宣布破产，美国政府坐视不救，引发了金融大海啸冲击全球，在无一幸免的极度劣势之下港股狂泻。李兆基对美国的财政政策很是失望，深深认为容许雷曼倒闭的决定是鲁莽行为，缺乏全面考虑以及不智的。直至一年半后的今天，美国下议院仍有议员质疑美国政府当年决定对雷曼的处理方法，以及其他大型财经机构那种剪不断、理还乱的微妙因素，实情如何真是不得而知，将可能是国际财经舞台上一个永远的谜。

2009年初，当全球绝大多数人都无法看清前景、彷徨不知所措、投资信心和方向

上图：2004 年 12 月，李兆基于恒基兆业总公司乔迁国际金融中心二期酒会上致词。

下图：2004 年 12 月，恒基兆业总公司乔迁香港国际金融中心二期，李兆基与林高演欢迎其时的财政司司长唐英年（右一）出席酒会。

尽失、不知何去何从之际，李兆基对中国政府及时推出有效及具远见之注入40 000亿元人民币以刺激内需的经济措施，相当欣赏。他认为是重新入市的好时机。李兆基看准中国及全球股市经历了2008年第四季度及2009年初的大幅下滑，股份的价值已偏向便宜，很多股份之市盈率低至几倍，部分股票价值更低于账面值，加上中国政府决心力保国民生产总值有8%的增长率，又悉心尽力培养内需市场，以平衡出口衰退所引致的损失。李兆基认为这就是入市作为长线投资的好时机。

2009年3月，汇丰银行的股份价格从2008年最高位的137港元下滑至33港元，香港市民都为之错愕和震惊。因汇丰银行根基雄厚、作风稳健，加上汇丰供股后第一级资本比率上升至9.8%，而且大幅缩减美国业务，故在汇丰宣布供股后率先支持，参与分包销，金额达23.4亿港元。

李兆基在2009年全球经济积弱以及前景不明朗之非常时期，认为港股应呈现有上有落之走势。总的来说，最坏的情势应已是明日黄花，2009年下半年，尤其第四季度应是复苏期，恒生指数有望由上半年之12 000点升至逾20 000点。他一再强调对那些根基稳健而市盈率偏低的股份，是可以重新持有的。这比较购入新近上市的股票更有赚钱把握。

一向看好澳元的李兆基指出，澳元存款息率佳，达四厘，而且有升值可能，完全可以“财息兼收”。事实上，截至2010年第一季度结束，半年之内澳元升幅连息差已超过10%。

要知道李兆基在全球金融大海啸发生后的真知灼见，倒不如在此引录他在2009年10月于广东南沙的培华教育基金论坛上的演讲词，让读者一读为快：

“港币与美元是挂钩的，持有港元等于持有美元。美国政府长期受困于财政赤字，近年财政赤字平均每年约为港币20 000余亿，外贸赤字更高达港币50 000余亿；再加上在2008年全球金融海啸的冲击下，大量地印银纸、发债。长远而言，美元一定看淡。

“美元是全球主要的交收货币，贸易往来及各类商品交易（如石油、黄金等）都以美元交收。因此美国大量发债，各国仍要被迫持有美元，故此美国可以不断印银纸，印多多都得。又不怕美元淡，美元淡未必对她不利，因美元一旦贬值，清还国债便可相应减少。

“且看美国在金融海啸救市时，不动用黄金储备，只懂印银纸。现时，美国是全世界拥有最多黄金储备的国家，有8 100吨。中国则只有1 000吨，是美国的八分之一。美国是黄金储备大庄家，占有主导优势；假如黄金升值一倍，美元一旦贬值，美国清还国债就可减轻一半。

“美国遍地黄金，拥有大量天然资源（如石油、天然气等），但过去几十年，美国只购买进口的廉价石油、天然气等，而不开采动用本土资源；美国亦不准许中国公司购买他们的能源资产，只要求中国购入他们的债券。现时中国持有8 000亿美元国债，加上其他美元资产，估计合共超过13 000亿美元，但中国为全球大局着想，吃了亏也算数。总而言之，有用的资源就没有你份，无用的美元纸币就留给你。

“美元淡，港人持有港币亦被拖累，加上现时存款又近乎无息，可谓被迫让美国人赚到尽。因此，香港人为防止资产缩水，可考虑持有实物，买地产、购物业、持有澳元等有保值对抗通胀的资产。”

李兆基在作上述演讲时，已预测在2009年第四季度至2010年期间，香港物业价格会因供不应求以及货币贬值的原因而上扬，他认为应可以地产和港股作双线并行投资，以平衡通货膨胀和利息低企。

美国巴顿将军曾有名言：“我不以一个人能够爬得多高来衡量他有多成功，而是看他跌至谷底后反弹得多高。”在2008年的往后几年，全球富豪，必会竭心尽力，转危为机，在福布斯的全球富豪榜上，此起彼落，势在必然。李兆基既然有能力在香港回归的十年期间，于险境中谈笑用兵，披荆斩棘，而最终风生水起，尽领风骚，确实不容否认在这段期间在香港创造了一项财富暴涨的奇迹。我们不妨翘首以待，看从2010年开始的往后十年，最擅长于临危不乱、处变不惊、以不变应万变的李兆基如何成为巴顿将军心目中的真正英雄。

《第 四 章》

慈善基金 福泽万民

富甲一方的人做善事，只要有心自然水到渠成，大笔一挥，需时数秒，捐献过亿，也是弹指之间、不费吹灰之力的事。然而，日理万机的李兆基为国为港为民做慈善有一大特色，就是坚持出心出力，跟进到底。他的心思、他的设计、他的毅力、他的爱心、他的关注、他的实践、他的投入都反映在种种善举之中，不只使他倍感快慰，也更见成效。正如他对笔者说：“我做公益与做生意一样，出一分钱，要有十分收获，务求四两拨千斤，发挥更巨大的影响力。”

明显地李兆基将这十年来为善的成绩视为一番卓尔不群、精彩非凡的事业。每当李兆基讲述他支持公益的宗旨、行善的心得、捐献的特色时，他不只眉飞色舞，你甚至会发现他脸上浮泛着的灿烂笑容，与涌现的闪耀眼神，令他忽然年轻起来、活泼起来，他会用那带着无限童真的思维表达与讲述方式，首先令人听着都感到温暖和感动。

第一节 慈善为怀 方式独特

美国股神巴菲特把自己财产的大部分捐赠予世界首富盖茨和夫人成立的盖茨慈善基金，当然表现出巴菲特的异乎常人的慷慨胸襟。以此问李兆基的意见，他坦言：“巴菲特的无私奉献不是很多东方富豪能够比得上的。东西方文化其中一项最大的差异在于对血缘关系的珍惜与照顾。”李兆基的意思是西方民族的“个人主义”相当明显，这与东方民族着重“家庭观念”大相径庭。故此，李兆基坦承一般东方人都会把穷一生奋斗的积蓄留给下一代，一方面完成自己身为族长家长的责任，另一方面表现出如何重视骨肉亲情。在不同的文化背景之下，人们会以相异的行为配合，故而他会把财产分为两部分处理，过半财产会由亲人继承，以便为第二代提供一个根基巩固、资源雄厚的营商平台，辅助第二代易于守业，并有机会更进一步发扬光大、光宗耀祖。余下部分则用于成立一个名为“李兆基基金”的永远慈善基金，这个基金有别于其他传统永远慈善基金之处是，它的用途由李兆基亲自策划和掌管，按着他的意愿和计划运用在祖国和香港的公益专案上。

李兆基认为众多公益专案之中，最令他关心的是教育与培训。李兆基迄今在国内及香港教育与培训方面已作出的捐献，连同他为基金策划对公益的未来贡献、影响及受惠之广，与巴菲特等人士的慈善捐献规模相比应是各有千秋。他明言："我是生意人，一生在商业的成绩全仗杠杆原理的运用得宜，才能把财产由一变二、由二变四、由四变八。故而做慈善也要发挥这种四两拨千斤的作用，才算得上最有成效。在社会上各种值得支持支援的善事中，我首选教育与培训。因为通过教育与培训让一个人成才，不但令他一生受用，而且由他帮助家人和朋友过幸福生活后，再帮助社会成长，受惠之广之多，莫可明言。"

李兆基钟情于发扬祖国和香港的教育事业是众所周知的事。他用的方式也很独特。李兆基一贯凡事亲力亲为的个性，办教育或任何慈善活动都喜欢从公益专案的宗旨、目标、设计、执行、监测等全程关心、投入和跟进。李兆基多年来捐献以亿元计的善举几乎都被视为他一盘另类投资和他一番另类事业。他说："单纯的直接的救济，对我是不满足的。我希望能看到在我财力物力加上心机心思之后的成果。"事实证明，李兆基投放在公益上的心血并没有白费，而是真的能像他经营的地产、金融投资般，多年来产生出几何级数的成果。

第二节　培华工程　薪火相传

李兆基历年来捐助的教育项目众多，其中最令他引以为傲的是为培育祖国人才而建立的培华教育基金会。

1981 年 10 月，李兆基率领一个由香港工业、商业和学术的多界别组成的访问团前往北京，获得了全国人大廖承志副委员长的接见。廖副委员长对李兆基提及文化大革命期间，摧残了极多的人才，目前百废待举，要国家富强，培训人才是当前急务。李兆基等听了，深感报国爱国的当前实际行动莫过于为国栽培人才，因为人才一定是国家最宝贵的资产。于是回港后，李兆基立即筹备。当时正值撒切尔夫人在北京摔了

2007年12月，身为香港培华教育基金主席及监事的李兆基博士与各委员出席“中国发展论坛”圆桌座谈会，就推行公益事业交流分享。左起：王敏刚先生、霍震寰博士、李兆基博士、郑裕彤博士、郭炳湘博士、方润华博士。

一跤之后，香港地产狂泻，不少地产商宣布破产。然而，在经济极度衰退的困难环境中，李兆基仍慷慨捐出500万港元作为培华教育基金会之启动费，当时的500万港元的购买力应约等于现在的五亿港元，可见李兆基之慷慨。李兆基被推举为培华教育基金会信托理事会主席，从此，他通过“培华工程”设计、赞助、推广内地各项教育及培训活动，至今已为国内现代化建设，特别是为边远贫困地区培训了大批高级管理人才。目前为数不少的在高位的管治国家人才，都曾受惠于培华教育基金会。

培华教育基金会自1982年成立以来，过去这28年，培华主办和协办的培训教育项目共逾450个。接受过培华赞助或参加过培华培训的人数超过1.6万人次。与其赠鱼，不如授之予网，令间接受惠的人多不胜数。

2007年10月12日，培华教育基金庆祝成立25周年纪念，在广东省南沙举办“中国发展论坛”，以李兆基为首的香港企业巨子，计有新世界发展集团的郑裕彤、新鸿基地产集团的郭炳湘，以及霍英东的儿子霍震寰等均齐齐出席，满城尽皆千亿富豪，无疑是极一时之盛。这班志同道合、身家加起来完全可以匹敌全球首富盖茨和巴菲特的香港巨富，难得抽暇共聚一堂，就是为了热烈庆贺培华多年来的辉煌成绩。他们的确做到了“一传十、十传百”的非凡效应，并见证了祖国的飞跃经济发展。

身为主席的李兆基在“中国发展论坛”开幕时，带领着众人高唱会歌，并致简短精要的演辞。李兆基重申培华以四两拨千斤作为“做慈善办教育”的基本功，以薪火相传、延绵受益为努力目标。李兆基一再强调他们不是为救济而行善，而是要悉心竭力、辅助国民自力更生，要产生一批又一批成为国家经济动力的人才。相信21世纪的中国对于全球经济发展将会继续有更大的影响。而培育人才成为国家的栋梁，以完全配合国家的未来发展与进步，正正是培华成立的目标。

第三节　培训农民　受惠无穷

培华教育基金深受国家表扬器重，成绩有目共睹。然而，李兆基并不满足于培华教育基金只着重于为国家培训管理人才。他在与当时中央统战部刘延东部长的交流商议和得到她的指导与鼓励之后，于2006年宣布成立“温暖工程李兆基基金百县百万农民及万名乡村医生培训”项目，这个新项目是为中国贫困农民提供培训与就业机会。主要的目的有四：

（一）积极帮助农民脱贫，彻底解决贫农的工作和生活问题，为他们的家庭提供永久脱贫的基本条件，目标是“一人受助，全家受惠”。

（二）培训农民获得谋生技能，并教导贫农成为有一技之长傍身的技工，引介他们获得工作岗位。此等做法等同为国家培训人才，既能产生经济效应又能提供自力更生的劳动力量。为国家增添人力资源，减低成本，对工商界有利。

（三）国家生产及出口增加，自然能继续增加外汇储备。目前，国家的外汇储备已破二万亿美元，只要利用各种机会把人力由国家的负担转变为国家的资产，外汇储备增幅持续上升，国力得以加强、国际地位得以提高，自然在望。

（四）农民生活改善，贫富差距缩减，有利于国家安定，社会和谐。

这个新的扶农项目，由李兆基主力捐助，同意捐赠3.3亿元人民币，另再由政府补贴三亿元。李兆基同意在广西靖西县、龙州县、云南省孟连县、河口县为温暖工程项目之首阶段四个试点。四个试点成功后再拓大扶农育农范围。就该四个试点的实施情况看来，培训课程均能因地制宜，例如：

第一个试点：广西靖西县开办的培训课程包括家电维修、电工电焊和服装加工班等，有90%的学员分别到深圳、中山、梧州、东莞等地就业。

第二个试点：广西龙州县开办电焊、服装加工工艺、餐饮培训班，合格学员获得广东及当地企业聘用。

第三个试点：云南河口县则加强了农业技术培训，教学员培植香蕉等农业技能。

第四个试点：云南孟连县的培训内容有旅游、酒店、餐饮、机电维修，至2007年初，90%的毕业学员获当地茶厂、橡胶园、深圳精工研制品企业及当地餐饮业、宾馆聘用。

2006年12月，李兆基（左二）由儿子李家杰（左一）陪同，在北京人民大会堂将人民币3.3亿元支票移交予时任全国人大常委会副委员长蒋正华（右二）展开“温暖工程李兆基基金百县百万农民及万名乡村医生培训”计划。中共中央政治局委员、国务院副总理回良玉（右一）以掌声感谢李兆基慷慨解囊。

上述扶农的培训课程约以两个月(40 个培训天) 为上限，对参训农民的资助标准为每人每天 15 元，以为每单元参与培训的农民支付大约 600 元人民币计，以李兆基定下之培训 100 万名贫农的计划，最后预计需要六亿元人民币。若能动员当地政府亦参与资助，将培训的开支比例达到一比一，即李兆基每捐助一元，内地政府也支出一元，相信一定可以大大加快培训进度。

李兆基非常热衷于这个温暖工程，他认为培训一名农民，使他有一技之长以及独立工作能力，就可以由他一人养活全家。一家三口能温饱度日，按此比例计，即成功培训 100 万名农民，就有 300 万人安居乐业，并能成为国家的生产劳动力，非但经济实惠，而且意义深远。直至 2009 年，在中央统战部杜青林部长的指导下，李兆基又增加 20 万名农民所需的培训捐款，此外，亦同时额外捐赠了 1 400 万元人民币辅助水利工程，兴建“上善水窖”。

李兆基在 2006 年底决定扩阔“温暖工程李兆基基金项目”的覆盖范围，引申至全面展开“百万农民培训计划”第二阶段、“万名乡村医生培训计划”等，并于 2006 年 12 月 29 日在北京正式成立。当日出席仪式的有中共中央政治局委员、国务院回良玉副总理，全国政协副主席、中央统战部刘延东部长，全国人大常委会成思危副委员长、蒋正华副委员长以及中央统战部、农业部、教育部、卫生部、劳动与社会保障部、建设部等部领导。

当日，回良玉副总理在致辞中对李兆基的善举给予高度评价，在他的致辞中提到：

“今天我们怀着高兴的心情、由衷的敬意，来参加这个活动。长期以来，许多港澳同胞心向祖国、情系手足、热心公益、乐善好施，捐赠了大量资金和物资，并通过多种方式和途径，为促进内地经济社会发展和公共事业作出了重要贡献。今天，李兆基先生又捐资支持农民和乡村医生培训，这是促进农村劳动力教育培训、培养造就新型农民的一件善事，也是推动农村卫生事业发展、提高农民医疗服务水平的一个义举。这充分表达了港澳同胞的浓浓桑梓情、拳拳报国心，体现了同胞之间血浓于水的深情厚意，展现了中华民族患难与共、同舟共济和扶贫济困的传统美德。在这里，我代表国务院，对温暖工程百县百万农民及万名乡村医生培训的启动表示热烈的祝贺！向关心、支持温暖工程并为此慷慨解囊的李兆基先生表示真挚的感谢和由衷的敬意！向为这项公益事业付出辛勤劳动的中央统战部和国务院各有关部门，向所有关心‘三农’工作和为扶贫帮困作出贡献的朋友和同志们表示亲切的慰问和良好的祝愿！”（兹将全文转载于附录以兹纪念）

除了回良玉副总理的发言外，一直支持指导“温暖工程李兆基基金项目”的现任国务委员刘延东亦指出，“温暖工程李兆基基金百县百万农民及万名乡村医生培训”是对培训转移农村富余劳动力和培训乡村医生的有益实践，是统一战线顺应时代发展、务实创新的具体体现。她希望地方统战部门要把大力开展“温暖工程”作为新世纪新阶段统一战线发挥作用的新的着力点，作为党委、政府和社会各界向农民群众送温暖的新模式，创新工作机制，健全制度规定，切实把培训工作落到实处。（兹将原文转载于附录以兹纪念）

当日李兆基以兴奋的心情、诚恳的态度，在各位领导与嘉宾面前宣读了他的献词，作为一份对国家对国民的慎重承诺。兹转录李兆基的献词原文如下：

“今天本人非常荣幸，在人民大会堂与各位领导见面，并参与‘温暖工程百万农民培训及万名乡村医生培训’仪式。回首五十年代禁运期间，祖国物资及外汇缺乏，百废待兴，例如原材料，细如螺丝钉，也没有生产，很多时都需要进口。开放改革以来，国家一年好过一年，至今经济高速成长，已超出各国预期以外。往日须向外借贷，今日却有庞大盈余，更是全世界外汇最多的国家！

“目前我国经济发达，主要还是靠劳动力低廉，产品价廉物美，输往外国赚到很多外汇，国民收入因而逐渐提升。有鉴于此，我们应加强劳动力量，帮助国家更上一层楼，一方面令企业成本平稳，另一方面令出口贸易积极增加，达到国富民强，雄视世界的目标。我十分希望，祖国的国际地位能够在不久的将来，超越欧美，希望能在二三十年内达到。

“今天，我认为做公益及慈善工作，出钱之余，也要出力和出计划。一般的捐献，只得一般的收益，但今次捐款，却比一般的效益为大，有无穷无尽的好处。我务必尽快完成第一期农民培训，若果成绩良好，资金能直接到位，没有损耗地到达有需要的农民手上，则我希望在第一期之后再多做一次，翻一翻，达到200万名农民之谱，届时可令700万人受惠。香港有700万人口，如我能做到香港人口相等数目的人数，则我会觉得十分自豪和欣慰，达到心愿。

“我是投资商人，事事都讲求收益回报，收益回报好的就值得去做，股票、地产及慈善工作都一样，例如24年来培华教育基金在国内进行培训人才的工作，薪火相传，以‘一传十，十传百’方式，育人无数。今次的百万农民培训，又有万名村医培训，三者均有异曲同工之效，农民生活安定，国家就可以更安定，意义十分重大。

“我在这里，再一次感谢各位领导的大力支持，相信在大家同心协力之下，目标定能早日达到。在新年快将来临之际，我祝愿大家新年快乐，万事如意，多谢各位。”

李兆基的“温暖工程百万农民培训”在中央统战部统筹及监督，五大中央政府部门包括教育部、劳动部、农业部、建设部及中华职业教育社联手合作推行下，最终取得巨大成功。每个部门负责培训农民数目详见后页图一。

农民实计总培训人数为100多万人，其中已就业的总人数为988 393人，占已培训人数94%。估计于2008年初受惠农民连家人约有300万人之多。每位受训农民皆获政府发出证书。相对而言，温暖工程创造的职位远远较香港十项基建可创造之25万个职位多出四倍。

此外，李兆基的温暖工程与卫生部合作培训一万名农村医生。万名乡村医生培训项目已在十个省实行，已培训1.1万人，就业人数为100%。如后页图二所示。

2008年，中央统战部杜青林部长动议于广西及宁夏两地各培训十万名农民。基于上回之温暖工程培训成效显著，李兆基再度捐款6 000万元人民币，为自治区的农民再谋福利。见后页图三所示。

又于2007年5月，李兆基与现任国务委员刘延东商议捐建1 000所海联新农村

图一：“温暖工程百万农民培训项目”培训农民人数

机构所属	培训工作省份	年份	总计划培训人数	累计已培训人数	已就业人数	已就业人数占培训人数百分比
中华职教社	22省（现已涵盖273县）	2007	300 000	343 300	327 987	95.5%
教育部	广西、云南、四川、河北、陕西	2007	200 000	200 000	177 000	88.5%
劳动部	江西、河北、吉林、甘肃、河南、贵州	2007	200 000	200 310	184 285	92.0%
农业部	重庆、河南、湖北	2007	100 000	100 000	95 584	95.6%
建设部	河北、山东、河南、安徽、江西、湖北、湖南、广西、重庆、四川、贵州、云南、陕西	2007	200 000	207 672	203 537	98.0%
百万农民培训项目合计	26个省（或自治区、直辖市）	2007	1 000 000	1 051 282	988 393	94.0%

图二："万名乡村医生培训项目"培训人数

机构所属	培训工作省份（或自治区）	年份	总计划培训人数	累计已培训人数	就业人数	就业人数占培训人数百分比
卫生部	内蒙古、安徽、江西、河南、湖北、四川、云南、甘肃、青海、新疆	2007至2008	11 000	11 000	11 000	100%

图三："温暖工程"广西及宁夏农民培训人数

机构所属	培训工作省份（或自治区）	年份	总计划培训人数	累计已培训人数	就业人数	就业人数占培训人数百分比
广西壮族自治区党委统战部	广西	2009	100 000	100 000	91 932	91.9%
宁夏回族自治区党委统战部	宁夏	2009	100 000	100 400	92 633	92.6%

图四："上善若水基金"捐助之项目

机构所属	兴建水窖省份（或自治区）	年份	兴建数量（个）	累计已兴建数量	已兴建数量占计划兴建数量百分比
中央统战部	宁夏海原县集雨水窖工程	2009	6 000	进行中	进行中

"温暖工程李兆基基金百县百万农民及万名乡村医生培训"计划捐款示意图

项目		受惠人数 / 工程数目（捐款）	负责执行部门
07 年	温暖工程农民工培训（第一期受训人数） （受训后成功就业人数）	1 051 282 人（人民币 300 000 000） 988 393 人	中央统战部／教育部／劳动部／建设部／农业部 （由李家杰负责项目统筹，中华煤气义工负责调研）
07-08 年	温暖工程村医培训	11 000 人（人民币 30 000 000）	卫生部
09 年	温暖工程广西、宁夏自治区农民工培训 （第二期预算人数）	200 000 人（人民币 60 000 000）	中央统战部

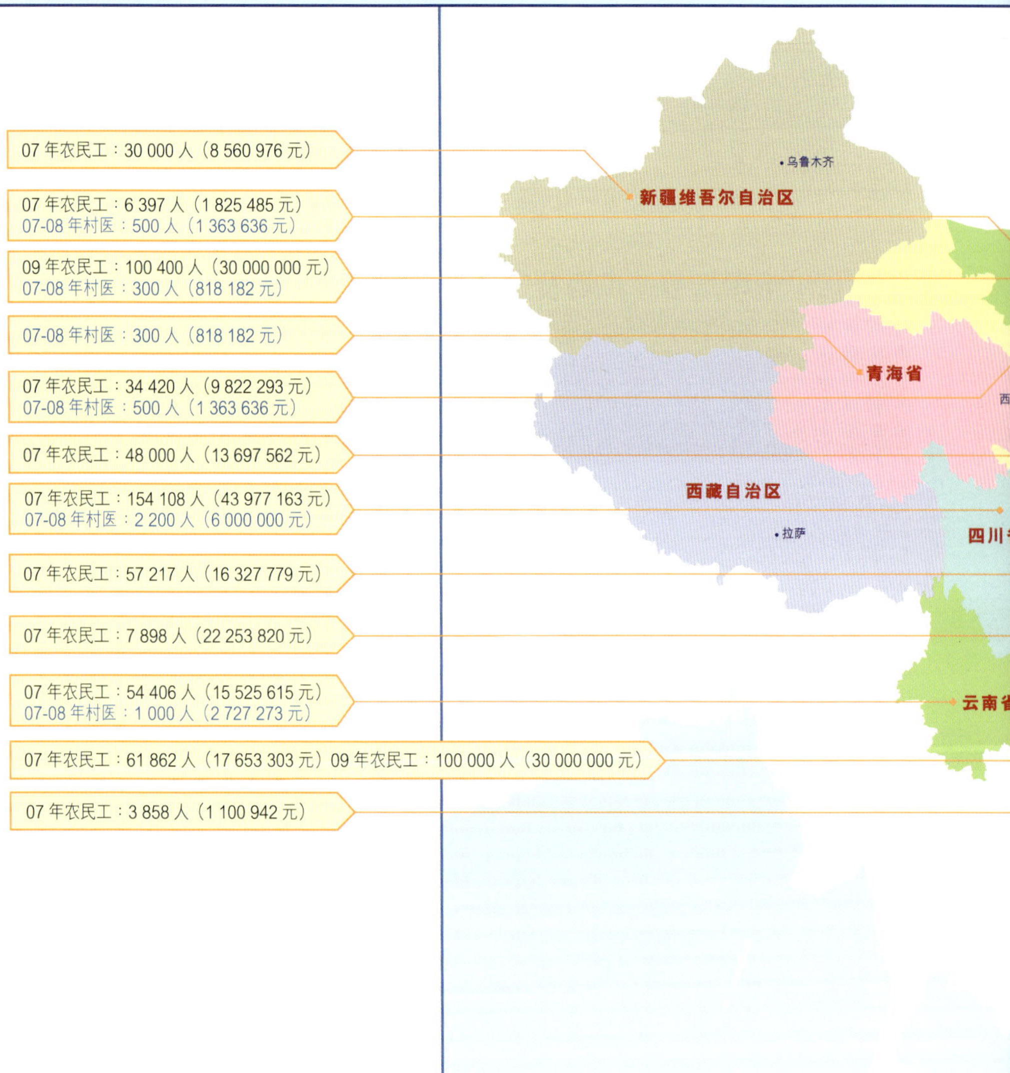

*除特别标示外，以上款项均为人民币。

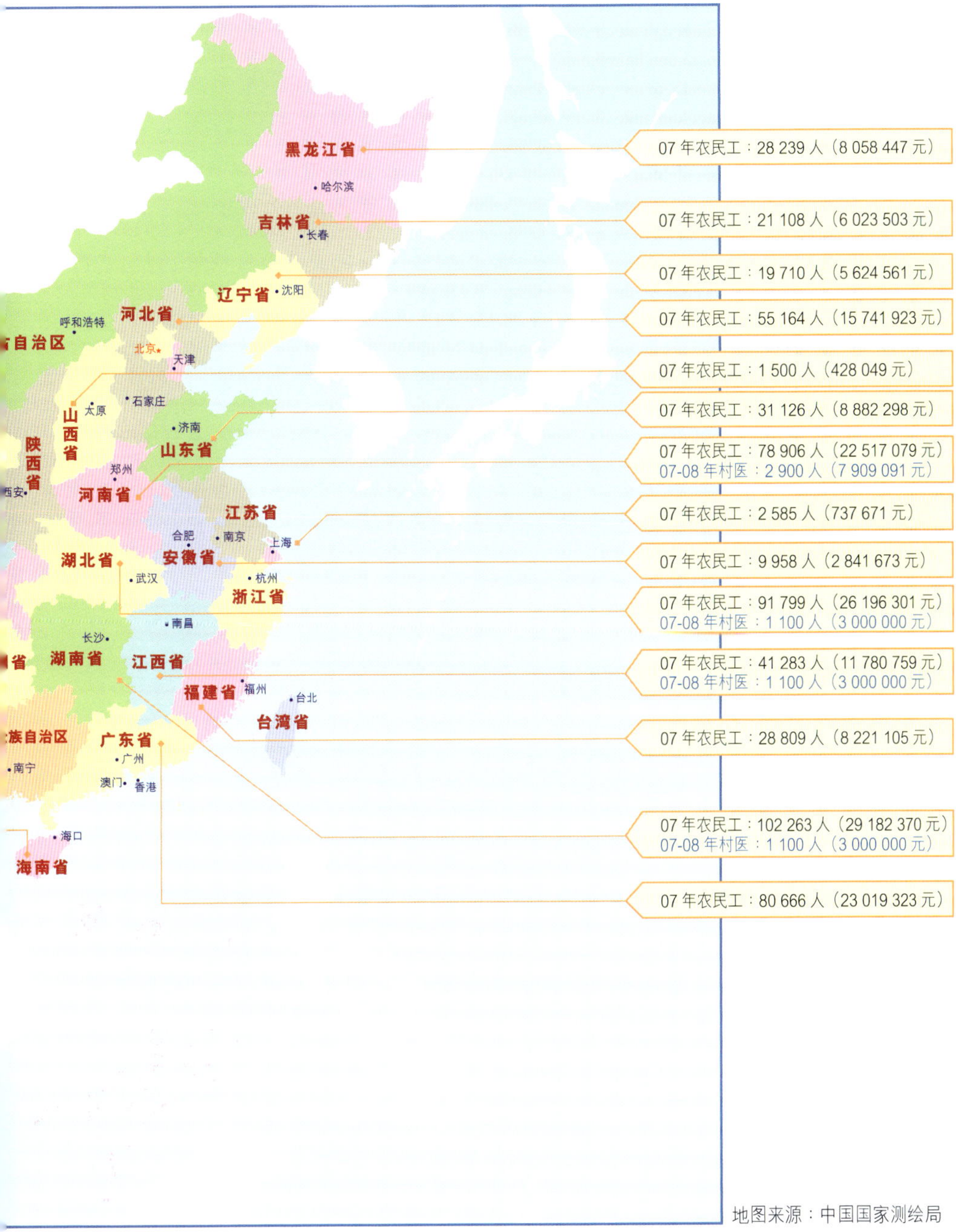

地图来源：中国国家测绘局

卫生室，每所乡村卫生室需 50 000 元人民币，合共捐出 5 000 万元人民币。

2009 年 7 月 6 日，先在河南建设 40 所、山西 30 所、湖南 30 所、新疆 30 所、内蒙古 20 所、福建 20 所、辽宁 10 所、吉林 10 所、海南 10 所，共 200 所乡村卫生室，所需的 1 000 万元人民币，李兆基基金亦已拨款兴建。该项目现剩余 800 所乡村卫生室，共需资金 4 000 万元人民币，有待中华海外联谊会上报计划后实行。

百万农民培训已正式于 2008 年 3 月完成；万名乡村医生培训亦正式于 2008 年 12 月完成。李兆基又成立"李兆基上善若水基金有限公司"，对祖国的水利和环保公益工程进行探讨，希望日后可以善用他财富的一部分辅助国家在贫困山区搞好水利，使贫农自然变成富裕农民，国家更受益无穷。详见前页图四。

"温暖工程李兆基基金项目"因得到现任国务委员刘延东之大力支持与关注，对培训资金监管做了重要批示，使这个项目成为清廉工程，确保资金到位，直接让农民受益，这才是公益项目成功的基础。更令李兆基高兴的是在这个基础之上，恒地属下的中华煤气在国内抽调逾千名员工义务为"温暖工程"做进度调查工作，务求使该计划得到更大更多的实际成效。对李兆基而言，真有种登高一呼，天下回应的感觉，这使他对祖国的公益项目工作深具信心。

第四节　重视教育　为港育才

血浓于水，李兆基悉心尽力回报祖国，势在必然。又他自少年开始来港定居发展，与香港当然有着生于斯、长于斯的亲密感情。故而香港是他的家，也是他的第二故乡，栽培祖国人才重要，栽培香港人才对李兆基而言，也属责无旁贷。

远自 1979 年时，李兆基已经为培育香港学生而成立"牛津大学李兆基奖学金"。随后的 27 年来，录取了接近 100 个学生。在成立牛津奖学金时，有很多顶尖的香港学生缺乏经济能力往外国深造，李兆基奖学金使他们能够直接入读牛津，同时得到所需资助，令他们能尽量发挥潜能，学成后为香港作出贡献。

李兆基每年不但出钱，而且惯例地出心出力，他除了连同社会上的知名资深专业人士亲自面试选拔人才之外，还会组织晚宴聚会，与将赴牛津深造，以及学成回来的学生聚面，亲自鼓励他们，与他们交流从商及做事做人的心得。每一次的聚面，他们除了严肃地探讨生活、工作前途问题外，还会轻松地手牵手唱歌、说笑、畅谈等。李兆基愿意花在未来香港社会栋梁身上的不只是金钱，而且是他的真心诚意，正如他说：“直至今天，并没有一位领取我奖学金到牛津进修的学生，回到香港后为恒地效力。只要他们能取诸社会、还诸社会，把他们所学让香港企业受惠，我就心满意足了。”

自2003年开始至今的七年间，香港九间大学都曾受惠于李兆基的捐献，所涉金额总数已逾十亿港元。各大学都善用了李兆基的捐款，作育英才。

李兆基于2003年捐款支持香港大学增建宿舍设施，而以李兆基命名之“李兆基堂”亦于2005年底落成启用。

国际化是李兆基堂的一大特色。舍堂有超过三分一的宿生为非本地学生，分别来自12个不同国家，同学修读的科目亦五花八门，分属十多个院系，是大学内最多元化的舍堂之一。李兆基堂每层均有起居室，方便宿生聚会。此外，亦设有多用途礼堂、学生会办事处及会议室等，供同学作学术交流及联谊活动。

李兆基再于2007年捐款五亿港元予香港大学，当中2.5亿元用作校园发展用途，另外2.5亿元用作成立“李兆基奖学基金”，让港大每年运用奖学基金所衍生的利息回报，向成绩优异的海外及本地学生发奖学金，及向在家中首代入读大学、经济有困难的学生派发助学金，让他们获得平等的学习机会，扩阔视野，发挥所长。每年受惠的学生总数达80位至100位。

港大将预计于2011年至2012年落成之百周年校园内的会议中心及研习坊以冠名形式答谢李兆基的支持。当中的会议中心将命名为“李兆基会议中心”；而港大亦应李兆基之意愿以于香港大学毕业之恒基副主席林高演之名，将研习坊命名为“林高演学堂”。由此可见李兆基对于忠诚能干、辅助他建基立业的同事亦以异乎寻常、寓意深远之方式回报。

上图：2005 年 12 月，李兆基博士与香港大学校长徐立之教授（中）、李兆基堂舍监 Dr David Plott（左）主持“李兆基堂”学生宿舍揭幕仪式。

下图：2005 年 12 月，李兆基主持香港大学“李兆基堂”学生宿舍开幕典礼，与一众师生合照。

上图：2007 年 11 月，李兆基博士捐赠五亿港元予香港大学，由港大校长徐立之教授代表接受支票。

下图：2007 年 3 月，李兆基博士捐赠四亿港元予香港科技大学，由科大校董会主席陈祖泽博士（左）及时任校长朱经武教授（右）代表接受支票。

上图：2006 年 9 月，李兆基与恒基同事于香港城市大学“李兆基堂命名典礼”上合照。

下图：2006 年 5 月，李兆基的五位子女及两位女婿出席理工大学举行之“李兆基楼”命名典礼。

上图：2006 年 12 月，李兆基获香港公开大学颁授荣誉工商管理博士学位。

下图：2006 年 9 月，仁安医院扩建落成，同时为“微创中心”举行开幕典礼，图为主礼嘉宾合照。由左至右：仁安医院院长及医务总监李继尧医生、卫生署署长林秉恩医生太平绅士、时任沙田民政事务专员黎志华太平绅士、李兆基博士、医院管理局主席胡定旭太平绅士、仁安医院微创中心总监严秉泉医生。

李兆基于2007年继续捐款四亿港元支持科技大学，使该大学作出多项突破性的成就。

（一）李兆基校园发展计划

该校园乃配合科技大学制订之2005年至2020年策略发展计划而兴建，并将于2011年竣工。李兆基校园占地约十公顷，是整个校园面积的15%。将提供一个切合21世纪学习模式的环境，设计上强调互动、共融、开放和灵活。主要建筑群包括：李兆基商学大楼、高等研究院大楼、高等研究院住宅等。

（二）建立高等研究院

香港科技大学高等研究院（高研院）的使命就是推动科学突破与技术创新、孕育知识领袖，成为亚洲、以至全世界首屈一指的知识中心，作为香港及大中华创新科技及经济发展的平台，从而积极参与建设一个高度文明、生气蓬勃、富裕和谐的社会。

高研院的国际顾问委员会成员都是殿堂级的学者，除了主席杨振宁教授是诺贝尔物理学奖得主之外，尚有11位委员是诺贝尔奖得主，其余的都得过同级同类的奖项，包括了其中一位元老是诺贝尔物理学奖评审委员会的主席。

（三）李兆基图书馆

李兆基图书馆具备最先进的自动化系统，经由宽带的校园网连接互联网，为师生提供无疆界、无时限的网上图书馆服务。

（四）工商管理学院

李兆基的捐款也辅助了科技大学悉力发展工商管理学院，成绩斐然，屡创佳绩。

其余全港各学院包括：香港中文大学、香港理工大学、城市大学、公开大学、浸会大学、岭南大学、树仁大学及香港兆基创意书院等都受惠于李兆基的巨额捐款，让他们在教育工作上多了一份不可多得的助力。

除了捐赠大学之外，李兆基最开心的慈善工程就是对仁安医院的建立与拓展。当年仁安医院建立时，香港只有公立医院不收费，贫苦大众有病痛只能到公立医院轮候就医，相当艰苦。仁安医院是一所私家医院，一直以悬壶济世的宗旨经营，为香港贫民百姓提供医疗服务，在建成后的十年都严重亏损，如果要问银行借贷经营的话，仁安医院早已倒闭了。李兆基不但将仁安医院视为一项慈善工程般坚持营运下去，而且不断扩展，置备更多床位和更多先进医疗设施，终于守得云开见月明，现在已转亏为盈，先苦后甜，且成为坊间传颂的一间慈善机构，照顾需要协助的人士。

第五节　心怀祖国　扶育同胞

李兆基除了扶助香港大专院校的发展之外，无忘祖国莘莘学子的前景，就是国家的前景，对内地年轻一代的教育不断关心，不断捐献。他的企业成就与对教育的贡献，获得了非常有意义的回报。2008年，上海复旦大学在经过了中华人民共和国国务院学位委员会的批准后，李兆基成为该学府第十位名誉博士。

李兆基获此殊荣的确为香港人争光，十位荣誉博士全是国际顶尖人物，包括新加坡的李光耀，而李兆基是十位荣誉博士中唯一的一位中国籍香港人。上海复旦大学创办至今亦只颁授过十位名誉博士学位。

为了报答上海复旦大学的盛情以及对复旦大学作出实质贡献，李兆基慨然捐赠一亿元给复旦大学的新建图书馆。

在李兆基支持下，复旦大学校园内，一幢中欧堡垒式的图书馆昂然挺立于湖畔，它的宏伟外观以及它内藏的知识宝藏都深具震撼力量，令学生们望之而感叹、感动和感激。

李兆基在上海复旦大学举行的“李兆基图书馆”命名揭牌仪式中表示，大学是孕育学问的地方，书本更是人类智慧的泉源，新图书馆拥有62万本藏书，足供复旦同学发挥智慧之用。新图书馆的设备既齐全先进，环境上乘，更有优美的湖相伴，可以交流学习，激发新思维，俱是有益身心，身体得到舒展，心智得到开通，二者兼得。李兆基更把100本于1997年出版的《李兆基博士传记》送给图书馆珍藏。

李兆基表示他是一介商人，没有教育界的清高，故此事事都要讲求“投资回报”，例如捐献给学校，受益的不独是学生本人，更可相传至下一代，以至整个社会，是值得投资，是很好的回报。

李兆基除了是上海复旦大学的荣誉博士之外，又获北京大学委任为名誉校董，清华大学颁授首位名誉校董及战略发展顾问。2008年3月4日，李兆基在北京大学接受颁授名誉校董时，他诚恳地表示如不介意他商家人的庸俗，他愿意再三不厌其详地向学生授以致富之道的四个基本法则：

（一）刻苦耐劳，勤奋努力。

（二）经济未定，不宜早婚。

（三）要有第一桶金，以钱搵钱。

（四）男怕入错行，女怕嫁错郎。

此外，李兆基重复谈及营商处事有六字真言：

止、定、静、安、虑、得。

知止而后能定，定而后能静，静而后能安，安而后能虑，虑而后能得。

李兆基认为中国兴盛的大时势已至，他勉励同学把握良机，努力求学，成为杰出的中国新一代！

在2009年，正值金融大海啸席卷全球，各个国际超级富豪都无可避免地资产锐缩之际，李兆基仍然心怀祖国，悉力扶助教育。于2009年6月捐赠共四亿元人民币给北京大学及清华大学。教育部特别安排在北京钓鱼台国宾馆举行盛大的捐赠协议书签约仪式，由李兆基与中国教育发展基金会理事长张保庆、北京大学闵维方书记及清华大学胡和平书记签约，刘延东国务委员更亲自出席见证。能够获得中央如此盛大的款待，更细意安排李兆基之至亲好友及恒地高层同事出席，分享他的喜悦，可见中央对李兆基的善举非常重视。

北京大学与清华大学获李兆基巨额捐款用作学校的长远发展，同时以命名方式

上图：2008 年 9 月，李兆基于复旦大学"李兆基图书馆"前与嘉宾合照。

下图：2008 年 3 月，李兆基获清华大学颁授"名誉校董"及"战略发展顾问"荣衔。

上图：2008 年 3 月，李兆基（前排右六）领受北京大学及清华大学“名誉校董”荣衔时获统战部宴请，与刘延东国务委员（前排右七）及其他嘉宾合照。

下图：2009 年 6 月，李兆基向北京大学及清华大学捐赠共四亿元人民币，图为支票移交仪式。

上图：2009 年 6 月，李兆基于北京出席捐赠北京大学及清华大学仪式，获刘延东国务委员接待，以及拍摄大合照留念。

下图：2009 年 6 月，李兆基与北京大学代表及其他主礼嘉宾一同为“李兆基人文学苑”主持奠基仪式。

上图：2009年6月，李兆基在北京大学“李兆基人文学苑”奠基典礼上致词，其真知灼见，获热烈掌声。

下图：李兆基于2009年6月落实捐助发展的北京大学“李兆基人文学苑”，建筑工程接近完成，快将平顶。

上图：2009 年 6 月，李兆基与清华大学代表及其他主礼嘉宾一同主持“李兆基科技大楼”奠基仪式。

下图：清华大学以李兆基命名科技大楼，并邀请李兆基出席主持奠基仪式。

答谢李兆基的美意。北京大学以一亿元人民币兴建“李兆基人文学苑”；8 000万元人民币用于设立“李兆基讲座教授基金”，而获资助之教授将命名为“李兆基讲座教授”，另外2 000万元人民币则用于设立公共教室楼的维修营运基金，并将公共教室楼命名为“李兆基楼”。清华大学则运用两亿元人民币捐款兴建一幢科技大楼，作为大学2011年百年庆典之献礼，以及作为发展能源及先进制造技术等之用。

李兆基对教育的支持不单单在金钱上，他明白下一代是社会的未来主人翁，故他喜爱与年轻人接触，乐于与学生分享他的处世之道、成功心得。李兆基就是希望下一代在拥有良好学习环境的同时，都不忘学习如何学问与才德兼备，做一个在社会上有用的人。

李兆基经常说：“我不是捐钱救济穷人，我是诚意地扶助他们自力更生。我之所以特别重视教育，因为作育英才，万亿人民受惠，千万年得益。”李兆基在教育公益事业上所表现的深度和智慧于此可见一斑。

第六节　祖国强盛　与有荣焉

今日的中国正以大国之风范，显示强国之优势，李兆基对祖国感到骄傲与自豪。

香港回归祖国，经历十年，证实了一国两制的成功实施，为香港的繁荣稳定打下了基础，故此在2007年香港回归十周年时，李兆基慨然捐款4 000万港元赞助香港足球总会主办的“回归杯”国际赛事，具体表现他对回归祖国十年之喜悦与对香港之爱护。

北京市荣获于2008年举办奥林匹克运动会，使祖国人民实现“百年梦想”，李兆基异常高兴，他立即与公司合共捐赠人民币一亿元予北京市，作为建设奥运游泳比赛专用场馆水立方之用。李兆基还和很多中国人一样，抱着兴奋的心情前赴北京参加奥运开幕典礼，在奥运主场馆鸟巢的包厢内，他和恒地的同事、好友以及儿孙等百余人，济济一堂，为中国这傲视全球、熠熠生辉的一页作历史见证。

上图：2005 年 1 月，李兆基捐款一亿元兴建水立方，由时为北京市市长王岐山接受捐献。（照片由《大公报》提供，特此鸣谢。）

下图：2007 年李兆基以“李兆基基金”名义捐出 4 000 万元赞助 7 月 1 日举行之“香港特别行政区十周年回归杯”，于开球礼上与儿子家杰及家诚跟特首曾荫权和众球员等合照。

李兆基与家人一同出席欣赏 2008 北京奥运会开幕典礼于鸟巢内合照留念。

上图：恒基地产捐款 500 万元赞助香港 2009 东亚运动会。图为 2007 年 4 月恒基兆业执行董事及首席财务总监欧肇基先生（右）与东亚运动会筹备委员会主席霍震霆先生举行签约仪式。

下图：2009 年 12 月，新都城中心直播香港 2009 东亚运动会开幕典礼，同场举行攀爬单车表演庆祝香港运动员于东亚运动会 BMX 比赛夺金。

又由于香港是奥运马术比赛项目的协办城市，李兆基亦欣然安排恒地成为香港奥运马术比赛的主要赞助商。

奥运之后，中国人在体育精神与运动成绩上的骄人表现已获世界认同。接着，香港作为2009年东亚运动会之主办城市，李兆基又出钱出心出力支持，由恒地出任为钻石伙伴，乃赞助东亚运动会的唯一香港地产发展商。这正是李兆基一直无忘“取诸社会，用诸社会”的原则。

第七节　汶川地震　八方增援

2008年“五一二”汶川八级大地震的发生，全国震骇，举国同哀，李兆基决定捐款一亿港元赈灾，其中8 000万港元用作援建在地震中受损严重的广元市中心医院门诊内科综合大楼。其余2 000万港元，委托集团旗下中华煤气在内地的合资公司港华燃气，购买灾民急需的物资，直接送到灾区发放到灾民手中。“五一二”汶川八级大地震后，李兆基更亲往四川地震灾区，为灾民祈福。

李兆基捐赠的“李兆基门诊内科大楼”奠基仪式举行之后，就进入重建工程，重建后的大楼，病床数量将增加到1 000张，年接待门诊病人可达60万人次，并且在配套医疗设施、公共卫生服务上也将达到较高的水准。今后该医院能让四川、甘肃、陕西三省二十多个病员辐射区内更多的人受益，特别是能让广大的农民享受到高水准的综合医疗服务。

“一方有难，八方增援”的中华民族精神在李兆基的企业和家庭中具体体现了，以长子李家杰为会长之百仁基金捐出810万港元，其中李家杰捐出500万港元，次子李家诚夫妇捐200万港元。此外，恒地员工亦共捐出约150万元。真的是众志成城，大爱无边。

上图：李兆基捐款援建在汶川地震中受损严重的广元市中心医院门诊内科综合大楼（由代表出席大楼奠基仪式）。

下图：2008 年 5 月，李兆基与儿子家杰亲赴四川大邑县出席国家宗教局举行之祈福超渡法会，哀悼汶川地震遇难者。（照片由东方报业集团提供，特此鸣谢。）

第八节　平生夙愿　万众期待

有一个真实的故事，相当感人，也相信一定得到李兆基的认同。故事是发生在多年前，香港一位名人前往中国西部贫穷地区访问，他看见一大群活泼可爱，却骨瘦如柴的孩子，顿时心生怜悯，立即从背囊中取出一些带备的糖果和饼干，送给孩子们分享。此时，有位老者怒容满面地冲到这位香港名人面前，喝道："不准你送吃的给小孩们。"香港名人闻言惊问："为什么？"老者回答："他们一辈子没有尝过糖果饼干的滋味，不会提出要求。你今天救济了他们，那么明天又怎么样？你走了之后，我如何面对他们的索求？"香港名人闻言，眼泪忍不住立即簌簌而下。

故事中的香港名人并非李兆基，李兆基无须这个故事的经历就晓得济贫不如扶贫，扶贫最好是通过育贫，以能帮助他们脱贫。捐款用在帮助人们最终能有机会以自己的劳力和脑力去创建明天并且拥有明天，才是最高的慈善境界。

如果你今天问富甲一方、要风得风、要雨得雨的李兆基是否无求，他的答复是：不，我还有梦想，还有夙愿，还有追求。他会坦诚而自豪地告诉你："我会继续努力，希望能继续创造财富，推动公益事业，尤其是发展国民教育。"

《第 五 章》

千亿企业 后继有人

对李兆基生平事迹有兴趣的人，定必会想了解他的事业继承人，从而探测这个显赫辉煌的李兆基企业王国如何延续兴盛下去，及至世世代代。

李兆基坦承两个儿子李家杰和李家诚是李氏家族的继承人，兄弟二人秉承父亲崇尚谦和低调的作风，很少接受传媒访问。为了父亲传世的传记，相当例外地向笔者坦言他们作为千亿王国第二代的心态、抱负和责任。

第一节　长子家杰　克绍箕裘

李家杰是李兆基的长子。2008 年上海复旦大学颁发荣誉博士学位给李兆基时，李家杰陪伴在侧，颁赠仪式中有一专案是邀请李家杰向在场嘉宾谈一些他作为李兆基儿子的感受。李家杰决定放弃公关部给他草拟的演讲稿，只随心发言，随意表现，畅所欲言，结果赢得了全场热烈的掌声。嘉宾们不只惊讶并佩服李家杰能操一口非常流利、近乎京片子的普通话，更为他说的一番话真诚、直率、扎实而且感人而鼓掌。李家杰第一句就说："很多人问我，有个千亿老爸，感觉如何？"他稍停两秒，卖了个恰当的关子，然后说："爽。"

为什么"爽"？李家杰解释，之所以"爽"，不是说作为李兆基的长子、恒地集团的当然继承人可以有很多很多很多个零的身家，可以有在国际商场中呼风唤雨的权力，可以在社会上赢得数不清的赞羡眼光和尊敬，而是父亲给予他的是一个安全而畅快的人生。李兆基从李家杰小时候到大，都为他撑开一片覆盖大地的天空，帮助儿子在一望无际、无穷无尽的蔚蓝天空中翱翔万里。父亲会指点他、教导他、引领他，让他飞得高、飞得远、飞得潇洒轻松、飞得自由自在、飞得有目标、飞得有成果。与此同时，万一天有不测风云，李兆基又总晓得在儿子闯祸时，亲手把他带离险境，返回安全的彼岸。

李家杰举了一个实例："我 16 岁时，与世交李醒国一家人一起到夏威夷去度假。一班年轻人，包括我和李振强、李振禧都去学潜水。那儿的水并不深，大概只有 30 呎，水很清澈明亮，我潜在水底，往上望去，竟见到父亲抱着救生圈，在接近我的水面上游弋。我忽然感动至深，他并没有不许我去做自己喜欢做的事，但其实他心里是很担心我潜水会出意外的，于是静静守候在我身边，以防万一。”李家杰忆述这段往事时，在他一向温文尔雅的神态中添了掩盖不住的激动。他稍稍俯前，很认真地说：“父亲从来都是这样支持我们。他愿意帮助儿子有自己的天空，让我自由飞翔，但他会默默地准备了救生网，万一有意外发生，我摔下来了，也只不过是捡了一个有惊无险的教训。有这样的父亲，爽不爽？”爽，当然的爽。

爽的原因还在于李兆基养儿育女的秘诀在于“身教”。他本来就是个寡言慎行的人，不会长篇大论，不晓油腔滑调，更不尚以累赘的方式表达他的意思和想法。李兆基身体力行，作为模范，以他待人处事的行为作为儿女们的教科书，以他生活工作的态度作为孩子们的活字典。

再深入一层去了解李家杰如何体会父亲的“身教”，有更好的例子。李家杰说：“商人教导下一代，几乎首先就要他们明白工欲善其事，必先利其器。”李家杰指出父亲让儿女和下属们看到他的决胜之道，在于谋略出众、眼光锐利、心思敏捷。有人攻击他，他不一定还击，反而会虚晃一招，消化了对方的劲道，避开攻势。做大事的人不但要有大器量，还要不断强化自己。李兆基其中最坚守的一项从商法宝就是从不受羊群作用所牵引，不会凑热闹，不惜工本去争夺目的物。他只会静候时机，以迅雷不及掩耳的速度、以游刃有余的实力，轻而易举、百发百中地攻占领域。李家杰说：“且看看父亲集团的经营方式，从不强行竞投土地和争夺商机。”

谈到让下一代继承事业，李兆基并没有让自己的长子在公司无风无浪地安坐高位。当李家杰在公司待了几年，认识了公司的运作后，李兆基就派他到美国德州为集团开荒，让他在实际的前线工作中磨练自己，培养真正的实力。

当时是20世纪80年代末、90年代初，美国正值信贷危机，楼价下跌，年仅二十多岁的李家杰，还是一名初出茅庐的小伙子，只带同一位同事便勇闯陌生的市场。在那集团未曾涉足的异邦里，没有什么可以倚赖，一切都是从零开始。

2008年2月29日，李兆基（中）接受上海复旦大学颁授“名誉博士”荣衔，在典礼上儿子李家杰（左二）亲自为父亲之演说进行翻译。

李家杰为了奠定集团在美国德州发展的基础，不敢怠慢，事必躬亲，每日东奔西跑视察二三十个地盘，物色适合投资的楼盘，还亲自约见律师、银行家、地产经纪人等商讨业务细节。由于美国地方大，往返各处车程需时，他每每天亮外出，天黑回来，舟车劳顿，疲乏不堪，两餐经常以速食解决，与我们一般打工仔没有两样。这些日子虽然艰苦，却为李家杰提供了宝贵的经验和锻炼。

在那三四年间，李家杰频频穿梭于香港和美国，有时难免与家人分别较长时间。如是者视察了数百个楼盘，才选购了其中17个。没错，看了数百个但只挑选17个！由此可见他是经过深思熟虑才采取行动的。

买入物业后，他逐一解决各种奇难杂症，例如银主盘的法律问题、原租户的搬迁问题等等。经过了约十年的时间，租售那17个物业，李家杰发挥杠杆财技，令回报高达投入资金的数倍，为集团在美国打了漂亮的第一仗，而且是一场本小利大的胜仗。他的勤奋、审慎及办事能力也得到大家的认同和赞赏。

在德州非豪宅类型的一般住宅物业市场上，只有少数房地产商能成功达致他们投资的目标。过江龙结合自身努力和多方的管理优势，在节省成本之余也令房产增值，大大为楼盘加强在市场上的竞争优势。李家杰平地一声雷，将楼盘化腐朽为神奇，最终奇货可居，买家争相购买，令股东获得满意的回报，成为当时、当地房地产市场上的奇葩。

德州开荒结出硕果，李家杰又受父亲任命再做一次开荒牛，这次是奉命开拓中国内地市场。李兆基独具慧眼，早就看好内地13亿人口的房地产市场才是真正的英雄用武之地，因此做好全面部署，精心培植，让李家杰到内地这个大舞台去磨练。随着恒基中国业务越做越大，李家杰不知不觉被繁琐的日常事务所困。有一天，李兆基给了李家杰一张纸上锦囊，上面写着“弱国无外交”，提示身为长子的李家杰要抽离项目的日常事务，将精力放在大局战略性问题上，代表集团做好“外交”，以及参与集团重大决策。李家杰深有感触地说：“父亲的提示如醒醐灌顶，令我认清自己的角色和使命，开始跳出具体日常事务，着眼宏观和长远发展的战略部署。”多年来，李兆基无论到内地会晤中央领导人或出席重要社会活动，以至巡视地盘，李家杰每次都陪伴在侧。而李家杰不负父亲所望，其出色的表现得到中央有关部门的欣赏和肯定，当选全国政协财经委员会副主任、中华全国海外联谊会副会长等重要职务，在每年北京“两会”上为国家大事建言献策。经过多年的努力，李家杰亦成功融入内地财经商界，与国内一批顶尖企业领袖和精英打成一片，建立了广泛而深厚的人脉，同时也从内地民企精英身上，学习适应内地国情的企业管理文化和方法。李家杰对内地国情的深入了解和良好的政商人脉，令他置身内地如鱼得水，为恒地和中华煤气拓展国内业务项目创造了良好的条件。目前，恒地在国内 15 个城市拥有 1.42 亿平方呎地产项目，其中三分之一即 5 000 万平方呎必须在一至两年内完工，期间可能出现的种种难题，往往需要李家杰亲自出马才能解决。

李家杰跟随父亲学习管理企业逾 20 年，父亲着重家族世代延绵的理念，已深深植入他的大脑中。他说：“要延续父亲的基业到下一代，一定要冷静地以理智去分析每一个商机，绝不能让盲目的热情去影响决策。过去的成功，不会延续到永远，但一次动摇根基的失败，可能就会令父亲艰苦一生建成的基业，陷入危机。商人务必踏实而理性地分析形势，所有的投资风险都必须在预计之中。投资的大忌就是过分热情，在不适当的时候做不适当的事，不懂看市场大势，又或者盲目跟风，势必会酿成高风险和低回报的结果。”李家杰认为父亲教晓他冷静是企业管治的金科玉律，只有保持头脑清醒，才会学晓什么时候不应去做什么行业。从他年轻时什么赚钱的生意都想去染指、去尝试、去体验，发展到现在成熟的他，清楚知道哪些生意不可为，哪些看似是商机但却是陷阱。这条成长的路，对任何人而言都不是一个容易走过的过程。他说：“能纳能者忠言，亦是非常重要。人无完人，一个人的学问智慧毕竟是有限的，如何能聚集人才共事，鼓动大众向同一个目标前进，才有可能成大业。”

李家杰认为他们不但父子兄弟同心，而且对李兆基的得力重臣林高演很是敬重，也从他的营商学识和方式上获益良多，在众志成城的氛围下，一起面对改革开放中的中国庞大市场，建立良好的人际网络之余，和各地政府及民营大企业打好关系，优化商机，选择最适当的时机进行投资，获取理想的回报。他对整个李兆基企业王国的延续旺盛，满怀信心。

作为千亿王国的第二代，笔者问李家杰的未来管治理念是什么，李家杰是这样回答的：

“一、中国内地市场是全球商家必争之地。中国推行市场经济，但政府的角色十分重要，拓展内地业务，务必得到当地政府的全力支持，获取最快最准确的消息，从而制订相应的投资策略。其次要与国内相关大型民企保持紧密关系，加强合作，资源互补，从而缩短投资周期，使回报率增加。

“二、存大志做大事者，就要了解掌握在手中资源的极限，并要设法扩大其极限。以恒地的财力，应该做大事成大业，但中国地大物博，个人的精力毕竟有限，因此集团的未来发展成就有多宏大，就得视乎公司拥有多少领袖人才，因此经管领袖人才非常重要。

“三、专注做大做好核心业务，非核心业务应尽量不染指，奋斗目标是把核心业务打造成为全国行业领袖翘楚，使集团的所有同事都朝此同一目标奋斗。”

压抑权利，表彰责任，亲族和谐，礼遇同僚和下属，以诚信对待朋友和伙伴，是李家杰确认非常非常重要的信条。为此，他的毕生事业就是要把父亲一手所创办的基业留传子孙，发扬光大。

这让人联想到李家杰的婚姻在他履行人生抱负时，扮演什么角色，李家杰这位放诸四海而皆准的钻石王老五，并非情场浪子，也非孤芳自赏，他承认他时刻都在认真地留意合适的结婚对象，只待机缘。李家杰说：“选择了错误的配偶，自己得不到幸福之余，又贻误了对方的终生，生活变得痛苦时，又要将生命力放在应付家庭纠纷之上，就会影响到家族的茁壮。”于是他不断告诫自己要在择偶上小心翼翼，他甚至不会向任何人透露心目中的理想伴侣要具备什么条件。只有保密，才会有一天很自然地遇上一个真正的珠联璧合的伴侣。

所有名人伟人的后代都承受着无数、无比、无形的压力，要在各方面超越丰功伟绩的父亲当然不易。的确，没有压力，不会有成就、不会有突破，更不会有奇迹。从好的一方面去看压力，是积极、健康、有建设性、有用的一份动力。然而，压力也必有它的负面作用，李家杰有消融化解压力的方法，他信佛，好佛，这让他在分分秒秒瞬息万变的资讯年代的商业世界里，能够放下情绪，获得安宁寂静、无嗔无怨、灵台时常能保持一片清明。

李家杰对压力亦有所体会，故对于一些抵受不了压力、陷入迷惘、失落、痛苦以致不能自拔，甚至顿萌短见的人，特别地感到可怜可悯，而很自愿地伸出救援之手。他说："先要成为一个优秀的商人，才有可能持续发展慈善事业。脚跟站稳，生财有道，才有余力持续性地去回馈社会，否则只会变成有心而无力的清谈。我珍惜生命，因此如何防止自杀，和救助濒危的人是我关注的问题。"

因为有这个理想，2007年他出资创立了李家杰珍惜生命基金（网址www.careforlife.org.hk），在中国内地和香港有计划地联合各地方政府、学术机构等，致力推行心理危机干预、精神卫生研究，进行防止自杀理论研究、个案干预、培训专业救援队伍和义务辅导人员、推广心理健康与预防自杀教育、支援自杀者遗属等工作。合作单位包括：香港生命热线、香港大学、北京清华大学、北京回龙观医院、四川大学华西医学院等等，对挽救生命、防止自杀作出了不少贡献。其实只要能在关键时刻，有专业人士对这些人施以援手，陪伴他们渡过人生中最黑暗的时刻，就能让他们悬崖勒马，回头是岸，生命又可以一代一代地延续下去。

身为在香港经商的中国人，多年来，李家杰一直非常关注祖国的经济建设，眼看国家日益富强及国势鼎盛，感到无比自豪和骄傲，也更加迫切地希望能够为国家民族多做一点事，多尽一分力。父亲李兆基从小教育他"要把责任放在第一位，而不是个人的利益"。他深深铭记父亲的教诲，慈善事业就是他为国家作出贡献的方式之一。

李家杰受命执行父亲的慈善事业，除一直于父亲创立的香港培华教育基金中担任常务委员会副主席外，2007年他与父亲参与由中央统战部发起，联合教育部、劳动部、农业部、建设部和卫生部共同开展的"温暖工程李兆基基金百万农民及万名乡村医生

上图：2008年百仁基金举行成立典礼，身为主席的李家杰（左）与副主席施荣忻（右）与政务司司长唐英年（中）合照。

下图：2009年李家杰联同生命热线推出全港首个“自杀者亲友网上纪念馆”，于记者会上勉励大家珍惜生命。

培训”计划，出任专案协调小组副组长及中华职业教育社副理事长。他亲力亲为地协助父亲，逐个项目、逐个环节过问跟进，落实此专案。通过对农民工的技术培训，实现“一人工作，全家受益”；通过对乡村医生的医疗技术提升培训，实现“一人培训，健康一村”的目标，希望以有限的资源达到最大的效益。最终，农民工培训专案顺利完成，成功培训了超过 100 万人，就业率达到 94%；乡村医生培训项目则完成培训 1.1 万人。

仅仅自己做慈善公益事业是不够的，要动员更多的社会力量一起来参与。2008 年初，李家杰在香港发起成立百仁基金，并担任基金创会主席。百仁基金是一个由香港富豪第二代和第三代组成的公益队伍。李家杰希望通过会员亲身筹划和参与，团结和凝聚社会上有共同目标的团体和个人，积极参与公共服务，特别是对弱势社群和低收入家庭的援助工作，以拉近社会上贫富的距离，令香港草根阶层感受到富豪第二代、第三代的一份爱心，令社会和谐，减少草根阶层的仇富心理。

2008 年四川“五一二”大地震后，李家杰反应迅速，不单组织了自己的亲属、恒地属下公司和员工捐款，购买物资、医疗用品等送赴灾区应急。他更高瞻远瞩，在短期生活所需之外，更亲自透过李家杰珍惜生命基金资助及组织了一个全国专家会议，唤起全国关注灾区居民及救援人员精神卫生方面的后继问题。另外，百仁基金在李家杰的带领下，亦先后捐款超过 1 500 万元以作赈灾及灾后重建之用。

2009 年下半年，李家杰发动百仁基金锐意联手帮助香港的伤残人士，以及依赖综援生活的家庭中十多岁、没有办法接受大学教育的青少年创业。这个名为“伤健齐创业”的公益工程，就是以百仁基金一众会员的家族背景和人际网络，为伤健年轻人组织特廉价货源，又邀请国内年轻企业家马云，以阿里巴巴集团网上交易额每年超过 2 000 亿人民币的淘宝网作为平台，来协助一班残疾青年创建网上虚拟商店，使这群弱势青年走向创业致富、自强不息之光明之路。

“做一件善事并不难，能一辈子做善事不容易。”李家杰的慈善事业一步一脚印，随着实践在不断地拓展、改进。农民工培训、防止自杀、香港百仁基金等一系列项目的成功实践，他的信心越来越足，思路也越来越清晰。他从事的慈善领域越来越广，目标却只有一个，那就是扶危济困，为促进社会和谐，提供健康的精神文明生活环境。

种善因，得善果。2008年4月，李家杰获国家民政部授予2007年度“中华慈善奖——最具爱心慈善捐赠个人奖”荣誉。“中华慈善奖”是我国慈善事业中最高级别的奖项，民政部把这个奖颁给李家杰，绝对是对他的全心全意、身体力行、以身作则从事慈善事业的肯定和表扬，也是激励他以后把慈善事业做得更好、更上层楼的最佳动力。

2008年第四季度，排山倒海、惊心动魄地席卷全球的金融大海啸，影响了国际金融体制，波及全球经济，受害者不计其数。当全球陷入凄风苦雨的经济冲击之时，李家杰不但像其父亲李兆基一样，仍然分心分神分力去扶助需要救济的弱势社群，还在2009年金融海啸之后，与很多位国内知名的企业家一起参与爱佑华夏慈善基金的慈善公益工作。作为该慈善基金理事的他，首先资助国内很多受各种心脏病煎熬的儿童进行手术。爱佑华夏慈善基金的成员都来自中国企业界叱咤风云的领袖人物，包括阿里巴巴董事长马云、腾讯公司董事长马化腾、百度公司董事长李彦宏、新浪网首席执行官曹国伟、巨人网络集团有限公司董事长史玉柱、万科企业股份有限公司总裁郁亮、中国银泰投资有限公司董事长沈国军、上海复星高科技（集团）董事长郭广昌、联想控股有限公司董事长柳传志、新希望集团董事长刘永好、招商银行行长马蔚华、紫金矿业董事长陈景河、青岛啤酒集团董事长金志国等等。基金在2009年完成了5 000个儿童心脏病手术，计划在2010年要完成10 000个儿童心脏病手术。李家杰说：“做这个慈善项目，令自己产生很大的满足感，一方面帮助病危的人活下来，重获健康；另一方面得与国内民企的佼佼者常常互相沟通，交流合作，分享和学习他们的成功经验。”

1993年，李兆基曾在人前批评长子李家杰是个只得60分的青年人，当年被传媒如实报道。直至2006年12月29日，李兆基在参加于北京人民大会堂举行的“温暖工程李兆基基金百万农民及万名乡村医生培训”启动仪式后，出席一次媒体访问时，

上图：李家杰于2008年获国家民政部颁发“中华慈善奖——最具爱心慈善捐赠个人奖”，在颁奖晚会上感谢父亲的栽培。

下图：2008年12月，李家杰出席首次于香港举行的“克林顿全球行动”亚洲会议，获克林顿颁发奖状，肯定其在慈善工作中的贡献。

回应记者要求，给长子评分，他欣然地回应：“李家杰，现在是100分了。”

这两年，一个空前的、惊天地、泣鬼神的金融大海啸，其实令人从困境中更容易成长茁壮。从李家杰这两年在事业和公益的双线优秀表现来看，再要李兆基给他的长子评分，可能是“爆灯”（即超满分）了。这不但是李家杰的努力，也可以看到李兆基如何以他独特的“身教”作为春风化雨，让下一代标致地成长起来。李家杰说：“我父亲是一个很有亮点的人，他很帅。”有亮点的人自有他挥之不去、顾盼生辉的人格魅力，恰好是成功者必备的素质。李家杰能继承的相信不只是父亲的千亿财产，而是李兆基悉心培养的这种成功人士的素质。

第二节　幼子家诚　敦品励志

李兆基育有二子三女。排行最年幼的是今年才40岁的李家诚。两位儿子的样貌都酷似李兆基，尤其李家诚，几乎像影印出来一样。

问李家诚从父亲身上学到什么，对接手这庞大企业有什么大计。

他思考良久，才蓦然回答：“将视野放远，将企业发扬光大。”

简单一句说话道出了一个宏愿，语调却是出奇的低调平实，原来平时寡言的李家诚，对承继父亲创下的企业王国，早已心里有数，成竹在胸。

幼子李家诚为人作风低调，只是近年因接手美丽华，将原来暮气沉沉的旧式酒店，一变成为全城瞩目的国际商务酒店，才在开幕后不断出现在各大传媒镁光灯下，让人产生“美丽”的误会，以为他只专注美丽华的业务。

“相对于整个恒地系，我所要处理的工作，这不过是我手头上的其中一个项目而已。”

不说不知，李家诚从海外留学回港才20岁出头，便开始协助父亲打理集团业务，边做边学，由买地投地、物业发展策划、审批图则、建筑设计，以至品质控制等等，每一个环节均全程参与，一丝不苟。

可以想像，在集团浸淫多年，跟随父亲学习处理过无数项目，经历多番市场起跌，对于一个酒店集团项目，自然是驾轻就熟了。

今时今日，他处理的业务已不仅是恒地的地产发展，还包括恒地系的其他业务，例如为人熟识的美丽华、集团的联营公司香港中华煤气，还加上承袭父亲行善之心的慈善事业，每一项工作、每一个范畴，李家诚都是全力以赴，毫不松懈。难得的是，这位青年才俊、富豪第二代，对每一项工作都有满腹大计，满腔热诚，绝不会因企业已有良好基础而坐享安逸。

且听他一一道来。

“恒地系业务众多，各个范畴由不同的起步点，走到不同的发展阶段，各有不同的商机，作为领导层，要有清晰视野，才能带领企业向前走，创新高峰。

“地产发展是恒地的老本行，在父亲用心经营下，已打下深厚基础，故在我来说，着眼点是如何将它发扬光大。”李家诚认为土地发展是地产发展最核心和重要的一环，因为它是一个起步点，从买入土地开始，便要策划往后十年的土地如何编排和运用，一步一步去做，要有独到的眼光才能将土地发展配合得天衣无缝，为公司创造美好前景。他更认为，土地发展是公司成败得失的关键，只要管理得宜，便可以令业务蒸蒸日上，所以李家诚投放在土地发展的时间最多。

要发扬光大，便要有远见、有创新思维，“比如我买地时，已构想将来这块地如何发展；在策划物业发展时，会预视市场的需要，现代人讲求生活享受，那便发展优质的楼房，提供一流的服务，自然吸引愿意多付的买家。”

说到买地投地，李家诚今日之所以能满怀自信，原来背后经过不少历练，且看这个有趣故事。

话说 1995 年，李家诚第一次代表恒地参与京士柏土地拍卖，因首次代表公司，心情已是十分紧张，当成功投得地皮之后，记者一拥而上，镁光灯闪个不停，更令他眼花目眩，一时不懂反应。

经过多次参与买地投地后，今时今日的李家诚对这类场面不但挥洒自如，更凭其独到眼光，为集团增添大量优质土地。自 2004 年至今，他便为集团买了 1 400 万平方呎农地，包括洪水桥、坪峯等，使集团农地储备增添近倍。期后亦参与收购数十个旧楼重建项目，如西环大楼、马头围大厦及大角咀多幢旧楼，合共提供 600 万平方呎楼面面积，估计整个大角咀区会有一个焕然一新的面貌。看来，他要让恒地“发扬光大”，是没有空口说白话，更显出他的宏观视野，在收购土地和旧楼重建发展时，会着眼整个地区的前景和潜力。

“作为地产发展商，土地资源是我们的重要本钱，发展成优质地产项目，可以提升盈利能力。从另一个角度去看，购入土地后发展成优质的楼房，为大众提供舒适的生活，改善整体社区环境，也可以利己利民，对社会是一项贡献。”

在这观点上，李家诚绝对受父亲李兆基的熏陶，自觉地负起企业公民责任。

其中一个实例是李家诚主理的和生围项目。他在 2006 年买入和生围一幅 250 万平方呎的农地，这幅农地位于湿地旁，是其他地产发展商避之则吉的发展项目，但李家诚却有其独特的见解，相信保育与发展是可以相辅相成，甚或以发展促进保育。

“我买的这一幅地，很久以前原是渔塘，后来却被荒废了，用作停车场，变成了烂地，对保育毫无帮助，也荒废了宝贵的土地资源。我觉得只要配合发展，可将它修复成为一幅可供雀鸟休憩的湿地，配合旁边的低密度住宅，让人们和雀鸟在共融与互不干扰的空间享受自然生活。”

为了实现这保育与发展并重的构思，在未向政府申请之前，李家诚更亲自与多个环保团体会面，向他们提出构想，同时听取他们的意见，以完善项目将来的发展规划。

结果在他的诚意推动下，这计划不但得到环保团体的认同，同时亦以两年时间完成环评报告和获得城市规划委员会的批准，获环境许可证，创环保项目顺利过关的先河，令外界另眼相看。这个兼具保育与发展的项目，堪称香港地产界的首创之举，令其他发展商纷纷效法研究保育项目。

这次空前的成功，实在是李家诚身体力行的功劳。

问到他这次的成功要素，李家诚以一贯谦虚的语气说：“我想只要有道理，再以开放的态度去听取不同的意见，多点咨询，而不是将自己的意见强要别人接受，是很重要的。”

他事事亲力亲为的态度，无不令身边与他工作的人感受到他对工作的热诚与认真，也深深佩服他的远见。

随父亲学习多年，李家诚踏遍港九新界不少地盘，也因此点滴累积了这过人的目光与智慧，一看便知地块的未来发展潜力。

原来看地盘是李家父子多年以来的经常活动，并有“余兴节目”。

“记得小时候，父亲常带我和哥哥两兄弟巡视地盘，他怕我们发闷，于是在巡视地盘之后总是带我们去踏自行车游玩。现在再跟父亲一起去巡视地盘，我会反过来安排节目给他消遣。我们会弃轿车不坐，改坐客货车，免引人注目。有时我会带他上茶餐厅，品尝地道小食，享受平民化生活；也会带他去吃海鲜、酥皮豆腐花、咸猪手、芥末羊扒等，父亲都很高兴、很享受。”

买地、巡视地盘、项目策划等这些工作，外人是见不到的，李家诚在这些方面投放了很多心血，外人是不说不知的。但恒地近年的房地产项目如干德道的天汇、港岛东的嘉亨湾、中区的聚贤居及富汇豪庭和九龙的京士柏山等，教人眼前一亮，为恒地擦亮招牌，却是有目共睹，这不得不归功于负责香港业务的李家诚。

“要做最美最漂亮的东西人人都懂得去做，但如何在成本控制上做到收放自如，用得其所，以赚取最大的利润，那才是学问。”李家诚一语道出他的营商哲学，不难看见，这与他父亲李兆基常强调的“讲回报”、“发挥杠杆作用”是相同理念。

说到物业发展，李家诚强调“楼宇质素是最重要，并要合乎买家当时的真正需要”。

他举例，早年屯门的一个住宅项目兴建时，因经济市道未复苏，市场要的只是实用不是华美，因此在建筑用料上不会讲求奢华、华丽，项目的停车场亦弃用地库而改为露天，尽量控制成本。“以当时市场来说，多花100元也不会收回100元，所以我们以实际实用为原则，不会浪费弹药。”

到后来的嘉亨湾项目，因当时市场气氛已与以往不同，李家诚深信随着经济向好，人们赚钱能力越来越高，会更重视生活享受、讲求品味，因此决定嘉亨湾弃实用路线，而采取时尚、高质素、讲享受的方向，以吸引市场上的优质客户。

事实证明他的眼光非常准确，物业开售时楼价比同区的高几成，首三星期已有约九万人参观，并已即时售出半数单位，涉及金额共港币60亿元，部分单位呎价更创下当时同区一手楼新高。而嘉亨湾创新的设计和住客服务，为恒地开拓了新的客户层面，不但深受讲究品味的本地置业者欢迎，更吸引了不少外籍人士，住户中近30%为韩、日及欧洲等人士。2006年嘉亨湾业主收楼，满意程度近100%。

曾访问嘉亨湾的日籍住户桥本先生，他对这临海的豪华住宅赞不绝口："这里有很多像我的外籍住客和业主，都是因为这里有名师设计、用料一流和很多绿化园林和优化设施。以五星级酒店的质素和服务，却有家的温馨感觉，可以看出物业各设施和设计花尽心思，处处令人惊喜，员工的表现亦尽心尽力。"

的确，在李家诚带领下，为了将嘉亨湾打造成全港瞩目的豪华住宅，公司总动员群策群力，发挥了至佳的团队精神。

他又举例，位处中环心脏地带的聚贤居，地点无疑是一流的，但荷里活道周边的环境却稍为陈旧。他认为将荷里活道进行粉饰，将会为该项目带来新的商机，于是在他与各同事的努力下，向区议会、地政总署、旅游发展局等提交了一份详尽而专业的文武庙至摆花街一带街道美化环境建议书。在保留该区的文化气息与特色之余，为街道换上新装，带来绿化、更宽敞的行人路和路面装饰等。这份由恒地精心策划的建议书最终于2007年获得政府的回应表示支持。

美化了周边的环境，加上一流地点，李家诚深信项目会有很好的发展潜力，遂为聚贤居进行重新定位。与一贯恒地的项目截然不同，主力吸纳以外籍人士为目标客群，以优质、品味、高档生活、享受为概念，加入各种顶级时尚的设施如水疗美容中心，并亲自从伦敦邀请了饮食界知名的国际品牌Mint集团及Press Room在聚贤居地面商铺开设餐厅，成功令该项目成为市场的焦点，亦将物业的质素和价值大为提升。

买地要有眼光，策划发展地产项目更要有远见、有创新思维。其后李家诚亦将此概念用于往后的项目，例如港岛半山的天汇就是他集合国际名师而打造出来的罕有楼盘。又例如湾仔国民大厦重建项目，由最初的规划、建造，以至设计、楼宇品质控制均由李家诚亲自督导，因他看好旅游业前景，锐意将项目打造为一特色精品酒店，为该区带来新景象。

由于李家诚对市况有透彻的了解，因此获得父亲信任，渐渐将集团的香港业务交托他负责，特别是一些时尚创新的项目，李兆基只抛下一句："这些由家诚决定，他比我更熟。"证明父亲对李家诚充满信心，而他在商场上的挥洒自如，亦甚有其父的风范。

他接手美丽华集团业务为一实例。

"美丽华与恒地不同，它经过了 50 年，没有追上市场转变，显得停滞不前，所以我的着眼点是如何将做得不够好的来个大翻身。"

对于美丽华，李家诚是另有想法。"美丽华的核心业务是酒店、旅游和餐饮，香港的市场太小，不应只着眼于本地市场，必须冲出香港，才能有大发展。试想想，内地旅行团每年有几千亿生意，只要有五个百分点，便已有过百亿了，所以旅游生意的前景是无可限量的，我相信要达成这目标指日可待。"

当大众的注意集中在李家诚近年一手将暮气沉沉的美丽华酒店，提升为一家型格商务酒店的时候，原来他本人看的却不只一家酒店，而是重塑美丽华的企业品牌、内地旅游业的商机和庞大潜力。

从美丽华近期的表现，可以见到李家诚正在逐步实践他的计划。在他的锐意发展下，美丽华酒店换上全新形象及新名字 The Mira（原名 Miramar Hotel)，采用国际名师 Colin Cowie 设计宴会厅，即时提升酒店为一家具品味、富时代感的型格商务酒店，甫开业便已夺得"2009 最佳新开业商务酒店"及其他国际殊荣。而李家诚的计划是以 The Mira 的设计，在这个尖沙咀黄金地区打造一个"美丽华地段"，吸引高承租力租户、高消费的客人，优化整个业务，提升主要资产的价值和回报，创造美好的前景。

上图：2009 年 9 月，The Mira Hong Kong 举行开幕礼，李兆基与儿子家诚，以及一众美丽华董事主持盛大剪彩仪式。

下图：2006 年 9 月，仁安医院扩建落成，同时为“微创中心”举行开幕典礼，李家诚陪同父亲李兆基出席。图左为仁安医院院长李继尧医生，陪同李兆基步入仁安医院。

美丽华旅游亦由侧重大众化旅行团，提升为以创新、特色旅游为卖点，如专利太空旅游、特色邮轮等，成功将美丽华旅游的生意额，由两年前每年四亿港元，增加至现时每年八亿港元。

除了恒地业务、美丽华业务，身为香港中华煤气董事，李家诚还参与恒地系的煤气业务。

“煤气在香港的业务基础稳固良好，近年要做的是积极拓展内地市场，而随着社会对环保的重视、对地球暖化的关注，投资再生能源也是重点之一。”

协助父亲李兆基打理业务多年，李家诚对每一范围的业务都看得透彻，亦一直积极参与公司业务，不断提出中肯的意见。他预期环保再生能源在中国内地将有很大的发展空间，因此亦很同意和支持这方面的投资，相信中华煤气会有美好前景。

李家诚协助父亲打理众多业务，显出他的魄力和干劲，但说到这点，他还是自愧不及父亲，看看以下事例便知晓。

“我父亲的魄力惊人，近年来我多次陪伴他前赴欧洲、纽约等地与投资银行开会。这些行程非常紧迫、密集，整天安排密麻麻的会议，有时更是边用餐、边开会，而吃的都是冷冰冰的东西，即使如我年轻力壮都感到辛苦，但他却是没有一点疲态，比年轻人更有精力、更有学习动力！”

李家诚深深佩服父亲，视他为至佳学习榜样。李兆基强调身教，可见是所言非虚。

除工作外，李家诚待人处事均受着父亲的很大影响，比如他的善心，便是自小受着父亲的熏陶。

“小时候父亲常常带我出席由他创立的培华教育基金的公益活动，令我深深明白到有能力的人更加要为社会多做点事，造福人群，回馈社会。”父亲对慈善公益的理念与做生意相同，要投入少少、收效大大，以一传十、十传百，四两拨千斤、收效广为目标。这对儿子李家诚有很深刻的影响，他在行善与公益方面，亦跟随父亲的理念，因此也着重教育、扶贫和援助弱势社群。

很多人以为捐钱便是做慈善，在李家诚心中却并非如此。

“做慈善工作也要亲力亲为，亲身参与投入，与受助人接触才能更明白慈善工作的意义。”

2008年，北京大学邀请他出任名誉校董，当时李家诚反问人家：“为什么找我？我能为大学奉献什么？”事实上，北京大学向他发出邀请，就是希望李家诚以怎样努力学习发扬家族事业的成功经验，作为大学生的模范。所以李家诚亦曾经探访北大，并以自身的经历与大学生分享交流，让他们汲取更多宝贵经验，创造个人丰盛的人生。

李家诚至今在公益方面的贡献包括教育、医疗、扶贫和援助弱势社群，及支持文化艺术等几个方面，当中较主要的慈善工作包括：

（一）教育

- 2007年捐1 000万元予北京大学国际关系学院博诚基金，资助其学术研究及举行论坛。
- 2008年起每年捐125万元予明德基金设立奖学金予优秀学生，为期十年，共1 250万元。
- 2008年与父亲同获北京大学颁授名誉校董。
- 捐款赞助2009香港青少年军事夏令营，并成为群力资源中心委员。
- 李家诚是香港培华教育基金之常务委员会委员、香港青年协会李兆基书院之学校管理委员会委员、香港青年协会李兆基小学及香港兆基创意书院之注册校董、香港科技大学顾问委员会成员。

（二）医疗

- 协助父亲发展仁安医院。仁安医院于1994年创办，于短短的16年间，由一间只有80张床位、只服务新界东区居民之医院，发展成为一间拥有300张床位及国际知名的医疗机构。宗旨为造福社会，为大众提供优质医疗服务。

（三）扶贫和援助弱势社群

上图：2008 年 3 月，李家诚获北京大学颁授“名誉校董”荣衔。

下图：2008 年 3 月，李家杰及李家诚夫妇随百仁基金前往天水围探访，与小朋友品尝盆菜宴。

上图：2008 年 12 月李家诚夫妇出席首次于香港举行的“克林顿全球行动”亚洲会议，获克林顿颁发奖状，肯定他们在慈善工作上的贡献。

下图：2007 年 11 月，李兆基透过李兆基基金捐赠五亿港元予香港大学。为表谢意，港大将百周年校园之会议中心及研习坊分别命名为“李兆基会议中心”及“林高演学堂”。

- 支持智行基金会，帮助内地爱滋病遗孤，李家诚太太徐子淇是智行基金会亲善大使，他亦出钱捐助支持。李家诚夫妇均是百仁基金会会员，积极参与帮助弱势社群，如在2008年与太太一同参加由百仁基金举办的“香港历史文化探索之旅”，与天水围小朋友一起畅游元朗，并送赠电子词典；又亲自带一班年轻人参观The Mira和学做点心。
- 支持百仁基金捐助援建四川“百仁基金希望学校”，并担任名誉校长。

（四）文化艺术

- 赞助支持粤剧营运创新会有限公司(创新会)，支持推广粤剧及本土文化。
- 赞助Music First音乐推广活动，并身兼该活动的筹委会副主席，向社会推广音乐教育。
- 支持由艺术中心包氏画廊举办的“Art in Use: Sculptural Objects”雕塑展，派出The Mira师傅制作一个巧克力花瓶雕塑参展。

李兆基父子三人的共通性格很多，是先天使然，也是后天感染。一如李家杰，他们两兄弟这辈子都立定志向，全心、全意、全神、全力去做好商人的身份，让父亲创办的辉煌企业可以世代延绵、发光发亮也是兄弟二人的理想和责任。在父亲的悉心教导下，李家诚不单在工作上独当一面，更拥有一个非常幸福美满的家庭，娶得美丽贤淑的妻子徐子淇，婚后三年间诞下两名乖巧可爱的女儿，令他无后顾之忧，可全心全力将家族事业发扬光大。

第三节　猛将如云　谋臣如雨

自古以来，明君麾下，一定是猛将如云，谋臣如雨。帝国王朝可由一人掌控，却不能由一人施政。明君之所以明，在于礼贤下士、在于知人善用、在于威信服人。相信现代企业与古代朝廷的管与治都是源于同一概念，成功的方程式相去不远。

恒基兆业集团是李兆基的天下，辅助和跟随李兆基打出这个“天下”的人多是长期服务集团，不断表现，不断贡献的，这些功臣不胜枚举。众所周知，李兆基最信任、最器重的同事就是身为集团副主席的林高演。李兆基不只以高职厚薪表示对林高演的欣赏，且最近决定捐赠巨资给林高演的母校香港大学，并以林高演命名学堂，可见林高演在李兆基心目中的地位，亦可见林高演为集团所作出的一定是非比寻常的贡献，更可见的是李兆基对爱将重臣的回报是如何细致、精致，令人惊叹不已。相信李兆基对集团一众功臣的爱重，也是一项为两个儿子铺垫万世基业的策略工程。

李兆基曾以“共同进退，心灵相通”形容他和林高演的合作，很多理念得以快速落实。林高演协助李兆基打理业务，通过适当的人才委任，令理念得以落实和顺利推行。他努力为公司建立一个公平公正的平台，让同事可以尽量发挥其专长，并令“上情下达”，“下情上达”，充分沟通。

李兆基有很多独到的心得：

（一）看好澳元。2004年已估算在三年内澳元兑美元会升近一比一。

（二）东风在不久将来便会压倒西风，H股因而值得长线投资，长线能跑赢欧美。

（三）从投资类别来说，除石油及商品外，重点投资的股票尚包括银行及保险股，例如香港上市的中国人寿，始终是值得长线持有的股票，其投资公司是最早一个认购中国人寿的策略性投资者。

（四）七年前预计黄金会上涨至每盎斯1 000美元，而当时黄金每盎斯只有200多美元。

（五）七年前，预计石油会涨价至每桶100美元。

（六）预计于2020年前，以人民币为主体，联合日元、韩圆、新加坡元组成的“亚洲元”将会出现，并跟美元、欧元分庭抗礼，预计届时会严重影响美元作为主要储备货币的价值。

（七）长远看好资源。2002年，中华煤气公司签约购入澳洲天然气，为期25年，购入时石油价格为每桶25美元。

（八）中华煤气大力扩展国内管道燃气业务，成为最大的外资燃气企业。除此之外，亦分散投资于水务、矿业及环保能源，国内的多元化业务遍布93个城市，将为未来中华煤气业绩增长的主要动力。

（九）不宜投资债务抵押债券(Collateralized Debt Obligation，简称CDO)和累计股票期权(Accumulator)。事实证明，次按成为引发世界性银行危机的罪魁祸首，令银行及投资银行损失以千亿美元计，而Accumulator后来更被港人讥为“I kill you later”，正是“赢粒糖，输间厂”的明证。李兆基没有投资一毛钱于此二者。

（十）2009年底美国国民生产总值为14.4万亿美元，中国则为4.9万亿美元，表面美国比中国大三倍。但若以购买力平价(Purchasing Power Parity简称PPP)去计算，现在中国的国民生产总值应是8.8万亿，只是美国的60%。引申到十年后就大有可能超越美国，成为全球最大经济体系。

林高演特别注重公司的策略发展及偶发性事件，例如：

（一）林高演负责推动公司的整体运作，以达到各同寅上下一心为公司发展业务的目的。他着重建立清廉的高层管治，以免出现“上梁不正下梁歪”的现象，恒地的高层，敢说是香港最清廉的公司高层之一。

（二）树立“秉公办事，公正不阿”的作风。同事们都深知林高演实事求是、持平公正的作风，有问题都会毫不讳言地向他提出，推理辩证，令问题得以早日解决。

（三）林高演常帮助同事以逻辑推论达到正确决定。例如2000年一间国际性超市因本港竞争过剧而退出香港市场，要求恒地提前解除数间超市的租约，同事问林高演应否接受港币4千余万元作为赔偿。林高演认为对方为一间市值4 000亿港元的上市集团，除香港外在世界各地都很赚钱，财力丰厚，而商誉更为重要，以恒地租金的损失计，赔偿金额应为1.5亿元才对。果然在林高演亲身出席讨价还价的会议后，时隔半天，对方就把恒地应获得的赔偿金额以支票送达林高演办公室。这个结果，令同事们瞠目结舌、惊喜交集之余，不得不对林高演佩服得五体投地。

（四）林高演秉承李兆基以人为本的精神，在非典型肺炎期间，每星期都督促写字楼供应额外汤水予同寅，如茅根竹蔗汤、西洋菜鸭肾汤、板蓝根汤等，亦在内联网上将最新资讯、最新药方告知恒地同寅，并在各恒地管理的大厦定期以漂白水清洁。在报章上，林高演引述美国加州非典型肺炎零死亡率的经验，认为最重要是打开窗户，令空气流通。恒地亦主动向政府医院建议，捐赠二氧化钛(TiO_2)空气杀菌机，帮助杀菌，后来非典型肺炎疫潮退却，大家都松了一口气。可见林高演事无巨细，都亲力亲为地发挥李兆基的做事概念、法则和策略，且有能力把上至集团盈利前景，下至同寅福利，关照得无微不至，事半功倍。

（五）2003 年 6 月，林高演出差美国，他认为当时美国贷款利率已达到最低位，遂以美国德州的数千个物业向房利美借入十年款项，以锁定低廉利息。在美国十年国债利率达 3.11 厘低位之一个星期内，成功以最低息锁定长期贷款。从 2003 年 6 月低点开始，美国十年期国债逐级上升，在三年后升达 5.24 厘。

（六）仁安医院在林高演及院长李继尧精心策划下，多年前准确预测到市民未来的医疗需求，很多病人将会重返私家医院。因此及早招揽多位享负盛名的专科医生，添置大量先进设备，扩建医院院舍，及在将军澳、马鞍山、尖沙咀及荃湾设立分科诊所。仁安医院亦为首间私家医院设有急症门诊中心。在 2006 年仁安医院完成斥资 2.1 亿港元之四层楼层扩建，增加病床 110 张。在 2007 年仁安医院扩建完成时，本港私家医院床位供不应求。在仁安医院扩建的典礼上，李兆基宣布推出“仁心仁术”慈善计划，对有需要接受手术但负担不起医药费用的本港及国内病人，提供免费医疗服务。

相信李兆基的企业王国在以林高演为首的众多贤臣相辅下，以李兆基父子三人为核心的管治层，将继续发挥能量，迭有划时代的佳绩出现，我们且拭目以待。

《第 六 章》

超级富豪 个性作风

要探测一个人的个性，必先观察他的言行。从实例、自事件中分析他的个性与感受他的作风，是最合情合理合逻辑的。故而记录了若干位以不同身份、不同角度与李兆基接触的人物，由他们的口述经历，体验这位千亿富豪的言行，从而了解他的个性和透视他的作风。

第一节 虚怀若谷 有始有终

吴康民的培侨中学现今得以坐落在北角半山，安心培育学生，就是得力于李兆基的大力支持，这正是李兆基的一种“为人为到底，送佛送到西”德性的见证。

培侨中学的拆迁经过详述于1997年出版的《李兆基博士传记》内，于此不再赘述。吴康民在接受访问中，他要重复和补充的有三点：其一，李兆基在吴康民心目中是个不耻下问、虚怀若谷的人。在与李兆基的交往中，吴康民注意到李兆基对香港人、香港事极度关注。在回归前，面对香港主权治权转易，国家改革开放，这种激变令香港商家陷入迷惘，对前景有点把握不住。李兆基也有这种情况，尤其当1983年中英谈判发生障碍，以致香港地产业受创之际，李兆基对国情政情，更不耻下问。吴康民每每细心跟他分析，引领他对一国两制的概念有所认识和领会，从而产生信心，对他的商业决策有帮助。其二，李兆基是个得人因果千年记的人，故而对爱国学校的重建大力支持。在这个过程中，吴康民更佩服的是李兆基的胆识与智慧。当年为了培侨中学重建，李兆基必须与吴康民谈判，所产生的三大难题是：要改高度、改土地用途，以及原业主只允许租屋而不准后人出售。前二者的难题还可指望香港政府放他们一马，后者乃先人遗嘱，要更改，谈何容易？为此，新鸿基地产和新鸿基证券的始创人和老板郭得胜与冯景禧都不敢染指，只有李兆基显示信心和本事，终成其事。其三，李兆基是个“为人为到底”的好人。政府最终给了培侨土地建新校舍及宿舍，李兆基立即慷慨解囊资助新校的兴建。吴康民其后再在沙田大围创办培侨书院，发觉具规模的中学都有私家游泳池作为体育科之基建，思前想后，最终还是求助于李兆基。李兆基二

由左至右：培侨书院校监曾钰成太平绅士、李兆基博士、培侨教育机构董事长吴康民先生、中国道教协会会长任法融道长及培侨书院校长罗庆琮博士出席 2007 年 4 月于培侨书院举行的“李兆基博士游泳馆”揭幕典礼。

话不说，又捐了700万港元支持吴康民。游泳池建成后，竟发觉超支，建材费已超过1 600万港元。李兆基听闻之后，只是笑微微的再次捐了350万港元，帮助吴康民渡过难关。吴康民描述培侨书院游泳池开幕之日，李兆基罕有地参加开幕盛典，全港记者蜂拥而至，难得与千亿富豪面对面地谈话，宾主尽欢，场面异常热闹。李兆基向在场记者们透露，赚得多就应该捐得多，让全场人等都拼命鼓掌。

吴康民总结说："我感受不到市场上有人会觉得李兆基给别人'奸'的感觉，他的确平易近人，人前人后谦虚有礼，木讷真诚，非常难得的毫无霸气、架子、派头。要找李兆基谈话，他绝少推搪，总会腾出时间来与朋友商量畅叙，哪儿像个富豪，他只像个很多人乐于与他交流交往的慈善长者。"

第二节　念旧怀远　重情重义

香港政坛巨星范徐丽泰与李兆基认识的经过正好看出李兆基念旧怀远的性格，他对跟随他几十年，帮助他创业成长的"老伙计"固然看重照顾，哪怕是跟过他工作的同事，他都相当地情义深长。范徐丽泰对笔者讲了这个故事："我其实跟李兆基先生并不熟谙。30年前，我丈夫范尚德受聘于恒基兆业地产集团任财务主管，尚德一直认为老板对他很好。尤其是服务恒地四年之后，尚德决定创业而向李兆基请辞，李先生不但不以为忤，并且鼓励他、帮助他，承诺给他引介客户及业务。"

范徐丽泰并且透露，每年李兆基生日，都会邀请他器重及亲近的高级职员与直系亲属参加在他府第举行的家宴。美其名为庆祝李兆基生日，实情是念旧怀远，与亲友畅叙。范徐丽泰在范尚德生前总是每年跟着丈夫参加这个生日宴会。可见李兆基并不会因同事离开恒地而影响友谊。范尚德去世后，儿子克绍箕裘，也当上会计师，主理自资的会计师事务所业务。李兆基依然对旧同事的下一代表示关怀，尽力提携照顾。

范徐丽泰在生活的实例中感受到李兆基的亲切诚恳、情义深长外，对他最深刻的印象就是李兆基在扶贫工程上所付出的真心诚意。自从范尚德去世后，范徐丽泰有时会带着儿子去探望李兆基，闲聊起范徐丽泰在国内从事的公益工作，李兆基必然非常耐心细心倾听，兴致勃勃地和她交换做善事的心得与情报。惟其真的有心于祖国公益事业，才会表现得如此积极。每一个人都自然会选择钟爱的事情作为闲聊的话题，也只有贴在心上的事，才会经常地挂在嘴边。

第三节　热爱青年　慷慨无已

历任香港政府行政、立法两会议员的王䓍鸣主管香港青年协会，于回归前1996年得到李兆基博士支持，捐献1 000万港元成立“李兆基青少年交流基金”。王䓍鸣在邀请李兆基资助成立基金时解释，回归在即，香港青年对祖国仍相当陌生，要打通两地年轻一代的心，是平稳过渡、成功落实一国两制的基础。人之相知，贵在知心。没有交流、疏于沟通、欠缺共识，境内外青年的心将被隔离；长期如此，必影响香港的繁荣稳定，亦会影响国家统一大业。李兆基对王䓍鸣的远见非常认同，故而答允资助1 000万港元成立以国内和香港青年交流为宗旨的“李兆基青少年交流基金”。

该基金自成立后，迭有佳绩，且得到中央政府和中华全国青年联合会的认可。十多年来，受惠于基金的青年数以万计。2000千禧龙年，“李兆基青少年交流基金”更发起在北京万里长城舞动巨龙的“中华龙腾系列”活动，引起全国青年的和应，轰动一时。首次举办成功之后，已定为每两年举行一次，这项两岸四地青年的大型交流活动，更把传播地域由北京延至上海和香港，把龙的精神薪火相传。

王䓍鸣亦不负李兆基所托，把基金发展得有声有色，让更多香港青年受惠。这固然由于基金的管理有道，更因为李兆基在默默地关爱和支援基金的工作。每隔一些时间，李兆基总会主动了解基金所需。王䓍鸣说：“最令人感动的是李博士给我们的，从来是支援而不是压力，从来是慷慨而不是要求。作为一个出钱出心的慈善长者，他从不啰嗦，也不烦人。我们每次向他报告基金情况，他总是耐心而微笑地倾听，细心而诚恳地建议，让你产生一种有需要就尽管来找他的感觉。李兆基培育青年不遗余力，

上图：2007 年 6 月，李兆基出席香港青年协会“龙情十年”青年交流分享会，获学生送赠纪念品。

下图：2008 年 4 月，李兆基博士联同香港教育局局长孙明扬太平绅士为香港青年协会李兆基书院主持牌匾揭幕仪式。

只是要求他出席基金的公众盛会，接受大家的致谢和掌声时，他总是礼貌地推辞。他的慷慨与关怀都是真诚无私的。爱护祖国和香港的心，更是青年的榜样。”

李兆基除支持成立“李兆基青少年交流基金”外，更捐出港币 2 000 万元，分别建立香港青年协会李兆基书院和香港青年协会李兆基小学，为香港青少年教育作出支持和贡献。

李兆基要求的回报并不在于受惠者的欢呼与掌声，而在于他位居幕后，放眼前方，看到香港青年人有机会在回归之后，与祖国青年一起“飞越”，闯出一个本世纪最光彩的世界。

第四节　爱乡情重　谦和自持

香港足球总会主席梁孔德是李兆基同乡，经常随李兆基和他的好友、另一超级富豪郑裕彤回乡探亲，为顺德做各种建设，包括捐建李兆基中学、郑裕彤中学，以及后来因顺德降级而不得不由顺德大学改名的“顺德职业技术学院”。梁孔德说：“李兆基和郑裕彤对顺德的爱重与眷顾，实在令人感动。他们不只捐献这么简单，当顺德要降级，不能再列为市级时，他们四方奔走，极力游说，出尽法宝为家乡的前景和名望费心尽力，最令我们同乡钦佩。”毕竟这两位香港超级富豪，早已扎根于香港，以香港为家，仍然对故乡顺德情有独钟，忠耿不渝，实属根土情深难能可贵。

梁孔德还透露，在顺德同乡会这个乡亲组织中见到的永远是众志成城，没有争权夺利，全是因为李兆基和郑裕彤两位事业彪炳的龙头企业家立好榜样，他俩诚是顺德故乡的模范人物。

李兆基做慈善十年如一日，坚持两个原则，一要实惠于民，二要作风低调。梁孔德又透露回归十周年李兆基共赞助四千万港元予香港特别行政区十周年回归杯，赞助世界级明星队德国慕尼黑队与巴西圣保罗队来港较量，门票只售 60 元一张，使万千球迷以绝低价格，享受一流体育娱乐，更为体育界人士津津乐道。

第五节　下属称颂　深得人心

林高演指出，在2008年金融大海啸席卷全球时，李兆基明知最理想亦要熬至2009年下半年楼市始会有机会复苏，但他仍在2008年底向恒地在当年有优异表现的员工发放花红，同时不但没有裁员计划，反而宣布平均每人工资增幅达1%~2%。在金融大海啸席卷全球的当时，他的宽容决定使全集团的同事得以安乐地度过一个春节。

一直以来李兆基有好的资产都会与恒地股东分享，期内他把投资多年的一个地理位置极佳、位于香港半山干德道39号名为“天汇”的殿堂级住宅项目，以折让价将他拥有的60%权益全数转让给恒地，并为该项目提供不少于25%之盈利保证。在有赚无赔的情况下，此项目将为恒地带来丰厚利润，足见李兆基对股东之慷慨。

李兆基的仁心，亦可从下列的例子可见一斑。2007年李兆基到印度考察，接待他的投资顾问为他安排的当然是一部空调十足的舒适座驾。细心的李兆基坐在车厢内，发现后座客人和司机座位隔着一面玻璃，空调的享用只属后座客人，他忍不住说：“为什么要安装这块车窗呢？这么热的天气，让司机也能享用空调岂不更好？他工作太辛苦了。”能够在行程频密紧凑的业务旅行中体恤一个不是自己集团的同事，甚而不是自己的本国同胞的劳工阶层小人物之艰辛，这种仁心出于一位高高在上的千亿富豪，是应该格外令人感动的。

恒地执行董事叶盈枝一向不太理解富甲一方的李兆基为什么仍努力不懈地工作，心想有了这么多的财富，应该休闲安逸、享受成果。在2007年9月，李兆基亲往长沙、宜兴及苏州等城市考察。与叶盈枝乘坐专机从香港往长沙途中，两人对坐午膳时，李兆基突然严肃地说：“叶盈枝，做人要有目标。”叶盈枝抖擞精神回应：“是呀。”心想可能是讲业绩。李兆基跟着说：“我们要更努力，多赚多捐，多人受益，理想是每年捐十亿元以上，你说多有意义。”叶盈枝开始明白李兆基努力不懈的动力，是为需要帮助的人而努力，那就是人生最大的乐趣和意义。李兆基宅心仁厚的思想，令叶盈枝深受感染，极之认同。

上图：李兆基面对传媒总是谈笑风生，从容不迫。

下图：2005 年 10 月李兆基出席并主持香港四季酒店开幕典礼，吸引大批传媒采访。

负责恒地企业传讯的颜雪芳谈到李兆基与传媒的关系。她说："认识李兆基的人都知道他作风低调务实，但近年却常见他出现于各大报刊头条与电视电台的新闻报道，成为香港、内地以至海外传媒争相访问的对象。别人以为他渐渐高调，其实很多时候并不是我们主动邀请传媒，只是记者朋友们常会互通消息，往往便由一两位记者来访，变成了记者招待会，而且李兆基明白到记者只为工作，都乐于配合，有问必答。"

李兆基之所以那么受传媒欢迎，不无原因，颜雪芳道："不少传媒人、总编辑以至前线记者对李兆基都赞不绝口，他们都很欣赏他的妙语如珠，虽然说话不多，但往往有精警独特的理论。最重要是他的真性情，坦白可爱，乐于分享心得和成果。"大家都知道李兆基是一位慈祥长者，从没因记者多发问而不耐烦或不快，更体恤他们的辛劳和工作压力，记者追访到外地，李兆基还会为他们提供餐饮、食物、茶水等招待。

郭文祥主管集团在香港以及中国的重要地产项目，他认为在恒地的最大收获是认识及跟随了一位有超级智慧与量度的老板。郭文祥觉得大多数的老板，都各有一个团队在他们左右，为他摇旗呐喊，让老板尽显领袖的辉煌与威势。但李兆基却往往在同事的背后，大力支持他们，他的行政管理是踏实而见效的，特色是让他们有足够的空间发挥。最高声望的领袖就是这样自然而然地引领下属向着成功理想之路途迈进。

第六节　情义深长　眷顾老将

梁升是恒地的"老臣子"，当李兆基身怀 1 000 港元于他青年时代来港发展，早期与好友郭得胜、冯景禧连袂发展地产业务，其时梁升已加盟他们，直至 2006 年退休之日，依然是恒地的旗下猛将。梁升说过几句话："如果你要我谈李兆基，只一句话，我以能找到李兆基这种老板为我毕生最大的幸运。"梁升在香港建筑界的名望甚高，"升哥"为人一向谦和务实，肯如此直截了当、明刀明枪地表扬老板，甘冒瞎巴结的风险，实在毫不简单。回顾几十年的商场际遇，能出此言，必然源于肺腑。退休之日，李兆基除了亲自把一尊重 28 两由九九九足金打造的国际金融中心模型送给他作为纪念之外，还个人给了他一个 3 000 万港元的红包。梁升说：“我知道李兆基从来是一个对下属十分疏爽的老板，但没有想过他会如斯阔绰。”李兆基的意思是一个忠心耿耿、为自己贡献了最宝贵的几十年黄金岁月的伙计，简直是价值连城。能有这样体贴领情的老板，下属视任劳任怨、鞠躬尽瘁为毕生幸运，是相当合情合理的。

第七节　无分阶级　惠及佣人

人称芬姐的吴清芬是跟随李兆基 35 年的管家。从芬姐的访问中，可以看到李兆基对下属的慈爱，不但发挥到辅助他企业王国业务发展的亲近爱将身上，就连在他家中任职的佣人、司机、厨子都能领受到他的照顾和感受到他的关爱。

访问芬姐，要她谈她心目中的李兆基时，她很清楚而又肯定地劈头第一句就说：“老板好到无懈可击。他是最随和温善、最没有脾气、最没有架子、最容易相处的老板。我在他身边打理家务三十五年如一日，给他准备什么菜式他就吃什么，给他洗烫好什么衣服，他就穿什么，从来没有提出要求，永不让下人为难。”

芬姐之外，李兆基家聘有一个厨师、三个司机、一个园丁、两个印佣、三个中国女佣。这个团队成员最短的已服务李家五年。其中当厨师的在数年前已达高龄，决定退休，李兆基还恳请芬姐帮忙，想办法极力挽留他，希望他能多干几年，芬姐说：“再好的厨师，老板都可以聘用得到，只是老板舍不得旧人离去。”

李兆基并不会因为职级的高低而论定他照顾伙计的程度。就以芬姐为例，她有两个儿子，求学期间，李兆基一直叫芬姐放心，自愿提出当他们的经济担保人。学成之后，当然要踏入社会工作，还不用芬姐开口相求，李兆基就谦虚有礼地以商量的口吻问芬姐：“叫你儿子来恒地帮我好不好？”真心帮助别人而同时让对方认为是互助互爱，必然是助人的最高境界。芬姐认为李兆基特别照顾她的儿子，也许是因为他对所有孝顺的孩子都有特别好感。芬姐说：“老爷和奶奶在生时，李先生最孝顺，任何好吃的东西，从来都先给父母。真正的晨昏定省，从无间断。”

由此可见，有心自然有时间、有力量、有表现。李兆基日理万机，需要照顾的人和事，必然多如恒河沙数，为何仍可上至父母，下至仆役，关怀照应，无微不至？无非在于他的有心、善心和好心。

第八节　敬重亲家　家和事兴

李家诚岳父母徐传顺夫妇

李兆基小儿子李家诚在2006年迎娶徐子淇，在澳洲悉尼举行的婚礼成为城中热门话题。因而特别走访了李兆基的这门亲家，探索一下在徐子淇父母徐传顺夫妇的心目中，李兆基是个什么样的人物。

徐传顺是一位专业会计师，目前是香港一间上市公司的执行董事。他本来与李兆基并不相熟，自从徐子淇与李家诚谈恋爱，他才开始与李兆基多了接触，亲身经验让徐传顺有莫大的惊喜。他发现李兆基对人和善诚恳，做事认真谨慎，谦卑而勤奋，对目标始终坚持，这是他可以从零开始，打造千亿企业王国的重要因素。徐传顺夫妇还举了一个实例，他们的一对朋友曾有一次在一个宴会场合中见了李兆基，问他可否一起拍照留念，李兆基欣然答允，照片拍完后，李兆基还殷勤地嘱咐摄影师说："你要问对方取电话号码和电邮地址，以便把我们合拍的照片寄回给他们，否则拍了也是白拍。"对于应酬场合的这些目下毫无利益关系、将来甚至无缘再见的一面之交，李兆基也能关心跟进若此，可见他待人的真诚细心，这就可以理解他的人际脉络、社会关系为什么会如此成功，员工为什么这样卖力工作。

徐传顺很喜欢研究历史和名人传记，从而体会到人的成功是不可能亦不能够纯粹长期依赖幸运。成就大事业的人士，本身就具备一种非常人可比、非常人能及的素质，一碰上机遇，就发挥得淋漓尽致，鲤跃龙门。徐传顺认为李兆基所具备的难能可贵的素质有四：（一）眼光独到；（二）虚心学习；（三）对人真诚；（四）做事用心坚持。哪怕时光倒退从头再起，拥有这四种特质的人物，早晚会成为人中之龙。

徐传顺太太笑容可躬，温文有礼，她也补充了对女儿这段姻缘的看法：“我在女儿小时候就告诉她们，要人生幸福，必须抓住三块宝贝，那就是爱情、亲情、友情。缺一都是遗憾。爱情可遇不可求，遇上了就要竭心珍惜、就要尽力保护。此外，对丈夫的家长家人应视同自己的父母和兄弟姐妹来尊敬和爱护。子淇嫁进李家，她最大的幸运是家人都是相当容易相处的，特别是老爷（指李兆基），和蔼可亲，是个很值得后辈尊敬和学习的人。”

最后，他们夫妇俩坦诚地说：“作为李兆基先生的亲家，不可避免一定有可畏的人言，说我们高攀了。其实经过我们小心观察，家诚是一个上进有为、善良忠厚的好男人，就算他家境普通，我们也会鼓励子淇与他交往、结婚。至于外人怎样看我们、说我们，重要吗？”

是的，只要看到李家诚和徐子淇小两口子在人前人后的恩爱，就知道子淇父母的承担是值得的。李兆基娶徐子淇为媳，再喜获白胖可爱的孙女儿。双喜临门，他想到的是要与他亲密地并肩作战的恒地同事分享快乐，于是每位同事，不论职级，都获他送赠10 000港元之红包。由此可见，他对儿子的选择绝对的尊重，更百分之一百认同，更能透视出他无时无刻都愿意把好的东西，包括心情，与恒地的同事分享。

李佩雯家姑李梁耐婉女士

李梁耐婉与李兆基相识于1984年，当时儿子李宁迎娶李兆基之长女佩雯。

历年来之观察所得，李梁耐婉觉得最适合形容他为：（一）言谈温文儒雅，为人谦恭，不摆架子；（二）勤奋果断；（三）仁慈慷慨。

最令李梁耐婉佩服李兆基是他的仁慈慷慨，她举了一个例子，就在早年有一个工人在恒地旗下楼盘工作时不幸身亡，该肇事工人并非恒地之直属员工，但他仍然安排长子家杰亲自前往探望兼送上恩恤金予遗孀，由此可见他怀有仁义慈爱的心肠。

李梁耐婉说：“我与这位姻亲可谓意气相投，因为我们有相同的价值观，珍惜生命中的美好事物，包括健康的体魄、和谐的家庭、忠诚的友情等，当然，最令我们欣慰的就是拥有四个聪颖乖巧的孙子孙女陪伴左右。”

第九节　父女情深　翁婿和睦

李兆基与前妻刘惠娟共育有二子三女。李兆基曾坦言他将来留给两个儿子的财产会比留给三个女儿多，只为他秉承中国传统观念，认为儿子有责任光宗耀祖，应留给他们多一些产业，辅助他们为家族建立万世基业。至于留给女儿的家产足够她们可以过不知多少辈子的富裕生活就好了。李兆基虽然在财产的分配上，男女有别，但在这个慈父心目中，他对三个女儿的感情并不下于两个儿子。李兆基是个很能清晰地把感情和责任分开来处理的人。三个女儿对父亲的疼爱亦溢于言表。每年李兆基的寿筵，三个女儿一定穿大红色的衣裙，逗李兆基高兴。在很多公开的社交活动中，女儿与李兆基见面时，双方在人前虽没有说什么话，但总会觉察到李兆基一见到女儿立即一脸慈爱地打从心底里笑出来，真的笑得很开心。而女儿总会握住他的手或抱抱他的腰，以一种得体而亲密的身体语言充分表现了对父亲的亲近与亲密。父女之间的默契与深情往往在于一个眼神和一句闲话。能令见者为之动容、听者为之羡慕。

大女儿李佩雯说父亲不但深爱他们五兄弟姊妹，对孙儿尤其钟爱。每次全家陪父亲旅行，他必然兴致勃勃地陪伴孙儿们去逛街游玩。有一次去日本，父亲独自带着四个孙儿到闹市去打游戏机几小时。回酒店时小孙儿们都觉疲累，父亲依然精神奕奕。

李宁夫妇觉察到父亲对所有孙儿都疼爱，李佩雯亦表示自己的女儿李滢与父亲特别投缘，2009 年父亲生日，李滢精心设计并连续多晚工作至通宵达旦，亲手为外祖父制作一幅刺绣，上有“寿”字及“滢”字，李兆基视如珍宝，将之裱装好挂在家中。

李兆基不但精力充沛，而且有很多先天的异乎常人的优点，令女儿们敬佩。李佩雯就提及有一次大伙儿去日本旅行，外出用膳时，父亲把一叠日元纸币掏出来，只要拿在手上摸一下，就能非常准确地抽出需要的金额来结账。

大女婿李宁最佩服岳父的胸襟，他对员工尤其宽容爱护。在 1997 年亚洲金融风暴期间，无论当时情况有多困难，岳父都宁愿多花时间去研究各种开源节流的方法，而坚持不裁员。例如：岳父特别安排了一些部门由六天改为五天工作，减少用水、电、

上图：李兆基、长女佩雯一家，及三女佩仪，出席家诚于澳洲之婚礼。

下图：外孙女李滢亲手制作“寿”字刺绣祝贺李兆基生日。

空调等，从而节流，也保障员工安居乐业，不让他们担心失业。李佩雯与小女儿李佩仪同在恒地工作，就从没有听过李兆基斥骂员工，他是非常珍惜为他工作的员工，并处处体谅他们，只会用一种严谨的工作态度，以身作则，使在他身边办事的人不会稍为怠慢。

二女儿李佩玲对笔者表示，不论父亲有多忙、不管世界发生什么变化，李兆基每周都坚持如常地和子女、孙儿相聚。家庭聚会中，父亲永远言笑晏晏、谈天说地，维持着全家融洽的感情。他们的家庭聚会就有如置身于鸟语花香的温室中，完全不知道外头有所谓金融大风暴与金融大海啸。

李佩玲的丈夫郑启文对岳父的评价极高。以郑启文的经历，一般人的好学勤奋都会随着年龄与财富的增加而放缓，而岳父绝对是一位能与时并进及热衷于接受新事物的人，从不因为自己的富有而停步。他永远面对新事物，用心研究，装备好了，静待时机，全面出击。例如2005年至2008年期间，陆续出现很多新的龙头股于上海及香港股票市场上市，外间一般评为高风险及都抱观望态度。但岳父反而用心研究其长远的投资价值，并进行一连串策略性投资，尤以投资中国人寿股票为例并取得佳绩。另外，最令郑启文敬佩的是2008年岳父从容笑看金融海啸的态度，并没有因资产价格大幅波动而烦躁不安。令他十分佩服岳父的策略投资往往是为一个目标而去努力，而不只是以金钱衡量得失。郑启文强调岳父的持续好学勤奋是十分独特及值得学习的。

富贵不忘学习之外，李兆基还是富贵不忘节俭。他的女儿、女婿都会告诉你，每次家庭聚会除了享受亲情之外，还可以在父亲娓娓款谈之中学习到很多做人处事法则，其中父亲最强调的就是节俭，这个美德同时是教导他们要富而不骄，得意时毋忘往日艰辛奋斗的日子。难怪李兆基的三个女儿都异口同声地对笔者说出做女儿的心声，她们作为李兆基女儿是非常非常幸福的，幸福不只是生活富裕、物质享受无忧，而是在精神上她们觉得舒畅、安乐，没有牵挂、没有压力。正如小女儿佩仪说："哪怕急风暴雨、山崩地裂似的金融大海啸发生了，我和其他很多很多人都几乎吓傻了，真有点不知所措，但只要一见到父亲的从容、随缘和如常奋斗，我的心就踏实了。总觉得世界上没有什么是可怕的，因为父亲在自己身边，永远地保护着我们。”精神上的平和舒畅当然地凌驾在一切之上。

第十节　翁慈媳孝　快乐家庭

2006年李兆基作新翁，2007年与2009年李兆基抱了第一个及第二个内孙女，2007年他更获香港特区政府的大紫荆勋章，可谓四喜临门。其中三件大喜事都与幼子李家诚迎娶的徐子淇有关。

徐子淇样貌身材出众，获父母安排到海外学府攻读学位，是一位完全的时代独立女性，前途不可限量。她选择嫁给李家诚是因为李家诚让她感到家的温暖、家的安全、家人的可亲、家翁的可敬。

“老爷从来没有给过我压力。婚礼的一切安排由我和家诚全权决定，他只是兴高采烈地配合。”毕竟是一段旷世良缘，无法不吸引中外传媒争相报道。原希望只有最亲的家人参加的婚礼，依然搞得镁光闪耀，媒体争相采访。整个婚礼无法不多了一班没有接到请柬却蜂拥而至的传媒朋友，李兆基反而处之泰然。不但嘱咐要好好地接待传媒，而且适逢下雨，李兆基立即想到要想办法别让记者们被雨淋了，怕他们工作辛苦，容易感冒着凉。这都叫徐子淇相当感动，爱屋及乌，传媒为她而来，照顾他们就是家翁照顾自己感受的其中一种表现。

徐子淇在婚后三年，诞下两女，一般人都会想千亿王国尚无子嗣继承是个传统性的遗憾。然而，李兆基仍在他名下的坐落在国际金融中心的六星级四季酒店两次摆下盛筵，为他的第一个和第二个内孙女庆生百日。李兆基是为了对儿媳的爱重，也为了对家族新成员的加入，留下更具体的一些纪念，更为向媳妇表示他对孙女儿的爱护无微不至。

其实，笔者知道李兆基仍是希望能早日有个男孙，确定有人继后香灯的，毕竟他是相当传统的中国人。当徐子淇还未分娩时，有一天笔者与李兆基闲聊，为了安慰他，

上图：李兆基在儿子家诚之婚礼上，笑得合不拢嘴。

下图：李兆基接过新抱茶，笑逐颜开。

上图：李家诚与徐子淇的旷世婚礼于澳洲举行。

下图：李兆基亲赴澳洲出席儿子家诚与徐子淇之婚礼，向新人送上祝福。

李兆基为两位孙女儿李晞彤（上图）及李晞儿（下图）举行百日宴。

怕他会失望，笔者故意对他说：“其实子淇生男生女都不相关，她还这么年轻，完全够时间生下一队足球队。”没想到李兆基正色道：“那还是先生个男的好。”李兆基对笔者说了心底话。对媳妇，他却一字不提自己的盼望，就是不要给她压力。徐子淇说：“老爷的好，难以形容，压力不是他给我的，是我给自己的。作为李家诚妻、李兆基媳，我知道我应该为他们生个男孩。”事实上，甘于以家庭为生命核心的徐子淇，视能孕育一个李家的男孩为一宗快乐的任务，正如她说：“我一天到晚呆在家里，带小孩，管家务，不管外间天下事，我才最高兴。”

除了家庭，徐子淇耳濡目染，对公益事业开始有兴趣、有诚意。她先从小规模的慈善做起，担任了智行基金会慈善大使，全力救济父母是爱滋病人的孤儿。徐子淇一谈到这份公益工作，她就兴奋。“没想到募捐善款会这么困难，但我一定会努力。小孩多无辜也多可爱，父母亲因为穷而去卖血，感染了爱滋病死了，留下孩子备受歧视，实在太可怜、太不公平了。”为此，她还决定女儿长大后，一定得让她感受到自己的幸福，培养她有公平待人的心态。哪怕带她去迪士尼乐园，也让她跟一般孩子一样，排队轮候，方可以享用娱乐游戏。做人做事都得出力出汗才有回报，不可以有特权。

不论李家第二代有多忙碌，他们都一定每周回到李兆基的府第，陪李兆基吃晚饭，闲话家常，共聚天伦。李兆基对所有内外孙儿都十分钟爱，总不忘给他们挑各种礼物。

通过礼品，往往能看出送礼人的心思情义。这儿也破天荒地透露李兆基送给第一个儿媳妇的结婚礼物是一条完美得连保险公司都不敢接受投险的钻石项链。徐子淇把这份礼物珍藏于保险箱内，从没有戴过它在人前亮相，也绝少向人提及，收藏真情的最理想最安全的地方当然地是在心上。

《第 七 章》

瞻前顾后 理想人生

第一节 旷世成就 犹有憾焉

今时今日，李兆基的成就已是国际公认。每年全球财经企业界巨子都关注的福布斯杂志公布的、具江湖地位的全球富豪榜，李兆基定必榜上有名。笔者问他的感受，他淡淡然回答："无所谓排第几。不过，通过这个富豪榜具体地得知自己的成绩，也很有意思。"

福布斯杂志创办了这个全球富豪排名榜，对于各领风骚的国际级富豪来说，李兆基认为这只是一张锦上添花消闲有趣而具友善挑战性的成绩表而已。

笔者问："你的成功是否上天对李兆基特别眷顾？"答案应该是"不"。李兆基会告诉你："上天安排每一个人都需要'生、老、病、死'，每一个人也可享受春花秋月、夏风冬雪，上天是一视同仁的，每一个人都获平等公平公正的看待，有云：'春有百花秋有月，夏有凉风冬有雪，若无恨事挂心头，便是人间好时节。'如能信仰和领悟'儒家的仁义、佛家的慈悲、道家的济世、基督的博爱、伊斯兰的净洁'之哲理，又所谓知足者贫亦乐，不知足者富亦忧，人生纵有恨事在心头，应该放开怀抱，凡事看开些，不要庸人自扰，自寻烦恼。"

李兆基告诉笔者，当2008年金融大海啸席卷全球，他的身家几乎蒸发了一半。当时全球财经企业界中人，天天面如土色、心胆俱裂，只能咬紧牙关，力挽狂澜于既倒。雷曼倒闭是崩堤的一个缺口，如果多一两间银行撑不住也相继宣布结业的话，整个堤坝就会全面崩溃，滔滔洪水在分秒之间可以淹没大地。这种天灾人祸中，哪一个富豪敢说自己没有破产的危机？谁的江山不是披荆斩棘、呕心沥血地打回来？可以突然地、防不胜防、瞬息之间毁于一旦，那种恐惧、惶惑、气愤、忧虑，不是局中人是无从领会、无法感受的。这些煎熬与挫折，就不是一般平民百姓所能经历。所以李兆基认为千万不要以为富贵必是无憾，富与贫实在都各有长短。

李兆基当年身在惊天地、泣鬼神、山可崩、地可摇的金融大海啸期间，他承认心情有影响。如何应对？相信他从小就接受的中国传统诗书教育对他起了很大的助力。

李兆基一直信奉遵行着“知止而后能定，定而后能静，静而后能安，安而后能虑，虑而后能得。”这给与李兆基无限的鼓励和指引，让他有着泰山崩于前而色不变的涵养与能耐、让他有着坦荡荡的君子胸襟而无长戚戚的小人心态。只有这样，他才有机会成为不惑的智者、不忧的仁者、不惧的勇者。再有万一的话，李兆基还有两句他自言最喜欢的话作为他的座右铭，那就是：“不在乎天长地久，只在乎曾经拥有。”

富人贫人都有同样的春夏秋冬四季、都有霎时而至的祸与福、都有出现在身边的贵人及小人、都有难以细数的喜悦和忧伤。如何像李兆基所说“人生不能无憾，我们只能努力活得精彩”？活得精彩的基本原则就是不要妄自菲薄，认为上天厚待了一些人而待薄了自己。

既然人生不可能无憾，富可敌国的李兆基还有什么憾事？有，笔者肯定他有。

李兆基无数次在人前提及他人生最大的憾事就是一同打天下的好友已先后离世。当年一齐起家的是冯景禧、郭得胜和李兆基结义同盟的“三剑侠”。李兆基现在每次自高尔夫球场回家的路上，总是看到一幢幢耸立着的现代化建筑物顶楼天台放着新鸿基的商标，李兆基就禁不住眼眶温热，以挚诚的口吻说：“看到商标上代表冯景禧的S字、代表郭得胜的H字，还有代表我的K字，我就非常难过，如今标志依旧，但两位故友已然乘鹤而去，我再有更大的事业成就、更多的财富产业、更高的名誉地位，都难以与这两位生死之交分享了。”

李兆基每逢看到新鸿基商标就伤心、就痛心，除怀念故人之外，也因为自己年事渐老，不期然地有一种夕阳无限好，只是近黄昏的感触，和一种日月逝矣、时不我与、人生苦短的惆怅，涌袭心头，难以释怀。

李兆基还告诉笔者：“除新鸿基三友外，我们还有创业期间的永业八位董事，其中七位全都先我而去，现在只留下我一个人了。”李兆基说到这里，还问笔者：“要记下永业那七位已故董事的名字吗？”笔者答：“我可以查得到。”李兆基立即回应：“不用，我记得，我告诉你，是冯景禧、郭得胜、郭锦涛、胡兆炽、戚宗煌、黄少轩、吕贤藻。”笔者听罢说：“这些都在已经出版了的《李兆基博士传记》中写过了。”

店　　名：寶昌銀號

持証人：李基君

有效日期：1950年10月15日至 1951年12月31日止

注　　意：持証人解職時該証須即繳會註銷

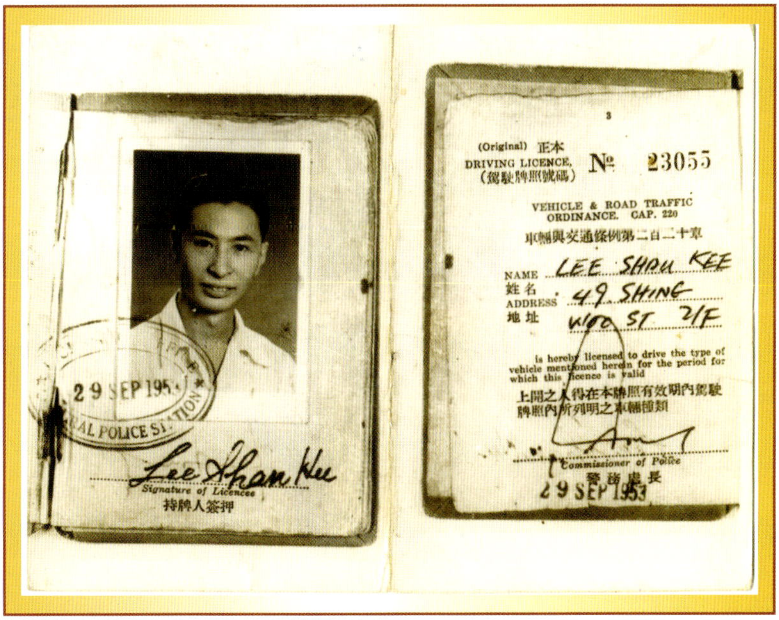

29 SEP 1953

POLICE STATION

Lee Sham Kee

Signature of Licencee

持牌人簽押

3

(Original) 正本

DRIVING LICENCE (駕駛牌照號碼) № 23055

VEHICLE & ROAD TRAFFIC ORDINANCE. CAP. 220

車輛與交通條例第二百二十章

NAME 姓名 LEE SHAU KEE

ADDRESS 地址 49 SHING WOO ST 2/F

is hereby licensed to drive the type of vehicle mentioned herein for the period for which this licence is valid

上開之人得在本牌照有效期內駕駛牌照內所列明之車輛種類

Commissioner of Police

警務處長

29 SEP 1953

上图：李兆基年轻时所持有的澳门银业公会交收入场证，时为 1950 年。

下图：李兆基年轻时的香港驾驶执照，时为 1953 年。

李兆基立即正色、郑重而认真地提出要求："再写。"他沉默片刻，想了想，又说："我是个很少做梦的人，但我常常梦见他们，梦见以前我们'同捞同煲'的日子，又梦见日间我们为公事努力不懈，有商有量，每天都相聚在中环夏蕙餐厅，一边午膳，一边分析市场形势，研究投资策略；更梦见公余下班，间中会由冯景禧带队，我们三五成群，还有周俊年、莫应基等好朋友，一同去石塘咀谈天说地，吃喝玩乐，灯红酒绿。我是真的很想念他们。"

李兆基缅怀往事，每逢想到十有八九的好友都已离他而去，就不免感到孤独和凄怆。但这些年，他终于悟出了"儒、释、道"三家的哲理，领会到人生要知足，他也是三教信徒，即三教都有信奉。李兆基感念自己曾蝉联了福布斯世界富豪榜第四名之荣誉，有两年被誉为亚洲首富，又有香港特别行政区政府颁发的最高荣誉香港大紫荆勋章，真正的名利双收，所谓"既得夕阳无限好，何须惆怅近黄昏"？人生至此，夫复何求？

李兆基的憾事代表了奋斗过程的甘苦、代表了念旧怀远的性格、代表了漫漫人生路上的追忆与遗憾。的确，千亿富豪也有不可弥补的憾事，也有午夜梦回的思念与惆怅。

第二节　平生恩义　永记心头

李兆基平生最感动的是母亲对他的疼爱。李兆基小时候，家中人口众多，父亲习惯勤俭持家，日常生活厉行省吃俭用，每月只有初一、十五两天才容许家人有鱼有肉。孩童时代的李兆基喜欢吃肉，他是无肉不欢，宁可饿到骨瘦如柴都不肯吃饭。有一天，当李兆基坐在饭桌上时，早已饿瘪了肚，只好一手抓起放在他面前的一碗白饭，勉强地准备吃下去，才蓦然发觉满腔甘甜，肉香扑鼻，原来白饭盖着了一块肥肉，抬眼见到坐在他对面的母亲，以眼神向他示意，叫李兆基只管好好享用，千万别声张，不能让其他同台兄弟知道母亲为李兆基作出如此细心偏心的特别安排。当下，李兆基口甜

左图：2007 年 10 月李兆基获香港特区政府颁授最高荣誉的大紫荆勋章。

右图：侍父至孝的李家杰与李家诚陪伴父亲李兆基到香港礼宾府接受大紫荆勋章，三人手牵手，笑逐颜开。

心甜，浑身舒畅，那种恩重如山、母爱伟大的感觉，在以后漫长的七十多年岁月中总会不断回想，时刻挂念，无时或忘。每次回忆，自觉活像当年小孩子一样，喜孜孜地暖在心头，甜在心上。同时，每每忍不住忆念母亲的亲情深似海以致眼有泪光。他明白且谨记父母对子女之爱，经常比对自己还紧张、还重要。李兆基极之孝顺父母，是众所周知的，父母能享天年，且能亲眼看到和亲身分享李兆基的成就，作为报答亲恩于万一，以此安慰自己，算是无憾。

若论李兆基最幸运和有福气的事，他坦言莫过于有一班以林高演为首的得力同事，他们众志成城，群策群力，辅助李兆基建功立业。尤其是林高演，李兆基坦言：

“林高演为我管理大小事情，事无巨细都照顾周到，由他为集团发掘很多商机，发展成优良业绩。同时，当我有麻烦和压力时，他更为我解决疑难，化解风险，现在我才可以经常安心安乐度假。

“此外，叶盈枝在国内负责集团的地盘采购，发掘及发展国内地产业务。他不辞劳苦，奔波于全国各省物色理想地盘，并与当地政府讨价还价，购入价廉物美之地盘，以作为盈利根基，相当重要。

“除林高演及叶盈枝外，尚有陈永坚、欧肇基、林国光、冯李焕琼、刘建成、孙国林、刘壬泉、李继尧、黄浩明、倪同喜、薛伯荣、李镜禹、郭炳濠、郭文祥、黄永灏、邓明庚、颜雪芳、林锡江、廖祥源、梁锦亮、林达民、郑育麟、吴岳均及其他许多现任及已退休的得力将才，为恒地立下不少汗马功劳。

“另一位顾问林高禹，经他精心策划之富汇豪庭、嘉亨湾、翔龙湾、聚贤居等项目均设计尽善尽美，销售成绩理想。他往往在庆功时身居幕后，非常低调，诚如古人所云：‘非敢后也，马不进矣。’真可说是他的写照。

“我能有这班好同事，真是最大幸运和福气，我感激不尽，永记心头。”

第三节　金融风暴　积极面对

与李兆基畅谈人生，他很认真地告诉笔者，不论公事或私事，都以“道理及理由”为本，去判断和辨别“进与退”、“取与舍”、“是与否”、“善与恶”、“褒与贬”、“正与邪”、“喜与乐”，就像他分析股票一样，能明察秋毫，如无“道理及理由”是很难获得他通过及接受的。人生的挑战、遗憾、不满总是会有的，就如这次的金融风暴对李兆基影响也不少，他坦言也算是一时被“钱”作弄，变成有遗憾之事在心头，只好鼓励自己，重新奋斗，收复失地。李兆基指出近年有两宗事情算是令他心有余憾与感触：

第一宗：美国次按的牵连

正当李兆基雄心万丈，把握良机把其投资组合攀上巅峰，美国次按风潮突然发生，引发全球金融大海啸，绝大部份人的资产组合都齐齐下跌，谁能保本已属万幸，李兆基损失亦不能幸免，真是时不我与。

第二宗：嘉亨湾的冤枉

嘉亨湾的建筑面积能够增加是恒地按照香港建筑法例，以专业知识、经验和智慧争取得来的好成绩，却被无理取闹，无辜牵连，受质疑所批建筑面积获酌情优待。恒地于2005年11月23日在《经济日报》刊登了声明（见下页）。

李兆基所说的美国次按憾事，就好比手上已有一张好牌，正在“叫和”，一旦和出来就是大满贯，全赢了。谁知突然之间因为同台打牌的人“吃诈和”，害得大家都洗牌，重新努力，徒嗟奈何。

至于嘉亨湾这宗憾事，李兆基认为极端遗憾的是，人们往往会在别人的努力与成功之上设法抹黑。这种所为，小则造成奋斗者的遗憾，大则伤害了整个社会的秩序与声望。

笔者再问李兆基平生有没有什么最痛恨的人？李兆基爽快地回答：“我从来没有仇人，何来有最痛恨的人？”他又想了想，补充说：“我一向喜欢人诚恳敦厚，商场上的‘公司业绩’及‘股东利益’是重要的事务，竞争谋利是理所当然的，但做事必

恒基兆业发展嘉亨湾过程
申述无辜牵连　辟谣以正视听

1998年7月，政府内部规划“嘉亨湾”地盘，住宅上限面积不得“多”于85 720平方米及可建住宅1 008伙（见审计署于今年11月16日发表之审计报告书第7页3.8段）。

2000年10月，政府将土地招标时，大幅修订限建住宅面积为不得“少”于80 000平方米，另住宅伙数及单位大小，均不设限。

恒基当时按丙级地盘计，地盘面积12 200平方米，即可建上盖面积122 000平方米（约131万平方呎），每平方呎港币1 850元，以港币24.3亿元投得该地皮，比政府底价高出逾31%；如果以1998年上限面积85 720平方米计算，地价只值约港币17亿元。

在土地投标前两年，政府规划该地可建住宅单位为1 008个；2000年招标文件则改为不设限。政府在招标前之各项考虑，恒基作为发展商无从得悉。若用招标前政府从未公开之资料来衡量现时落成之住宅单位数目，令人感觉单位数目骤增近倍，便会误导公众，作出负面揣测，认为恒基超建过多住宅单位及面积，有过取之嫌，实有损我公司声誉，对恒基绝不公平。

在商言商，在“非典型肺炎”负资产期间，楼市在最低潮时嘉亨湾之地价曾一度大幅下跌，估计亏蚀甚多。及后经济复苏，才转亏为盈，若只以好市及一面倒之数字事后孔明式来衡量比较计算，实不合理。

所谓“一分钱，一分货”，若交付十足价银，需收回十足货值，负责策划项目之主管及设计之则师，须依例争取，人得我得，否则便是失职，可能有被追究之虞。再者，集团身为上市公司，有责任为股东争取最大之合法权益。

嘉亨湾在策划兴建发展时，是按照建筑规例（俗称天书）及先例进行，合情、合理、合法，以下谨列出三点主要之发展过程:

（一）交换楼面之过程

嘉亨湾地契内，指明发展商须兴建公共设施；惟契约内之公共设施“对比图则”，只粗略划出水警公务车范围及巴士泊位之位置，并无显示尺寸，亦无显示相关建筑物承重之柱桩及机电房之配套设施等位置。经则师研究后，认为所规划位置之面积，并不足够按契约所列，兴建所需之公共设施。如在面积不足情况下勉强建设不安全、不合格的设施，就如“肥佬穿窄裤”，迟早出事。有鉴于契约之相关规定在技术上不能实施，并且在行人 / 乘客之安全及环保效益等因素上可以有改善之处，则师遂向政府提出放弃向街面，位于黄金位置之地铺面积，建议可行之新平面布置图，并根据建筑物（规划）规例第 22 条（1），申请换取等量五倍之上盖面积。类似换地，早有先例，如中区之汇丰银行总行大厦。

业界权威人士都曾指出，土地发展很多时候都须审视实际情况，有关部门须行使一定之酌情权，否则地盘进度便会停滞不前，而商铺换住宅之楼面增加，更是没有争拗之行规。发展商腾出地下约 20 000 平方呎以增加水警基地停车场、公共交通交汇处及过境巴士站面积，不但能够减低交通意外机会，加强运作成效，又能够改善环境，实能达至三赢局面：（1）市民可以安心享用一项安全合适之交通运输设施；（2）政府解决公共设施地方不足及不合规格问题；（3）发展商按例以向街地铺面积约 20 000 平方呎，交换约 100 000 平方呎上盖楼面（即以“黄金”换回“白银”）。

2003 年 1 月建筑署和运输署均向地政总署确定，新平面布置图可以接纳，建筑署更承认不可能严格遵守按“对比图则”订定之计划（见审计报告书第 19 页 4.24 段）。同月 27 日，地政总署确定应收补价为港币 597 万元。（见审计报告第 44 页 7.26 段）

实际上，根据报载地政总署及屋宇署早于 2002 年 6 月 10 日已联合发放新闻稿，指有关新布置图及换楼面建议，符合公众利益，可见政府乃经长时间之详细考虑，方接纳图则之修订及进行补价。

（二）兴建丙级地盘及选建住宅伙数之过程

根据“天书”条例，一面单边可建八倍（甲级），两面单边，可建九倍（乙级），三面单边，可建十倍（丙级）。嘉亨湾是符合丙级条件而兴建住宅。事实上政府在招标文件中，已把地盘安排作丙级地盘，并以此厘定底价。（见审计报告第25页5.6段）

嘉亨湾地盘一面临海，另有两面向大街，一面向横街，堪称四面单边。横街获消防署于2001年8月1日会议上确认为紧急车辆通道。该通道为公众经常使用，亦列有其他人士使用之街道门牌“太安街30号及32号”（见“城市规划委员会”网页及地政总署测绘图）。因此无需按地契之安排亦可定为丙级地盘。丙级地盘之界定，相关条例可见建筑物（规划）规例第2条。

恒地投得地皮后，设计方案有三，若全部建大伙单位，可建约500伙，细伙单位则可建3 000伙；其后集团根据市场需求，采用了大细兼备之方案，兴建了约2 000伙。

（三）公共交通总站不计入建筑楼面之过程

根据建筑物（规划）规例第23条（3）(b)，发展商有权申请将公共交通总站不计入建筑楼面之内，有关申请完全符合行之已久的条例，并有大量案例可援。众所周知之例子，为统一中心、中港城、丽港城、德福花园、黄埔花园及南丰中心等。屋宇署在征询律政署意见后，接纳本集团之申请。

谨此简明通俗阐述事实，以求公道，以正视听。

恒基兆业地产有限公司谨启

2005年11月22日

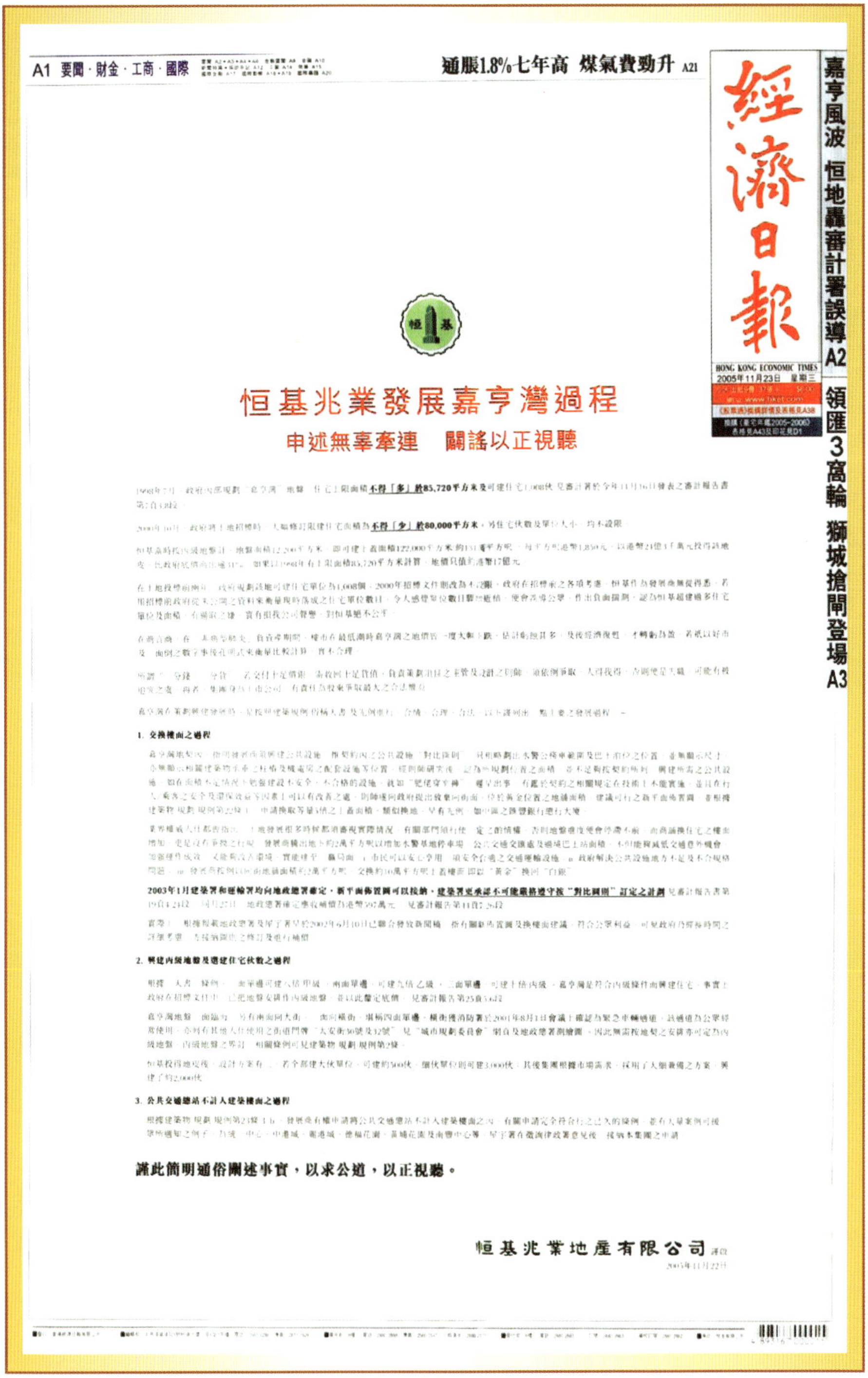

此份恒地于香港《经济日报》刊登之有关“嘉亨湾事件”声明内容已于前文清晰详录。

须合情合理，公正不阿。”

第四节　为善原则　以多取胜

李兆基与笔者分享他做慈善的独特理念。李兆基做慈善与普通人不同，不只出钱，还要出力，务求以四两拨千斤，以多取胜。例如香港培华教育基金会于 28 年内，以一传十、十传百的方式资助了逾 1.6 万人次，其中培训学员逾万人，与其赠鱼，不如授之予网，间接令受惠的人多不胜数；而李兆基温暖工程基金更本着“一人受助，全家受惠”的目标帮助了 120 万名农民，并间接使这百多万个家庭永久脱贫，受益人数相等于全个香港的一半人口。又培训了超过 10 000 名乡村医生，提升他们的医疗常识，并支持在农村兴建 1 000 所乡村卫生所，以救急扶危，解决因为穷困和地方偏僻而无法及时就医的问题，让农民得到有效的治疗，安心工作赚钱养活家庭。近年李兆基对香港的九所大学捐赠逾十亿港元，对国内三大名校北京大学、清华大学和复旦大学亦捐赠五亿人民币，就是因为李兆基笃信教育第二代是可以让全民受惠。李兆基做慈善如同做生意一样，善用杠杆原理，以本小利大的原则获取最大回报。

此外，当石油最高涨至每桶 150 美元时，中华煤气出售天然气，仍以旧价每桶 25 美元售给用户，香港逾 160 万个家庭因而受惠，亦大大提升中华煤气的商誉。

这正是李兆基以多取胜的独特作风。

第五节　进退有道　语重心长

李兆基真诚地寄语年轻一代，时势永远是制造英雄的平台，不同时代，有不同环境，提供不同机会，培养出不同人才。他在北京大学和清华大学演讲时，说出致富之道，有四个原则：

（一）刻苦耐劳，勤奋努力。

（二）不宜早婚，免受拖累。

（三）要赚第一桶金，要以钱搵钱。

（四）男怕入错行，女怕嫁错郎，故须谨慎选择终身行业。

李兆基同时指出市场有上有落，也就一定有攻有守。攻守的原则应是“有道则现，无道则隐”，即是说有市场可为则为之，无市场时就静待时机，千万要忍耐，别急进，别只见小利，因不忍则乱大谋，欲速则不达，最重要是具备长远眼光，从宏观视事，只看重蝇头小利，必大事不成。

第六节　爱国爱港　此志不渝

李兆基从来都饮水思源，他对香港、故乡顺德以及祖国的钟情钟爱、忠心忠诚，是义无反顾、永无异志的。李兆基认为在情，乃是血浓于水，没有香港、没有中国，就不可能成就今天和明天的李兆基。东风压倒西风是不久将来的、必然的趋势与大势。故而李兆基的个人深情贯注于香港，倾注于祖国。李兆基的投资也以香港为根基，以祖国为核心。

李兆基现在担心的是香港从一个营商的好地方演变成一个政治较量的舞台，现在很多正常的商业活动都变得或被利用演变成政治化，如果变成了一种流行趋势，将会影响香港自由贸易营商的独特优势，从而动摇香港的国际金融中心地位。李兆基又认为现在很多政治争执，根源是没有达到如下的四种共识：

（一）认同一国两制的成功。

（二）认同国家给与香港很多优惠。

（三）认同香港市民是中华人民共和国的子民。

（四）不应计较纠缠于暂时性的是与非，应以发展经济，改善民生为长远目的。

能够争取到如上的四种共识，什么都好办，亦会事半功倍。

李兆基本人立志为社会作育英才、为香港的持续繁荣、为祖国的成就而作出努力。

第七节　曾经沧海　情义双全

李兆基的精神和体力非常好，真的比其他年轻的朋友同事更显活力，笔者直率地问他："你为什么不考虑再婚，是不是曾经离异吓怕了你？"李兆基很干脆地答："也不是曾经离婚就怕再婚。如果娶了一位年纪较大的妻子，需要照顾她的健康问题，犹如增加一个包袱。若果娶了一位年轻的妻子，又会因年纪悬殊关系，恐怕生活不协调，不能满足她的需要。这不是已在上次出版的《李兆基博士传记》中得到过答案了吗？我觉得现在自由自在很畅快。"

然后，李兆基又很诚恳地自动对笔者提起他的前妻，说："我和前妻刘惠娟离婚时，真是有点势成水火，各不相让。这些年过去了，我和她很少见面。她最近与佛有缘，常在她兴建的佛寺念经拜佛做功德，为求保佑我身体健康、添福长寿、生活愉快。2009 年和 2010 年我生日时，她送来写着'心无罣碍'和'春暖福至'的字画给我，可见她对我仍然关怀。也许是意味着这些年过去了，她细心思量，承认我是个好人，我在她的心目中和生活上始终占有一席位。离异了 25 年，能得到今天这样的结果，我已经很快慰了。"李兆基还引领笔者参观前妻刘惠娟送给他的两幅字画，都挂在他寓所最显眼的地方，可见李兆基是个重情重义的人。

笔者于是又笑问他："如果以你的一半身家，换取年轻 30 年，你愿意吗？"他闻言，欣喜得几乎雀跃道："别说少一半身家，少 99% 家财而换回 30 年青春，我也愿意。我有信心 30 年时光可以再创不知多少辉煌，可能比我现在那 99% 家财还要多呢！"笔者真笨，李兆基的答案无疑是智慧之言，而且他现在的 1% 身家怕也足够他和他的家族花用不知多少辈子了。

第八节　凌霄壮志　造福万民

笔者面对着平静愉快、活力充沛、一点不显老的李兆基，问："除了子孙昌盛的愿望之外，还有什么志愿？”李兆基清晰地回答：“我的志向为‘上善若水’，愿望为‘自然无为’。也就是说现在的‘志向’是希望自己所做的慈善公益能如‘水’般灌溉万物，万物因得水而生，就能昌盛、就能繁衍。我目前的‘愿’望是一切都得自自然然、无欲无求、优游自在、安康地生活下去。”

笔者又问：“你不会退休的，是不是？”李兆基笑了两声说：“我的人生目标还没有完全达到，还要奋斗呢！”李兆基主动解释：“古有明训‘救万民于水火’，我真不想辜负上天给我的厚爱厚遇，既然不是很多人能像我一样有机会有能力创造很多财富，我就希望有机会在有生之年，能竭力帮助年青一代受良好教育及贫穷的人解决困苦，终于能看到普天同庆的日子。”其实，李兆基前半生所作的捐献早已做到救万民于水火了。他期望能全球经济转好，各行各业大丰收，天下太平，世界繁荣，那么他可以作更多的捐献与慈善，让万民受惠。正如他心愿，有生之年，当恒生指数在30 000点时，他会每年捐赠10亿港元；在40 000点时，每年捐赠20亿港元。这个善良的意愿应该不难达到。恒生指数30 000点是年前有过的事，不久将来重上这个巅峰，不算异想天开。

笔者认为现时香港公益金全年筹募善款约2.5亿元，届时若以李兆基捐款10亿元计，该年的捐献就是公益金全年筹募的四倍，认真福有攸归。笔者问李兆基，做这么多善事，希望达到甚么目标和心愿？李兆基坦然回答：“我做慈善的理念是要发挥四两拨千斤，一传十、十传百，能达致以小博大、多多益善的效益为原则，以杠杆原理，在间接直接推动下，希望能够让香港及祖国千千万万的同胞受惠，这就是我行善最大的目标及愿望。”

第九节　养生之道　宁静致远

李兆基从来无碍于他的年纪，无时或缺地为他的事业而不断奋斗。作为千亿企业王国的掌舵人，承受压力自不会少，李兆基如何能挥洒自如地应付呢？且听他在2010

年 1 月 28 日在香港大学李兆基堂举行高桌晚宴时的应对。当晚席间大学生向李兆基提问，其中一个来自上海的学生问：“我来到香港这个城市，尤其是来到港大这个精英云集的地方，时常会觉得不习惯，压力很大，李先生平时有压力否？如何处理压力呢？”李兆基的答案简洁、精彩而且极具启发性和权威力量，他答：“习惯成自然。”值得满堂鼓掌吧？

李兆基还对笔者说：“年轻时的我，事业第一、财富第二、健康第三、家庭第四。现在的我，健康第一、家庭第二、事业第三、财富第四。”

李兆基看上去绝不像个年逾八十的人，他不但头脑极之清醒、思考相当灵敏，且精力异常充沛。他的养生之道是有充足的休息和运动时间。平均一天之中，他睡眠不少于八小时，每天必用两小时于他的复式豪宅花园泳池游泳；两小时散步及耍太极；两小时静坐养神；两小时按摩；更规定用两小时阅读新闻、书刊、文件等，余下的六小时集中精神，有效率地处理公事及日常生活。李兆基坦言年轻人不用花太多时间去养生，应大部分时间放在事业工作上。

现在的李兆基最开心的固然是在事业上得到对等的回报，而最享受的是每周与五个儿女、女婿、媳妇、孙儿的共聚，既会共论家国大事，又会款谈日常生活趣闻。对几个内外孙儿他都一视同仁，全是心头的一块肉，看着一张张苹果般的笑脸，李兆基就乐不可支。除了家庭乐之外，李兆基公余不喜欢应酬，只喜欢与熟谙的朋友约会，例如每年总有一两次与故友冯景禧的旧属、新鸿基证券集团的高级职员吃饭、唱卡拉OK。每年的寿辰他都在麦当奴道的复式豪宅顶楼宴会厅内，筵开十余席，宴请的除了亲人，就是恒地的嫡系重员，以及一些故人的旧属与遗孀。被安排坐在主家席、他身边的是女婿李宁的母亲李梁耐婉女士、女婿郑启文的母亲郑天顺夫人、媳妇徐子淇的父母徐传顺夫妇以及故友的遗孀冯景禧夫人。李兆基心细如尘，寿筵的排位也表现他对故友的怀念、对亲家的尊重。无疑，李兆基现在的生活极之注重与亲人朋友共聚的时光，友爱与亲情是他生活上的“最佳补品”。

以李兆基个人的用度而言，每月他花不到多少钱，他说：“给我十万港元，一个

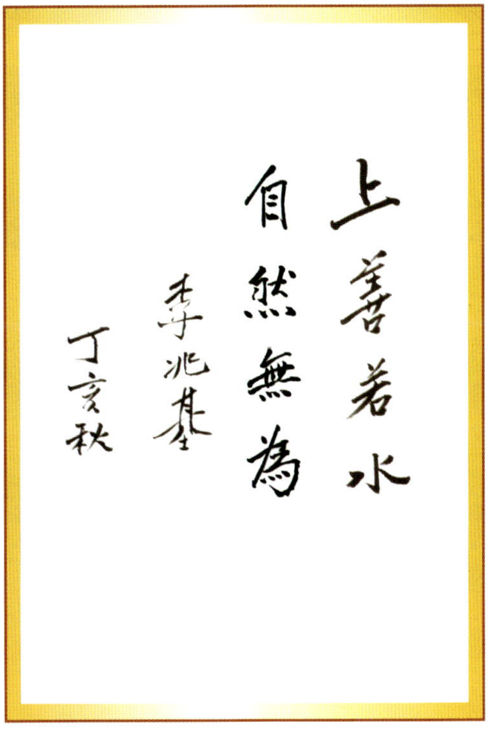

上图：李兆基于四川成都青城山亲自题字。

下图：李兆基亲笔所题的“上善若水，自然无为”，正是他的志愿。

上图：2010 年 1 月李兆基出席香港大学“李兆基堂”高桌晚宴，与 350 多位舍堂学生于香港大学陆佑堂合照及促膝谈心。

下图：2006 年 12 月，恒基同事出席公开大学第 15 届毕业典礼，恭贺李兆基获颁授荣誉工商管理博士学位。

上图：李兆基与冯景禧的旧属每年必有一聚，大家畅叙一堂，温暖异常。

下图：恒地于港岛半山兴建的一幢豪宅，李兆基以其前妻刘惠娟（Eva）名字命名为惠苑（Eva Court）。

月也用不完。我没有什么东西需要买的，所穿的衣裤鞋袜都是子女买什么给我，我就穿什么。”笔者立即回应：“你不是买了数千万港元的游艇，又买了一架数亿港元的私人飞机吗？”李兆基笑道：“游艇和飞机都是儿子希望购置，以方便他们的业务需要，故此私人飞机是他们用的多。至于游艇，我就未曾坐过，只遥望过一眼。老实说，私人飞机的座位还不及航空公司的头等机位舒服。不过，就顺着儿子的意愿买吧！”老来从子，无可厚非。说不定若干年后，李家杰与李家诚会应他们儿子的要求，买架火箭，让儿子去月球谈生意也未可料。

第十节　身心康泰　再创高峰

2010年3月21日，李兆基邀约了一行十多位好朋友，一起乘坐他的私人飞机由香港飞往欧洲度假，无疑是实现李兆基以健康和家庭为重的一个旅行团。笔者坐在李兆基的私人飞机上，极之愉快，并不是为能体验超级富豪生活，而是能亲眼见到一个和蔼可亲的长辈朋友所表现的童真与慈爱。

李兆基可以为了好友们把他老早嘱咐空姐准备好的各种美食吃得津津有味，而开心地笑得合不拢嘴。

旅途上，笔者看见李兆基仍穿着多年前在温哥华威士那雪山商店内以五十元加币买回来的运动褛，就问他：“为什么你穿来穿去还穿着这件旧褛，去欧洲旅行度假也不换件新的呢？”李兆基答：“这件褛很好穿，为什么要换？”

我们叫他把鞋子脱掉换一双拖鞋，他拒绝说：“不，我喜欢穿鞋子。孩童时候，穿鞋子穿破了鞋底，都没有能力换一对新的，以后我能穿上一对舒服的鞋子就不爱脱了。”

李兆基不喜欢束缚。家人为安全计，坚持要为他安排保镖随行保卫，他其实老觉得一大班人跟出跟入，像出巡似的，惹人注目，尤其不畅快。李兆基对任何小小约束都不喜欢，故此连手表也不戴，只把一个比拇指还要小的小铜表放在口袋里，摸出来一看，完全不用戴眼镜，就说出了时间，他还很得意地对笔者说：“你要戴老花眼镜

上图：李兆基与作者梁凤仪乘坐李兆基的私人飞机往欧洲度假，仍不忙在途中审阅李兆基传记的稿件。

下图：李兆基日理万机之余，也有轻松时刻，图为他旅行时穿上民族服饰，拍照留念。

才能看档案，我不用。我从来没有近视，亦没有老花。”笔者真的羡慕不已，这必然是受惠于父母的基因。于是问李兆基：“你兄弟姊妹都有这个福份吗？”李兆基喜形于色地答：“不，父母只对我一人这样偏心，我的兄弟姊妹都有老花………哈哈！”眼前的李兆基，真像他小时候发觉母亲暗地里在他饭碗内藏了一块他最喜欢吃的肥猪肉时，喜极忘形，乐不可支。在李兆基的心目中，千亿身家可能都比不上母亲的慈爱那样能令他陶醉。

13 年前的雪岭上与如今的机舱外都是祥云朵朵，喜气洋洋。李兆基极目远望，他看到的景致无疑比十三年前在雪山上看到的更高更远更广更无穷无尽。笔者期待当这一本《李兆基博士传记—延续篇》出版后，李兆基在有生之年，他一定能达成他的心愿，恒生指数在 30 000 点时，每年捐献港币 10 亿元；指数在 40 000 点时，每年捐献港币 20 亿元；该款项是用作各类慈善及扶贫活动之用。凭藉李兆基过往所办的“培华教育基金”及“温暖工程百万农民及万名乡村医生培训”等的经验，出钱出力的工作成果，收获很大。希望这次的慈善目标在李兆基的慈善杠杆原理下，不但能让百万千万同胞受惠，更能“改善贫富悬殊”，“促进社会和谐”，更盼李兆基种善因得善果，他会早日如愿以偿。

—全文完—

后记

标题图片 以兹纪念

本传记访问于2010年3月28日完成。为记录李兆基博士在2010年3月后至2010年底的各重要事项，用标题图片形式，加录于本传记正文之后。

2010 年，李兆基博士种善因得善果，天赐孙儿，长子李家杰于美国诞下三个男孩，分别命名为智信、智仁、智勇。图为开心的爷爷弄孙为乐，实属可喜可贺。

2010年底，特别为三个男孙拍摄一辑生活照，收录于本传记以兹记趣。

上图：长孙智信

下图：二孙智仁

上图：三孙智勇

下图：李兆基与长子家杰及三位刚出生男孙合照。古训有云：不孝有三，无后为大；又训：百行孝为先。笔者认为李家杰已尽了“孝道”，亦肩负了传宗接代、承先启后的责任，“尽孝”、“尽责”两者兼备，值得赞赏。

2010年5月，李兆基博士以18亿2千万元为家族购入香港山顶白加道35号的贵重地皮作为新的大宅。该地块享有无敌海景，俯视中环商业区，地势较国际金融中心顶层更高，地块面积为5.4万平方呎，可建三幢豪宅别墅，据传媒报道，建成后的楼面呎价为全港最贵豪宅别墅之一。

A4 重要新聞 Hong Kong Commercial Daily 香港商報 http://www.hkcd.com.hk 2010年10月14日 星期四

2010年行政長官施政報告

官商百億基金扶貧締和諧

關愛社會

【香港商報訊】記者周偉立報道：行政長官曾蔭權在《施政報告》中宣布成立「關愛基金」，由政府和商界各自出資50億元，援助綜援網及社會福利服務的「漏網之魚」，並透過鼓勵商界參與扶貧工作，化解社會上的「仇富情緒」。消息剛公布，恒基地產董事局主席李兆基及「新鴻基地產郭氏基金」隨即表態，宣布各自撥款4億元支持。預計其他大商家及大集團，將陸續表態「科款」。看來要籌夠50億元，或會是日內便可解決的問題。

恒地新地率先各捐4億

政府上限50億商界可加碼

受助人或需社福機構推薦

2010年10月13日，行政长官施政报告提出由政府出资50亿元，由商界捐款50亿元，配对为100亿元的“关爱基金”，相等于香港公益金全年筹募的2.5亿元之40倍（即一次筹得40年之数额）。李兆基认为“关爱基金”既可通过各种慈善扶贫活动减轻贫富悬殊不公的观念，亦有助于香港建设和谐社会，故立即以其个人名义及恒地集团认捐港币四亿元，以示支持。（剪报来源：《香港商报》，特此鸣谢。）

清华大学“李兆基科技大楼”效果图

李兆基于2009年捐款2亿元人民币予清华大学兴建“李兆基科技大楼”，再于2011年增加捐款1亿元人民币，合共捐款3亿元人民币，以完善及加速兴建大楼。“李兆基科技大楼”位于清华大学主校区，地盘占地面积约1.98万平方米，总楼面面积近10.5万平方米，其中地上楼面面积为6.5万平方米。项目预计于2011年底前开工，并于2014年底完工，落成后的大楼将涵盖热能、机械、汽车等学科，为清华大学校园提供高品质的学习和交流空间，将在节能降耗方面起到示范和引领作用。

2010年12月，香港中文大学为答谢李兆基博士于2005及2006年捐款共5 000万港元，支持中大发展卓越的学科，以及成立“李兆基教育基金”奖学金培育优秀人才，将新建的教学大楼命名为“李兆基楼”，大楼高8层，提供7个大型演讲厅、14间课室及讲堂，供2 700名同学上课，主要为法律学院及语言教学之用。

2010年12月4日，李兆基博士出席恒地集团于江苏宜兴市举行的“恒基兆业地产集团宜兴实验小学建设资金捐赠仪式”，将人民币5 000万元支票送赠宜兴实验小学校长，作为宜兴实验小学的建设资金。

2010 年 12 月 1 日，李兆基博士出席恒地集团为苏州相城区 G.H 地块（中央商务区）举行隆重的动土典礼。总地块面积约 15 公顷，总建筑面积约 95 万平方米，包括两座 252 米高的地标塔楼及两座 62 层高的公寓式办公楼、批发及零售商店、多功能会议中心、表演场地等，项目完工后将成为相城中心区的地标。

香港培华教育基金会主席兼创办人之一的李兆基博士代表培华，于 2010 年 10 月 18 日亲赴上海出席由香港培华教育基金会、中国国际人才交流协会，以及世界贸易中心协会馆，共同筹办的《新世纪人才发展论坛》，同场嘉宾包括国家外国专家局副局长刘延国先生、中央人民政府驻港联络办协调部长沈冲先生、全国政协常委伍淑清女士等。

2010 年 10 月，李兆基博士以“李兆基基金”名义捐款共 1 700 万元人民币，持续支援温暖工程的新项目。是次捐款是给贵州毕节及支援新疆两个项目的第一期捐款。贵州毕节项目通过联合办学模式发展职业教育，为每年 3 000 名毕节学生提供职业培训。至于新援疆项目，则为新疆喀什地区疏附县和克州阿图什市的农村富余劳动力进行国家通用语言的培训，目标为两个地区每年培训共 2 000 人。图为李兆基博士长子李家杰把善款支票送赠中华职教社总干事陈广庆时摄。

《新世纪人才发展论坛》在上海世界博览会举办，可谓别具意义。图为香港培华教育基金会主席李兆基博士与培华常务委员会主席霍震寰先生参观世界博览会时合照。

“李兆基门诊内科大楼”效果图

李兆基捐资重建之“李兆基门诊内科大楼”，于2010年年底已完成基础工程，并已建起三层楼层，进度理想，预料可于2012年年中投入服务。广元市中心医院门诊和内科大楼，于2008年汶川八级大地震中严重损毁，当年李兆基率先捐出一亿港元赈灾，并以其中8 000万港元用作援建医院建设门诊内科综合大楼，落成后病床数量将达1 000张，每年可接待门诊病人达60万人次，惠及四川省、甘肃省、陕西省等地的广大居民。

2010 年 6 月 28 日，恒地集团与 18 间国际及本地银行签订了一项港币 132.5 亿元之 5 年期定期 / 循环贷款，是集团历来最大宗银团贷款之一，银行界对是次融资反应踊跃，贷款总金额由原本 80 亿港元增加至 132.5 亿港元，年利率极为优惠，显示国际及本地银行对恒地集团的信心及持续支持。

2010 年 12 月，李兆基博士为庆祝香港青年协会成立 50 周年，慷慨承诺捐出共 750 万元，支持李兆基书院及李兆基小学未来 5 年发展计划，当中 500 万元用于李兆基书院，250 万元用于李兆基小学，以发展优质语文教育、应用资讯科技改善学与教，及设立奖学金和资助清贫学生丰富学习经历。两间学校早年均得到李博士慷慨捐助开办。图为李博士于 2008 年 4 月主持李兆基书院之开幕典礼，参观校舍时摄。

免责声明

（一）本书所载的任何资料及内容包括任何投资及分析技巧以及对任何投资产品的观点和意见（“本书内容”）仅供参考之用，并不构成对读者或任何人士的要约或邀请或承担任何直接或间接的责任。本书内容纯粹根据一般情况而提出，当中并无因应个别人士的具体情况作出调整，本书内容不应取代专业意见而读者或任何人士亦不应对本书内容予以任何倚赖，包括不论在投资或其他相关决定上。如读者或任何人士欲就本书内容或相关事宜采取行动，应先寻求独立的相关法律、财务或其他专业意见。对于任何因使用或倚赖本书内容而引致的后果，本书的作者、出版社、撰稿者及批注人（本书有关人士）概不负责，亦不会对因上述情况而导致的任何直接、随后发生、相关、间接或特别的亏损或损失承担法律责任。

（二）本书有关人士包括作者并不就本书内容的准确性、时间性、完整性、质量或是否适合任何特定用途作出保证。本书有关人士在任何情况下均不会对读者或任何人士就任何因本书内容之错误、错述或遗漏而蒙受的亏损或损失承担法律责任，不论该等亏损或损失是否因为编制本书内容时可能出现的错误或遗漏引致。

梁凤仪

附录

附录一

在“温暖工程李兆基基金百县百万农民及万名乡村医生培训”成立仪式上的讲话

（2006年12月29日）

中共中央政治局委员、国务院副总理——回良玉

同志们、朋友们：

今天我们怀着高兴的心情、由衷的敬意，来参加这个活动。长期以来，许多港澳同胞心向祖国、情系手足、热心公益、乐善好施，捐赠了大量资金和物资，并通过多种方式和途径，为促进内地经济社会发展和公共事业作出了重要贡献。今天，李兆基先生又捐资支持农民和乡村医生培训，这是促进农村劳动力教育培训、培养造就新型农民的一件善事，也是推动农村卫生事业发展、提高农民医疗服务水平的一个义举。这充分表达了港澳同胞的浓浓桑梓情、拳拳报国心，体现了同胞之间血浓于水的深情厚意，展现了中华民族患难与共、同舟共济和扶贫济困的传统美德。在这里，我代表国务院，对“温暖工程百县百万农民及万名乡村医生培训”的启动表示热烈的祝贺！向关心、支持“温暖工程”并为此慷慨解囊的李兆基先生表示真挚的感谢和由衷的敬意！向为这项公益事业付出辛勤劳动的中央统战部和国务院各有关部门，向所有关心“三农”工作和为扶贫帮困作出贡献的朋友和同志们表示亲切的慰问和良好的祝愿！

我国是一个农村人口占大多数的发展中国家，解决好农业、农村、农民问题事关现代化建设的全局。农业丰则基础强，农民富则国家盛，农村稳则社会安。中国共产党十六届五中全会提出了建设社会主义新农村的重大历史任务，党中央、国务院对新农村建设进行了全面部署。推进新农村建设，中心任务是建设现代农业、发展农村经济、增加农民收入，根本途径是培养造就有文化、懂技术、会经营的新型农民。目前我国农民文化水平较低、专业技能不高，全国4.9亿农村劳动力中，小学及小学以下文化程度占37%，初中占50%，接受过职业技能培训的仅占20%。可以说，农民收入低，很大程度上是因为农村富余劳动力多，就业特别是转移就业困难；农民就业难，很大程度上是因为农村教育培训滞后，农民科技文化素质和就业能力较低。必须加强农民教育培训，提高农民的综合素质和就业能力，使走出去的农民具备一定的务工经商技能，留下来的农民掌握一定的适用农业技术，搞创业的农民懂得一定的经营管理知识。这件事意义十分重大，

既是扩大农民就业、提高农民收入的迫切需要，也是推动城市产业升级、提高我国产业竞争力的重要基础；既是推进新农村建设的当务之急，也是加快全面小康社会建设和现代化建设的长远之计；既是促进经济社会全面协调可持续发展的客观要求，也是实现人的全面发展的关键举措。

建设新农村必须坚持协调推进、全面发展，突出解决好农村社会事业发展滞后的问题；必须坚持以人为本，着力解决农民生产生活中最迫切的实际问题。近年来，党中央、国务院高度关注农村卫生事业发展，积极支持新型农村合作医疗制度建设，加快健全农村三级医疗卫生服务体系和医疗救助体系，各地方、各有关部门也做了大量工作、想了很多办法。但必须看到，农民“看病难、看病贵”的问题，仍然十分突出；因病致贫、因病返贫，仍然是影响农民脱贫致富和农村全面小康建设的现实问题；乡村医生队伍整体素质偏低，仍然是制约农村医疗服务和群众健康水平提高的重要因素。加强乡村医生的培训，提高他们的技术水准和服务能力，是发展农村卫生事业、破解农民看病难题的有效举措，是满足农民群众日益增长的卫生服务需求、不断提高农民生活质量的重要途径，是加快推进新农村建设、促进农村社会和谐的必然选择。

加强对农民和乡村医生的教育培训，提高农民的就业能力和乡村医生的服务能力，是政府的重要职责和使命，同时也需要社会各方积极参与、共同推进。统一战线最广泛地凝聚着各党派、各团体、各民族、各阶层人士的智慧和力量，具有人才荟萃、智力密集、联系广泛的优势，在加强农村教育培训、推进新农村建设过程中应当而且完全可以大有作为。“温暖工程”启动十多年来，始终秉承“为国分忧，为民效力；急人所急，雪中送炭；灯亮一盏，光洒成片；不厌其小，务求其实”的宗旨，致力于城乡职业教育和职业培训，为解决农村富余劳动力就业问题作出了不懈努力，赢得了各级政府和社会各界的广泛赞誉。“温暖工程”是一项利国利民的社会公益事业，开辟了协助政府解决困难群体就业问题的新途径，充分体现了统一战线在服务新农村建设方面的新成果，生动展示了社会参与在促进农村教育培训方面的广阔空间。

“百县百万农民及万名乡村医生培训”是“温暖工程”事业的重要组成部分，也是国家培养造就新型农民事业的重要组成部分。希望中央统战部与教育部、劳动和社会保障部、建设部、农业部、卫生部等有关部门加强领导，统筹规划，密切配合，认真组织，切实把这件大好事、大善事办好，不辜负港澳同胞的一片真情，不辜负农民群众的殷切期盼。项目区各级政府要把这项培训工作作为积极发展现代农业、推进新农村建设的重要内容，纳入当地“三农”工作的重要日程，大力支持和推动培训工作的具体实施，确保高质量完成项目任务、高水平促进当地发展。要积极动员和引导各类职业教育和培训机构、有关企事业单位和人才需求机构参与到项目培训中来，创新培训模式，提高培训质量，拓展培训影响，确保形成良好的培训机制、产生最大的社会效应。要切实加强培训管理，加强相关人员教育，严格资金监管，廉洁高效地做好工作，确保培训项目成为经得起实践和时间检验的清廉工程。

加强农村教育培训、增强农民就业创业能力、改善农村公共服务，是一项战略性、全局性、长期性的工作，需要持之以恒、锲而不舍的努力，需要社会各界的积极参与和大力支持。让我们齐心协力、携手共进，为建设社会主义新农村、构建社会主义和谐社会做出更大贡献！我相信，农村的明天会更加富裕文明，祖国的明天会更加繁荣昌盛，香港的明天会更加灿烂美好！

再过两天，就是2007年的元旦。在此，谨向在座的各位同志和朋友致以节日的问候和良好的祝愿，祝大家在新的一年里家庭和睦、人际和谐、事业和顺、生活和美！

在全面开展“温暖工程李兆基基金百县百万农民及万名乡村医生培训”成立仪式上的讲话

（2006年12月29日）

全国政协副主席、中央统战部部长——刘延东

良玉副总理、李兆基先生、同志们、朋友们：

今天，我们在这里隆重举行全面开展“温暖工程李兆基基金百县百万农民及万名乡村医生培训”仪式。谨此，向在百忙中前来出席这次活动的中共中央政治局委员、国务院副总理回良玉同志、香港恒基兆业地产有限公司主席李兆基先生和各有关方面的同志们、朋友们，致以衷心的感谢！

“温暖工程”是1995年由孙起孟同志倡导发起并得到中央统战部的大力支持，旨在配合党和政府扶助贫困群体的一项民心工程。中华职教社和各民主党派、无党派人士等统一战线团体和成员积极参与，使之成为统一战线为经济建设和扶贫济困服务的一个载体。十余年来，温暖工程秉承“急人所急、雪中送炭，灯亮一盏、光洒成片”的理念，面向城镇下岗失业人员、中西部和少数民族地区的农民，开展职业教育和技能培训，在协助党和政府促进就业再就业方面发挥了得人心、暖人心、稳人心的重要作用，赢得了社会各界的广泛赞誉，受到了党中央和国务院领导的高度赞扬。

党的十六大以来，以胡锦涛同志为总书记的党中央从全面建设小康社会的全局出发，提出了建设社会主义新农村、构建社会主义和谐社会的重大战略任务。统一战线围绕党和国家工作大局，以大团结、大联合为主题，发挥联系广泛、智力密集的优势，与时俱进，不断贡献新的力量。“温暖工程”在各级党委和政府的支持和广大统一战线成员参与下得以健康发展，这是统一战线顺应时代发展、务实创新的具体体现，是统一战线为建设社会主义新农村、构建社会主义和谐社会服务的重要举措。今年颁布的《中共中央关于巩固和壮大新世纪新阶段统一战线的意见》明确提出，要大力开展“温暖工程”。这为进一步做好温暖工程事业指明了方向。

“温暖工程李兆基基金百县百万农民及万名乡村医生培训”是“温暖工程”在新形势下开辟的新领域，是运用港澳和海外爱国人士捐赠的资金，对农村富余劳动力进行大规模培训和转移就业的有益实践。李兆基先生是香港知名爱国人

士、著名工商实业家。长期以来，他关心支持内地改革开放，积极投身内地公益和慈善事业，为国家的繁荣富强做了大量工作；拥护“一国两制”方针和基本法，回归前担任特区筹备委员会委员、特区第一届政府推选委员会委员和港事顾问等职，回归后大力支持行政长官和特区政府依法施政，为香港的平稳过渡、顺利回归和繁荣稳定做出了重要贡献。李兆基、李家杰父子此次捐献巨资支持这项事业，是李兆基先生一以贯之、爱国利民的善举。这项培训任务的特点，一是致力于农村富余劳动力的转移就业和农村医疗条件的改善，这是当前新农村建设最迫切的任务；二是既利用社会力量的投资，又充分运用相关政府部门的资源和大力支持，并得到了党派、团体的共同参与；三是培训和转移就业的力度大，惠及整个中西部地区，农民受益面大。这必将为进一步把“温暖工程”事业做大做强起到积极的推动作用。在此，我提几点希望：

第一、要把大力开展“温暖工程”作为新世纪新阶段统一战线发挥作用的新的着力点。“温暖工程”是在社会各界热心人士和港澳及海外爱国人士的支持下开展的社会公益事业，是一项系统工程，必须形成合力。要动员社会各界，尤其是企业界人士的力量，为农民和乡村医生培训提供资金和就业岗位支持。

第二、要把大力开展“温暖工程”作为统一战线配合党委、政府和动员社会各界向贫困地区农民群众送温暖的新模式。地方统战部门要在党委的领导下，按照有关要求，建立与政府有关部门共同参与的工作机制，明确职责，加强配合，共同推动培训工作全面开展。要把爱国人士的善款用在那些急需帮助的农民身上，把党和政府的温暖以及社会的关爱及时送到农民手中，不辜负像李兆基先生这样的爱国人士的报国之心。

第三要加强制度建设，确保培训工作自始至终规范运行。要创新工作机制，进一步建立健全制度规定，加大监管力度，确保培训工作的公开、公正和公平，充分尊重农民意愿，维护农民利益，切实把培训工作落到实处。

同志们，让我们紧密团结在以胡锦涛同志为总书记的党中央周围，高举邓小平理论和“三个代表”重要思想伟大旗帜，全面贯彻落实科学发展观，充分发挥新世纪新阶段统一战线重要法宝作用，广泛动员，整合资源，大力开展“温暖工程”，为社会主义新农村建设、构建社会主义和谐社会做出更大的贡献，为明年党的十七大的胜利召开献上一份厚礼。

谢谢大家。

香港大事年记

1997

- 香港回归祖国。
- 青屿干线通车。
- 7 月亚洲金融风暴首先在泰国爆发，其后马来西亚及俄罗斯等亦相继受影响。
- 政府推出“八万五”房屋政策。
- 禽流感 (H5N1) 出现，政府进行大规模杀鸡。
- 华资大证券行正达投资倒闭，大批散户血本无归，之后政府修例，若有证券行倒闭，每名客户最多可获 15 万元赔偿。

1998

- 赤鱲角新机场启用。
- 8 月，量子基金和老虎基金开始炒卖港元，导致股市下跌，从而在期货市场获利；港府于是把息率大幅调高，隔夜拆息一度高达 300%，并动用外汇储备近 1.2 亿港元（约 150 亿美元）大量购入港股，结果炒家在 8 月 28 日期货结算日被迫以高价平仓，损失严重，加上在俄国和马来西亚同时受挫，最终炒家撤退。
- 金管局总裁任志刚推出七招强化联系汇率措施，改善捍卫联汇机制。
- 受亚洲金融风暴冲击，香港继续受经济下调影响，本地生产总值下降 5.1%，是 1961 年编制这项记录以来首次出现全年负经济增长。
- 受到经济低迷沉重打击，港府再推出救市方案。行政长官董建华于 6 月 22 日亲自公布一套“纾缓困境及振兴香港经济”的方案，共提出九项措施，包括退回差饷、暂缓卖地九个月、调低柴油税及冻结高级公务员加薪等，涉及的减税及开支高达逾 320 亿元。
- 10 月 16 日，美国突然宣布减息 1/4 厘，美股应声上扬 300 多点。由于市场肯定全球减息一触即发，加上美减息为市场意料之外，亚洲区股市纷纷上升。恒生指数升 806 点，收报 9 777.01 点。

1999

- 受拉丁美洲金融危机动荡及巴西央行行长佛朗哥突然辞职影响，加上中资机构债务问题涌现，内外坏消息夹击，两大对冲基金老虎基金及索罗斯旗下的量子基金进一步沽空港元，1 月 13 日恒生指数下跌 438 点，跌幅 4.1%，收 10 273 点。
- 终审法院于 1 月 29 日就港人内地出生子女居留权作出裁决。
- 政府宣布兴建迪士尼主题公园。
- 创业板成立，为高科技及新成立的公司提供集资途径。
- 澳门回归中国。
- 4 月底本港失业率为 6.3%，创历史新高，综合消费物价指数较 1998 年同期下降 3.8%，也是有纪录以来最大跌幅。

2000

- “千年虫”并没有造成电脑大瘫痪。
- 强积金制度开始推行。
- 董建华公开表示“八万五”房屋政策早已不存在。
- 美国联邦储备局于 2000 年中至 2001 年连续减息 11 次，连同 2002 年减息 2 次，共减息 13 次，息率由 6.5 厘减至 1 厘。香港亦有跟随，最优惠利率由 9.5 厘减至 2010 年 4 月之 5 厘。

2001

- 中国加入世界贸易组织。
- 美国发生“九一一”恐怖袭击，打击全球经济。

2002

- 失业率再创 20 年新高，达 7.8%，综援申请破纪录。
- 港区人大选举。

2003

- 政府由 2003 年起无限期停售居屋，同时停建居屋。
- 香港爆发非典型肺炎疫症（SARS），共有 1 755 人受感染，299 人不幸死亡。
- 受非典型肺炎疫症影响，香港经济下滑，失业率创新高达 8.6%。
- 中国推出旅客“自由行”访港计划。
- 内地与香港达成“更紧密经贸关系的安排”（CEPA）。
- 国务院批准中国人民银行同意为香港试行个人人民币业务提供结算安排。业务范围只限于方便个人消费，不涉及投资等资本项目交易。

2004

- 香港银行业于 2004 年 2 月开展人民币业务。
- 香港于 6 月成为 9+2 泛珠三角区域合作成员，并于 8 月与内地签署“内地与香港关于建立更紧密经贸关系的安排”第二阶段的协议，成功加强与内地合作。
- 罗湖管制站离境大堂于 12 月 16 日正式推出自助出入境检查系统（又称 e- 道）。
- 马鞍山铁路于 12 月 21 日正式启用。
- 香港联合交易所全年成交金额达 39 741 亿元，超越 1997 年的旧纪录。
- 香港股票市场全年（首次上市及上市后）集资总额为 2 710 亿元，排名全球第 3，比伦敦及东京交易所还要高。
- 访港旅客突破 2 000 万大关，创出 2 180 万人次的纪录，为香港带来 918 亿元收入，较 2003 年 768 亿元激增近两成。

2005

- 3 月 10 日，特首董建华因健康理由请辞，曾荫权于同年 6 月 15 日当选新任特首。
- 人民币汇率改革，人民币兑美元中间价一次性调高 2%。
- 国际奥委会会议通过，批准香港协办 2008 年北京奥运马术项目。
- 香港迪士尼公园开幕。
- 反世贸示威者与警方发生严重冲突，反世贸示威变成暴乱，期间警方要使用催泪弹镇暴。

2006

- 卫生署前署长陈冯富珍当选世卫总干事，中国外交见成果。
- 上半年国际油价一路攀升。7 月 14 日纽约商品交易所原油期货价格一度达每桶 78.4 美元历史高点。但 8 月份以来，国际油价大幅下滑，累计跌幅达 20%。
- 国内银行招股热潮一浪接一浪，股民看好国企金融股前景，纷纷入表申请认购新股，中行、招行及工行公开招股部分分别录得 70、265 及 50 倍超额认购。时近年尾国企股更升势凌厉，反映国企股表现的国企指数屡创新高。
- 政协副主席霍英东离世，中港高度评价其对国家和香港的贡献。

2007

- 7 月 1 日为香港特别行政区成立十周年。
- 8 月中国宣布推出“港股直通车”计划，恒生指数由低于 19 386 点作出 V 形反弹，短短两个月升至 10 月 30 日的 31 958 点，升幅达 64%。
- “港股直通车”开通未有期，换成 QDII 基金撑起港股。
- 楼市大旺，价格创亚洲新高。山顶倚峦独立屋以呎价 4.1 万元，即 2.82 亿元售出，创独立屋及亚洲新高纪录。
- 10 月恒生指数升至 31 958 点，创历史新高，成交额高达 2 000 亿元。

2008

- 1 月 22 日恒生指数暴跌 2 061 点，重挫 8.65%，创下历来最大单日点数跌幅。报收 21 757 点；国企指数跌幅更大，当日下跌 1 619 点，跌幅 11.97%，报收 11 911 点。恒指更跌破俗称“牛熊分界线”250 天移动平均线，令不少投资者对后市感到悲观。
- 5 月 12 日，中国四川发生八级大地震。
- 第 29 届奥林匹克运动会于 8 月 8 日至 8 月 24 日于北京举行，香港协办马术项目。
- 国家副主席习近平访港。
- 9 月 14 日，雷曼兄弟提出破产，同一天美林证券宣布被美国银行收购。
- 9 月 15 日，全球股市暴跌。
- 9 月 16 日，美国国际集团陷入财困，美国政府出面支持及注资。

- 各国推出多项救市行动，包括减息、央行注资有问题金融机构、推出存款保证等等。
- 雷曼兄弟破产引发连串香港零售银行误导客户购买迷你债券风波。

2009

- 中国外汇储备突破二万亿大关。
- 人类猪流感 4 月于墨西哥爆发，其后全球陆续出现感染个案，香港亦被波及。
- 汇丰银行于 3 月 2 日业绩公布后宣布供股，每 12 股供 5 股，供股价 28 元。消息宣布后该股股价于 3 月 9 日一度跌至 33 元。
- 上海迪士尼选址浦东新区沙新镇，建成后将是世界第六个、亚洲第三个、中国第二个带有迪士尼品牌的主题公园。
- 迪拜财政部宣布，其主权投资公司迪拜世界要求债权人将其总负债 590 亿美元偿还期限延长 6 个月。恒指于 11 月 27 日暴跌 1 075.9 点，跌幅 4.84%，收报 21 134.5 点。
- 香港首办东亚运动会，并破纪录取得 26 枚金牌，于奖牌榜排行第四，国家队居首位。

2010

- 争议不断之港深广高铁香港段在一片反对声音下于 1 月正式动工。

李兆基大事年記

1997

- 出席英国威尔斯亲王于添马舰主持标志英国结束管治香港仪式，翌日出席庆祝香港回归仪式。
- 捐款港币 2 000 万元予香港地铁公司机铁香港站雕塑。
- 获香港理工大学颁授荣誉工商管理博士学位。
- 获香港大学颁授荣誉博士学位。
- 恒地以优惠条款取得 52 亿港元之五年期银团贷款。

1998

- 会见来港出席香港回归庆典一周年之国家主席江泽民先生。江主席更到访集团旗下之新港城商场。
- 获香港大学颁授名誉法学博士学位。

2000

- 恒基数码在香港联合交易所创业板上市，成功集资。
- 恒基发展提出全面收购美丽华酒店，股权增至 39.53%。

2001

- 恒地以优惠条款成功筹组一项由国际级银行提供之 55 亿港元银团贷款。
- 父亲李介甫先生与世长辞。

2002

- 李兆基创办之培华教育基金于礼宾府举行 20 周年庆祝酒会。
- 获香港中文大学颁授荣誉院士衔。

2003

■ 李兆基基金捐款港币 4 500 万元予理工大学兴建“李兆基楼”。

■ 李兆基基金捐款港币 2 400 万元予香港大学兴建“李兆基堂”学生宿舍。

■ 位处机铁香港站发展项目之国际金融中心两幢写字楼及购物商场全面启用，并成为香港之新地标。88 层高的国际金融中心二期更为当年香港最高之商厦。

■ 好友萧经岳先生离世。

■ 恒地配股集资 29 亿港元。

2004

■ 恒基兆业总部正式迁往中环国际金融中心。

■ 获法国文化及通讯颁授“艺术文学骑士”勋章。

■ 李兆基基金捐款港币 700 万元予培侨中学兴建沙田新校舍。

■ 出席由法国总统主持，于国际金融中心商场举行之国宝级艺术品“巡游”展览揭幕仪式。

■ 恒地发行面值 57 亿港元之可换股票据，而可换股票据以债务证券形式于香港联合交易所上市。

■ 恒地及恒基发展取得 100 亿港元五年及七年期各半之银团贷款。

■ 好友何添先生与世长辞。

2005

■ 集团旗下之恒地、中华煤气共捐赠港币一亿元予 2008 奥运以兴建国家游泳馆。

■ 恒地成功以 13 亿港元将恒基中国私有化。

■ 恒基地产联同中华煤气以三亿港元成功将恒基数码私有化。

■ 李兆基基金捐款港币 5 000 万元予香港中文大学作“李兆基教育基金”用。

■ 李兆基基金捐款港币 3 300 万元予香港科技大学作图书馆增添设施及讲座教授基金。

■ 李兆基基金捐款港币 500 万元予浸会大学作大学发展用途。

- 李兆基基金捐款港币 300 万元予岭南大学作大学发展用途。
- 李兆基基金捐款港币 2 500 万元予兆基创意书院之九龙塘新校舍，命名为“香港兆基创意书院”。
- 成立“世界眼科组织新疆李兆基博士眼科中心”。
- 位于国际金融中心之四季酒店开幕。
- 获中国文化研究院颁授荣誉院士衔。

2006

- 李兆基基金捐款港币 1 000 万元予城市大学兴建“李兆基堂”学生宿舍。
- 恒基发展私有化不获通过。
- 荣获法国万宝龙 2006 国际艺术赞助大奖。
- 恒地以极优惠条件取得 133.5 亿港元五年期之银团贷款。是次银团贷款由 24 间来自 10 个国家之银行组成，为该年本地银团贷款市场历来港元银团贷款最大额度之私营机构融资项目 。
- 恒基发展配股集资 31 亿港元。
- 恒地配股集资 55 亿港元。
- 集团旗下中华煤气有限公司引进天然气。
- 获香港公开大学颁授荣誉工商管理博士学位。
- 集团旗下阳光房地产投资信托基金于香港联合交易所主板上市，成功集资。
- 捐款人民币 3.3 亿元启动“温暖工程李兆基基金百万农民及万名乡村医生培训计划”，并假北京人民大会堂举行签约启动仪式，并获统战部刘延东部长亲自主持。
- 成立“世界眼科组织华西李兆基博士眼科中心”。
- 与上海复旦大学成立李兆基奖学金。
- 好友罗德丞离世。
- 次子家诚与徐子淇小姐于澳洲悉尼举行婚礼。

2007

- 李兆基基金捐款港币四亿元予香港科技大学作兴建“李兆基校园”，校园内包括“李兆基商学大楼”、高等研究院及宿舍。
- 李兆基基金捐款港币 6 000 万元予香港公开大学兴建“李兆基商业管理学院”。
- 香港回归十周年当日，李兆基获香港特区政府宣布颁授最高荣誉大紫荆勋章。同日，香港政府大球场举行“中港群星杯”之“恒基回归杯”及“李兆基杯”赛事，并邀得国际劲旅德国拜仁慕尼黑及巴西圣保罗来港作赛。一众政府官员及商界俊彦趁机于大球场第一时间向李兆基道贺。
- 恒地以 120 亿港元收购恒基发展所持有之物业组合、香港小轮（集团）股权及美丽华酒店股权。
- 恒地旗下之国际金融中心项目公司在无需提供担保下以极优惠条件取得 170 亿港元之五年期银团贷款，再次刷新本地银团贷款纪录。
- 恒地涉足美国及欧洲私人配售债券市场，发行面值总额逾四亿美元之票据，年期为七年至十五年。
- 恒地透过以发行六亿股恒地股份及现金 68 亿港元为代价收购恒发所持有之中华煤气股权。
- 李兆基基金捐款港币五亿元予香港大学分别作校园发展及奖学金用。
- 成立“世界眼科组织黑龙江李兆基博士眼科中心”。
- 捐款人民币 1 000 万元复修及扩建西安“老子说经台”。
- 美国《福布斯》财经杂志宣布大中华区华人富豪排行榜，李兆基排名第二。
- 美国《福布斯》财经杂志宣布亚洲白手兴家富豪榜，李兆基排名第二。
- 获美国《新闻周刊》评为亚洲十大富豪第三名。
- 孙女李晞彤出世。李兆基荣升祖父。

2008

- 李兆基基金捐款人民币一亿元予上海复旦大学作“李兆基图书馆”。
- 李兆基基金捐款港币 2 000 万元予浸会大学作扩建校园之用。
- 李兆基基金捐款 250 万美元予美国贺治杰斯学校（The Hotchkiss School）。
- 四川发生八级大地震，李兆基基金、旗下集团及员工合共捐出 1.2 亿元善款协助赈灾。灾后一个月，李兆基亲往灾场为灾民祈福。

- 继捐款港币 300 万元予树仁大学后，李兆基对香港九所大学均全有参与捐献。
- 出席北京奥运开幕典礼，恒基于国家运动场“鸟巢”之包厢广邀 400 多名嘉宾及公司职员参与这国家一级盛事。
- 获北京大学颁授名誉校董。
- 获北京清华大学颁授名誉校董及战略发展顾问。
- 获上海复旦大学颁授名誉博士。
- 香港兆基创意书院开幕典礼，获财政司司长曾俊华先生亲临主持开幕仪式。
- 出席天水围香港青年协会李兆基书院开幕典礼。

2009

- 李兆基基金捐款人民币两亿元予北京大学，其人民学院命名为“李兆基人民学苑”；其中人民币 2 000 万元用于公共教室楼，命名为“李兆基楼”；人民币 8 000 万元用于讲席教授基金。
- 李兆基基金捐款人民币两亿元予北京清华大学兴建李兆基科技大楼，作为送给该校 2010 年百周年校庆之礼物。
- 恒地发行面值五亿美元十年期之担保票据，而担保票据以债务证券形式于香港联合交易所上市，票面连息率为 5.5 厘。
- 成立“世界眼科组织阳东人民医院李兆基博士眼科中心”。
- 第二名孙女李晞儿出世。
- 旗下美丽华酒店完成大翻新工程并举行庆祝酒会。
- 旗下中华煤气有限公司成功发行罕有最长年期的 30 年港元担保票据，票面息率每年 4.85 厘，发行额 5.5 亿港元。
- 获《Hong Kong Tatler》颁发“钻石大奖”，表扬其在教育和培训人才方面的成就。
- 主持香港科技大学“李兆基校园动土礼暨校园发展启动典礼”。
- 长子家杰获香港大学颁授名誉大学院士荣衔。
- 李兆基基金捐款 75 万美元予美国斯坦福大学作“李兆基基金北京大学斯坦福中心建校基金”。

2010

- 美国《福布斯》财经杂志宣布香港富豪排名榜，李兆基为香港第二大富豪，资产总值为 190 亿美元。
- 美国《福布斯》财经杂志宣布全球富豪排名榜，李兆基排名 22，比去年跃升 21 位，资产总值为 185 亿美元。
- 出席香港大学“李兆基堂”高桌晚宴，与 350 多名舍堂学生畅谈致富要诀。另近百名学生于晚宴后与李兆基促膝而谈，向李兆基请教人生智慧及成功之道。
- 与特首曾荫权先生、中联办李刚副主任等主持香港大学百周年校园奠基典礼。

李兆基博士对教育的捐献 — 受惠机构名单

(截止 2010 年 4 月 21 日)

地区	受惠机构	
香港	大学	香港大学
		香港科技大学
		香港中文大学
		香港理工大学
		香港城市大学
		香港公开大学
		香港浸会大学
		岭南大学
		香港树仁大学
	中小学	顺德联谊总会李兆基中学
		培侨书院
		香港青年协会李兆基书院
		香港兆基创意书院
		香港青年协会李兆基小学
内地		“温暖工程李兆基基金百县百万农民及万名乡村医生培训”项目
		北京大学
		清华大学
		复旦大学
		顺德李兆基中学
海外		英国牛津大学华顿学院
		香港中文大学及美国耶鲁大学合作项目
		美国斯坦福大学
		美国贺治杰斯学校
教育基金		香港培华教育基金
		顺德教育基金
		广州市教育基金
		香港青年协会“李兆基青年交流基金”

香港地产平均售价表

年份	人口	每户平均人口	自置居所比例	港岛住宅平均售价（港元/平方呎）注1	九龙住宅平均售价（港元/平方呎）注1	新九龙住宅平均售价（港元/平方呎）注1	新界住宅平均售价（港元/平方呎）注1	写字楼平均租金（港元/平方呎）注2	工厂平均售价（港平/平方呎）注3
2009				6 096	5 172	3 482	3 482	38	2 094
2008				6 741	4 974	3 554	3 554	44	2 539
2007				5 718	4 440	3 179	3 179	37	2 056
2006	6 909 500	3	53.5%	4 851	3 539	2 897	2 897	32	1 617
2005				4 577	3 611	3 036	3 036	26	1 306
2004				3 876	3 071	2 603	2 603	21	939
2003				2 833	2 046	1 980	1 980	20	743
2002				3 175	2 297	2 290	2 290	23	768
2001	6 730 300	3.2	52.2%	3 603	2 631	2 586	2 586	28	792
2000				4 056	2 946	2 913	2 913	27	865
1999				4 579	3 446	3 255	3 255	27	930
1998				5 377	3 845	4 432	3 817	31	1 164
1997				7 747	4 990	6 475	5 612	37	1 367
1996	6 217 556	3.3	45.9%	5 669	3 920	4 832	3 955	36	1 507

备注

1) 住宅面积以实用 40 平方米至 69.9 平方米为统计对象。

2) 写字楼租金统计资料为甲、乙、丙三级之平均。

3) 厂厦以九龙传统工厂区域为统计对象。

资料来源：香港特别行政区政府差饷物业估价署

恒基兆业地产有限公司近年已发行股本之变动表

日期	集资形式 / 变动原因	增加 /（减少）股数	发行股数	用途 / 原因
98 年 1 月、5 月、6 月及 8 月期间	购回股份，每股作价港币 22.6 至 27.3 元不等	(10 100 000)	1 722 140 000	提高每股资产净值及每股盈利
2003 年 10 月 6 日	以每股作价港币 32.45 元配售新股	92 440 000	1 814 580 000	作酒店发展项目、收购土地、改变土地用途向政府补地价及一般营运资金
2006 年 11 月 10 日	以每股作价港币 43.05 元配售新股	128 000 000	1 942 580 000	作集团之一般企业用途及于内地收购土地
2007 年 12 月 17 日	向恒基发展小股东配发恒地股份（每股恒基发展获配 0.209 股恒地股份）	204 162 390	2 146 742 390	就收购恒基发展所持之中华煤气股权，向恒基发展小股东配发恒地股份以作为代价之一部份

（自 1997 年至 2010 年 4 月 30 日）

其他相关资料

李博士持有恒地股权所得股息收入

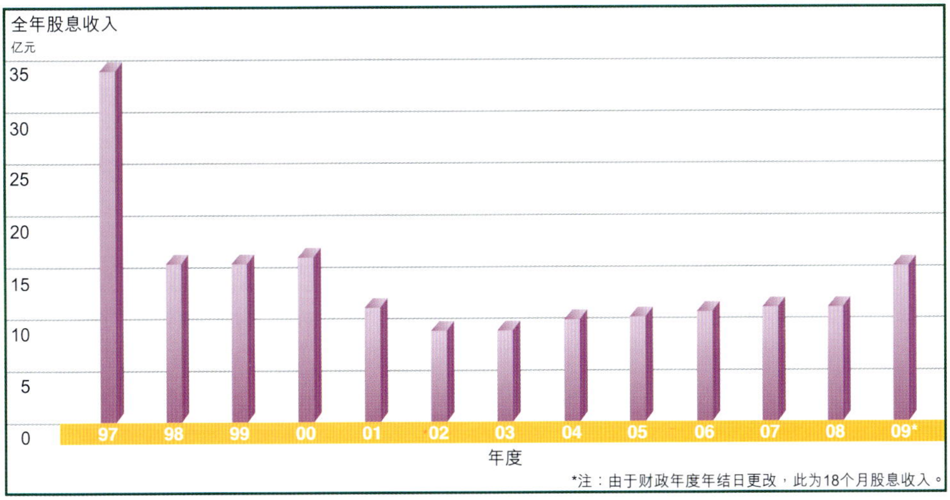

恒基集团雇员人数

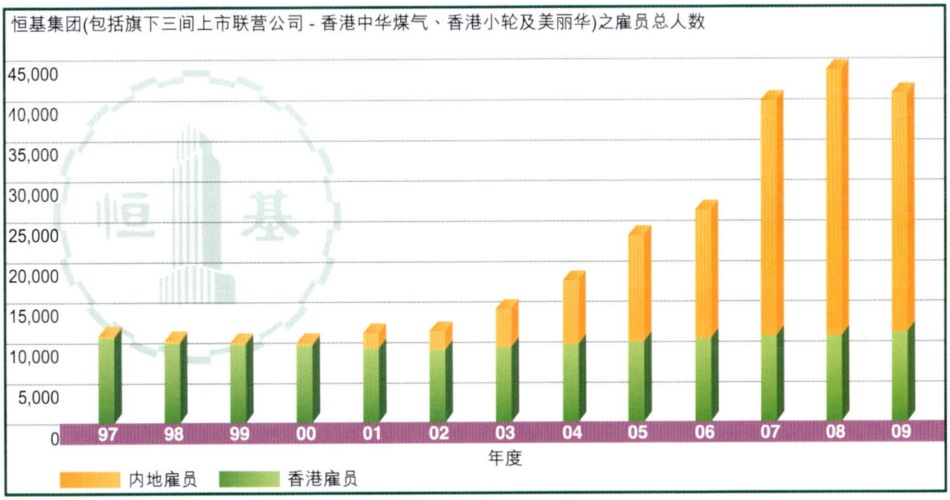

恒基兆业地产有限公司——盈利及总资产

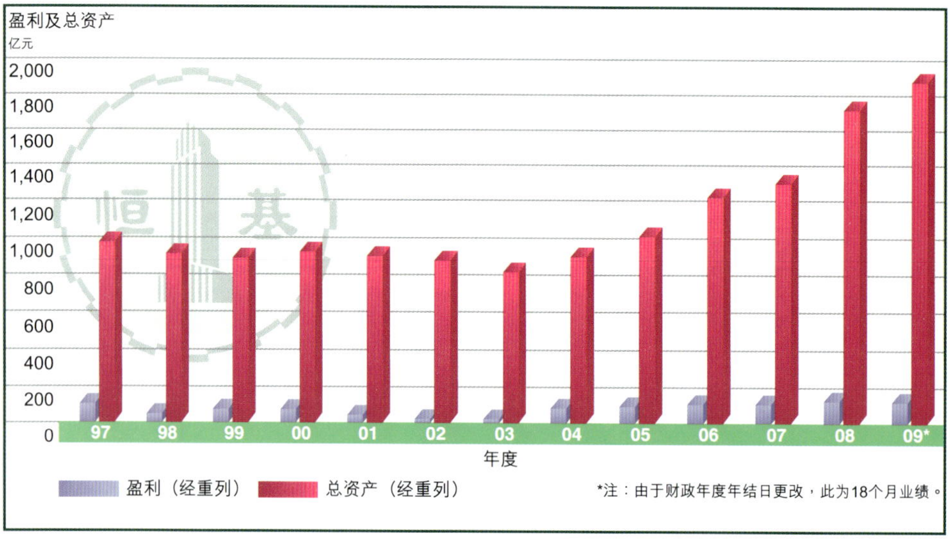

恒基兆业地产有限公司——每股股息及盈利

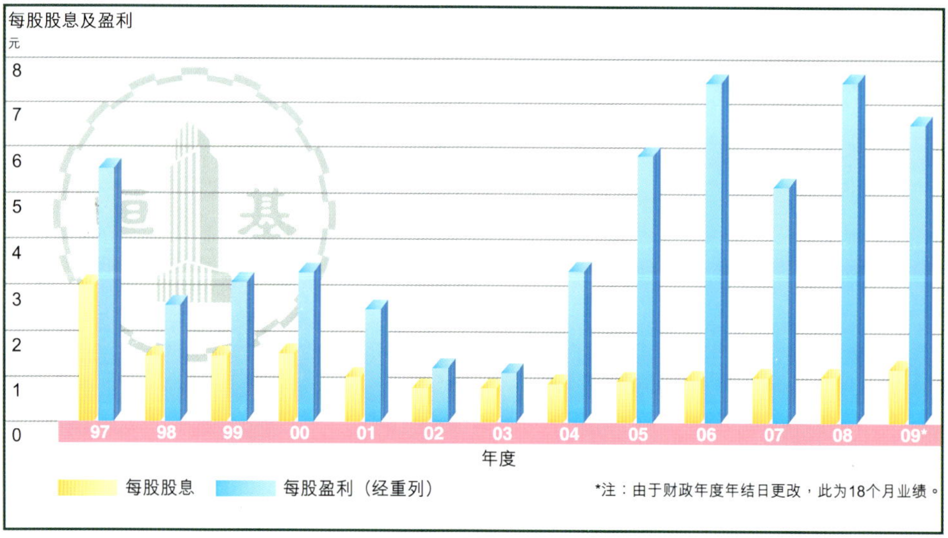

恒基兆业地产有限公司 1997 年 1 月至 2010 年 3 月股价波幅图

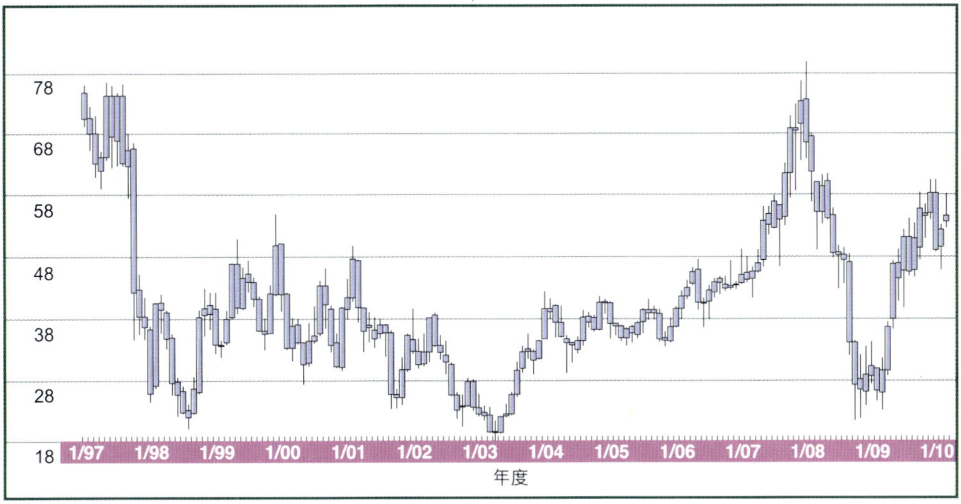

恒基兆业地产有限公司 1997 至 2009 年财务概要

年份	97	98	99	00	01（重列）	02（重列）	03（重列）	04（重列）	05（重列）	06	07	08（重列）	09（注）
每股盈利	5.66	2.85	3.15	3.38	2.55	1.25	1.18	3.46	5.98	7.47	5.19	7.54	6.67
每股股息	3.08	1.5	1.5	1.55	1.1	0.8	0.8	0.9	1	1.05	1.1	1.1	1.3
总资产（亿元）	1 027	942	929	959	931	907	851	938	1 047	1 259	1 329	1 749	1 912
盈利（亿元）	96.2	49.3	54.2	58.3	43.9	21.5	20.3	61.7	109	135	98.2	155	143

注：由于财政年度年结日更改，此为 18 个月业绩。

恒基兆业地产有限公司——销售物业营业额

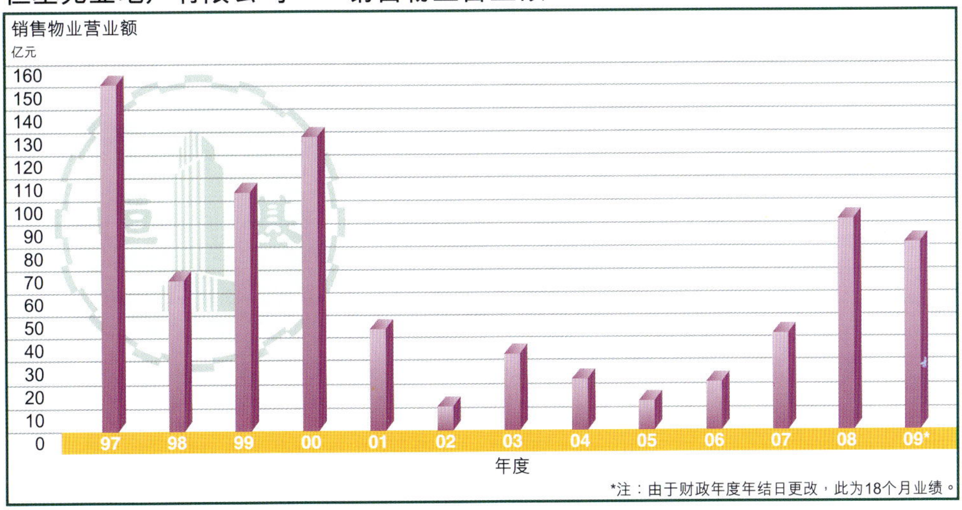

恒基兆业地产有限公司——投资物业之租项收入

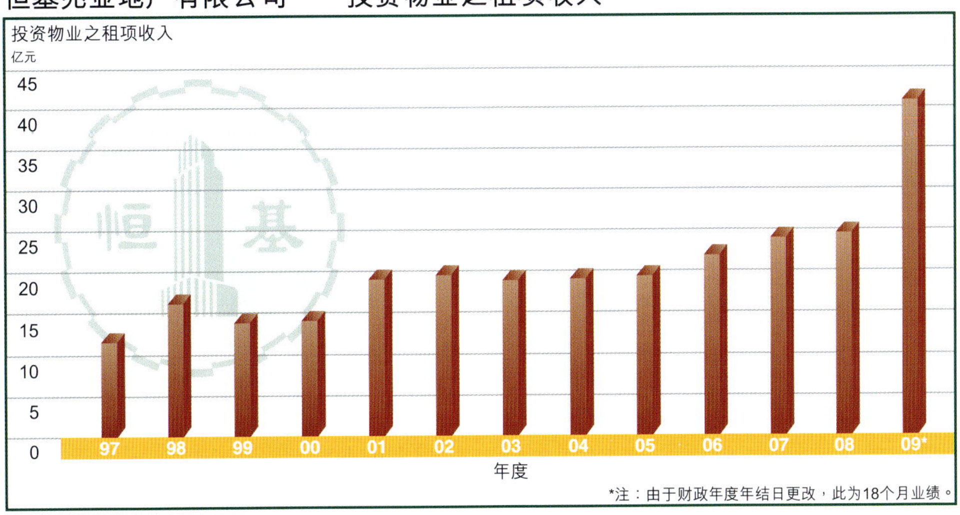

香港中华煤气有限公司——股东应占溢利及总资产

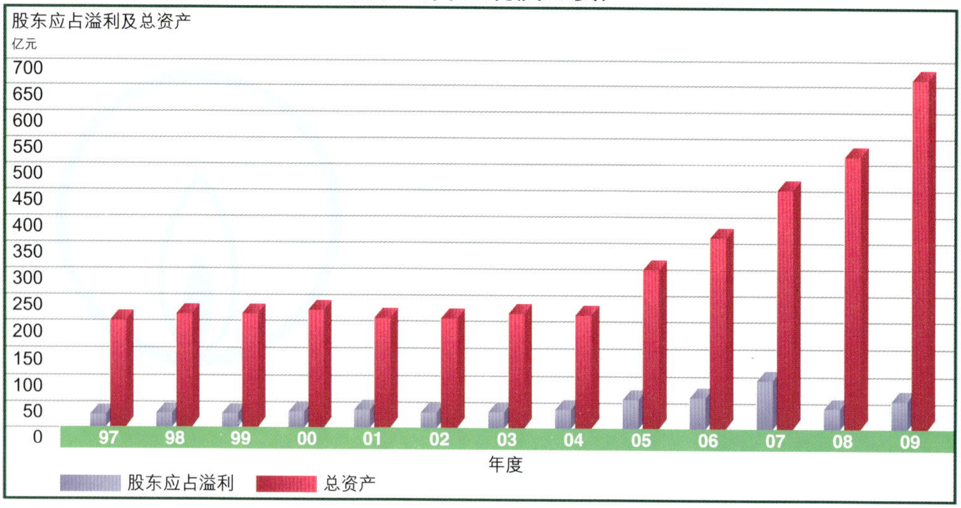

香港中华煤气有限公司——每股股息及盈利

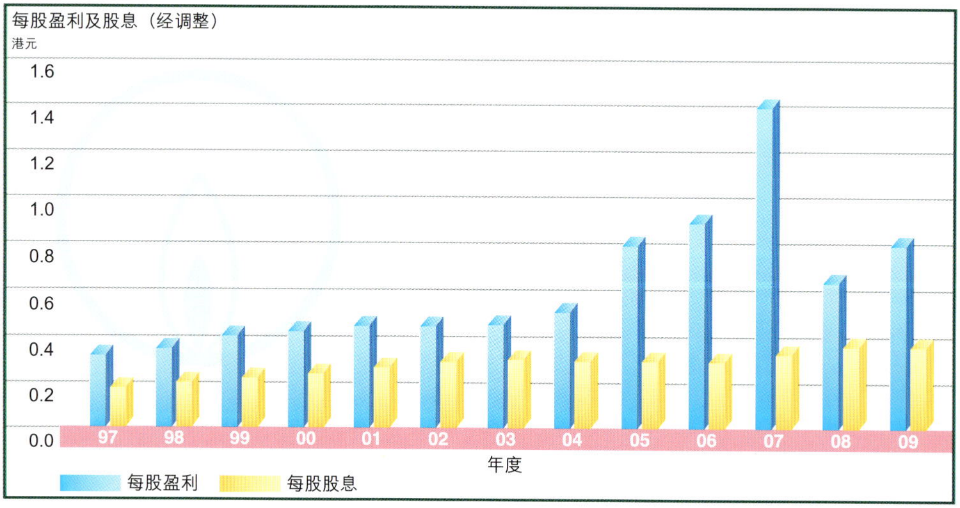

香港中华煤气有限公司1997年1月至2010年3月股价波幅图

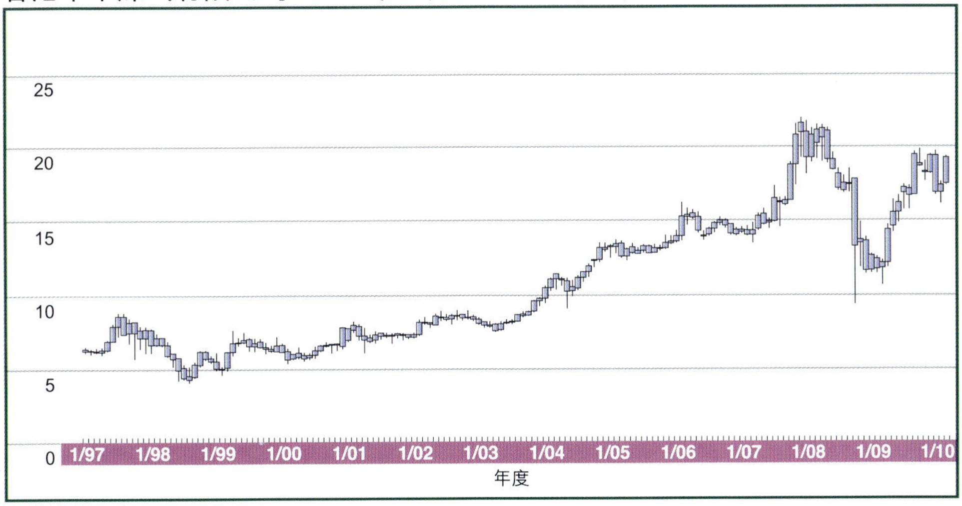

香港中华煤气有限公司 1997 至 2009 年财务概要

年份	97	98	99	00	01	02	03	04	05	06	07	08	09
每股盈利，港元计（经调整）	0.32	0.36	0.39	0.43	0.44	0.45	0.45	0.48	0.78	0.88	1.39	0.65	0.79
每股股息，港元计（经调整）	0.18	0.2	0.22	0.24	0.26	0.29	0.29	0.29	0.29	0.29	0.32	0.35	0.35
总资产（亿元）	192	212	213	233	204	202	218	211	296	362	432	519	661
股东应占溢利（亿元）	22.8	26.6	29.0	31.3	31.8	30.5	30.5	32.9	52.8	58.6	92.7	43.0	51.8

美丽华酒店企业有限公司——盈利及总资产

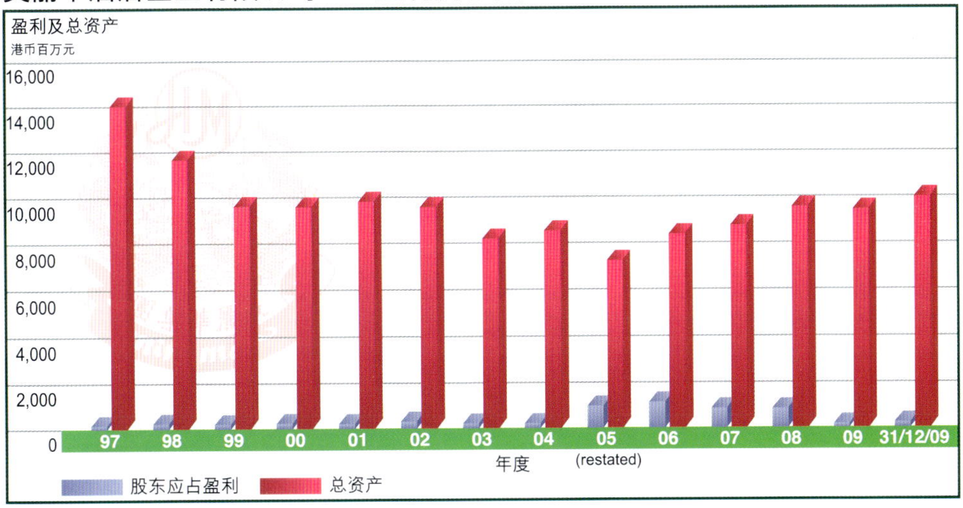

美丽华酒店企业有限公司——每股股息及盈利

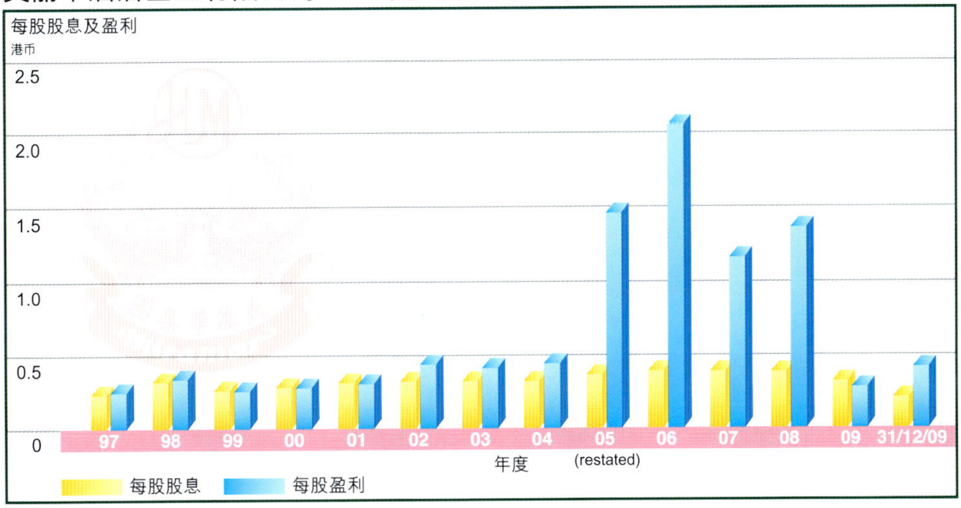

美丽华酒店企业有限公司 1997 年 1 月至 2010 年 3 月股价波幅图

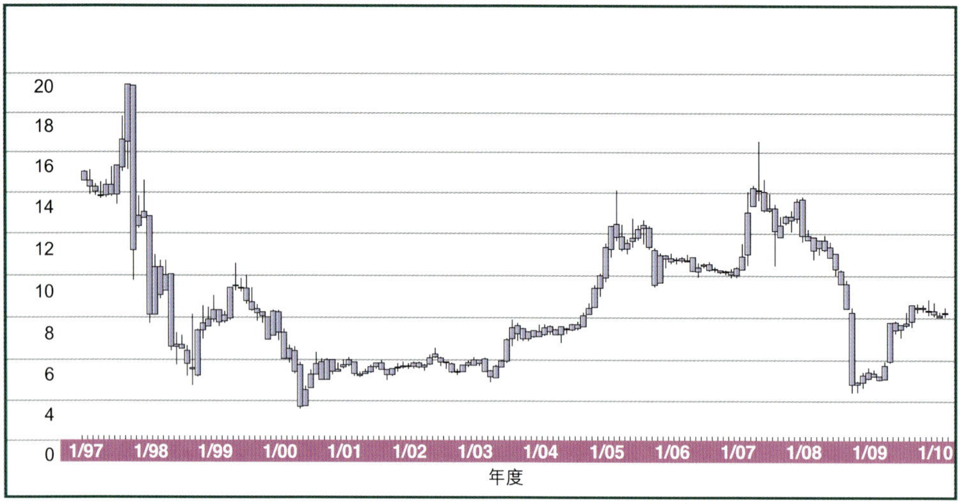

美丽华酒店企业有限公司 1997 至 2009 年财务概要

年度	每股股息	每股盈利	股东应占盈利	总资产
1996 - 1997	0.23	0.24	138 588	13 968 554
1997 - 1998	0.33	0.34	198 849	11 669 325
1998 - 1999	0.26	0.26	152 003	9 652 526
1999 - 2000	0.28	0.28	162 203	9 528 058
2000 - 2001	0.32	0.32	185 344	9 715 132
2001 - 2002	0.33	0.44	256 857	9 579 415
2002 - 2003	0.33	0.41	233 816	8 204 474
2003 - 2004	0.33	0.43	250 328	8 600 507
2004 - 2005 （重列）	0.37	1.47	846 138	7 294 846
2005 - 2006	0.39	2.03	1 169 432	8 305 799
2006 - 2007	0.39	1.19	688 439	8 875 102
2007 - 2008	0.39	1.36	782 573	9 564 135
2008 - 2009	0.32	0.28	163 829	9 471 991
2009/12/31	0.23	0.42	242 621	9 911 667

香港小轮（集团）有限公司——盈利及总资产

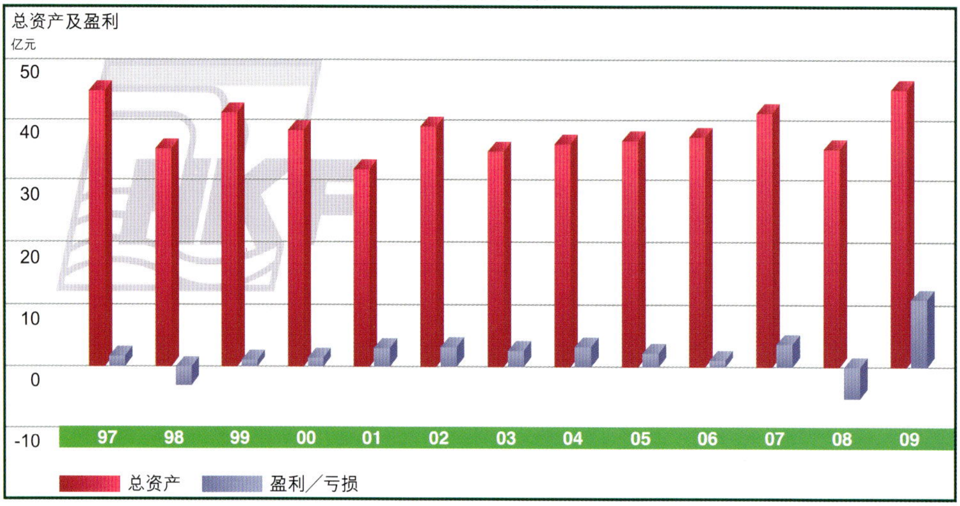

香港小轮（集团）有限公司——每股股息及盈利图表

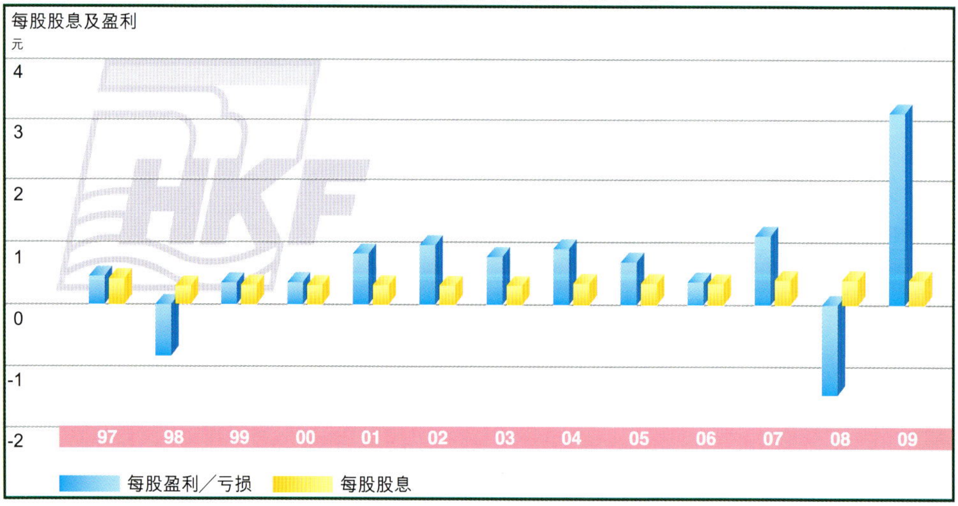

香港小轮（集团）有限公司 1997 年 1 月至 2010 年 3 月股价波幅图

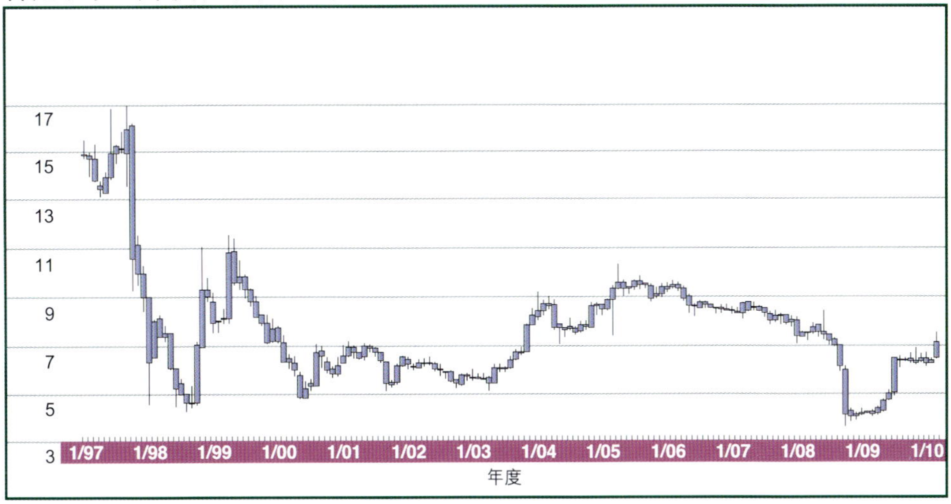

香港小轮（集团）有限公司 1997 至 2009 年财务概要

年份	97	98	99	00	01	02	03	04	05	06	07	08	09
每股盈利 /（亏损）（元）	0.427	(0.772)	0.34	0.355	0.791	0.958	0.743	0.92	0.683	0.342	1.079	(1.477)	3.084
每股股息（元）	0.37	0.28	0.28	0.28	0.28	0.28	0.28	0.33	0.33	0.33	0.36	0.36	0.36
总资产（亿元）	45.7	35.8	41.3	37.7	31.4	38.1	34.2	35.4	35.9	37.0	41.0	35.2	44.6
盈利 /（亏损）（亿元）	1.5	(2.75)	1.2	1.3	2.8	3.4	2.65	3.3	2.4	1.2	3.85	(5.26)	10.99

李兆基博士传记

一位全球华人超级富豪的事迹

梁凤仪 著

图书在版编目（CIP）数据

李兆基博士传记 / 梁凤仪著 . —北京：中国华侨出版社，2010.5

ISBN 978-7-5113-0417-9

I. ①李… II. ①梁… III. ①李兆基—传记
IV. K825.38

中国版本图书馆 CIP 数据核字（2010）第 080061 号

李兆基博士传记（套装全二册）

著　者　/ 梁凤仪
封面设计 / 世显市场策划有限公司
开　本　/ 187x245　16 开　字数 / 105 千字 (上册)
　　　　　187x245　16 开　字数 / 100 千字 (下册)
印　刷　/ 深圳市建融印刷包装有限公司
版　次　/ 2011 年 4 月第一版第一次印刷
书　号　/ ISBN 978-7-5113-0417-9
定　价　/ RMB 500 元

中国华侨出版社　北京市朝阳区静安里 26 号通成达大厦 3 层　邮编：100028
法律顾问：陈鹰律师事务所
编辑部　：(010) 6444 3056
传　真　：(010) 6444 3979
网　址　：www.oveaschin.com
E-mail　：oveaschin@sina.com

（套装上册《李兆基博士传记》为第三版，其第一版和第二版原由三联书店 (香港) 有限公司出版）

自序

以业余时间从事写作至今八年，一直不敢以作家自居，而乐于自视为一个爱好文学、能写一些文章和故事的商界中人。

年初，商界的朋友们聚面时，总是谈起如何庆贺香港回归，又都一致认为，宣扬香港人的辉煌成就，俾可加强香港人和国际人士的信心，对本城日后的持续繁荣安定会起很大的作用。因而想起了香港地产大王李兆基博士，他在权威的美国福布斯财经杂志里，去年的世界富豪榜上，排名第四，已成为世界知名的亚洲首富。如能在1997年7月出版他的传记，把他这份在财富创造上的世界纪录，予以传扬，对巩固香港国际金融中心的名望和地位会有帮助，同时更可鼓励香港的年轻一辈，让他们知道今天的中国人绝不宜妄自菲薄，应该深具信心，积极进取，在各行各业争取独占鳌头的成绩。

早两年，我意图安排为李兆基博士撰写传记，他当即婉拒，说怕做公众人物。今次多位友好及我竭力游说，且“晓以大义”，终于李兆基博士在为国争光、为香港争光、为集团争光之前提下，答允提供资料，撰写传记。

期望这本《李兆基博士传记》将会成为庆贺回归的一项有意义的项目。

香港出版界最具权威的联合出版集团主席李祖泽先生且亲躬其事，将出版任务交予集团辖下的三联出版社。

出版的计划是首先在1997年7月出香港版，跟着才安排海外出版。

李祖泽先生认为李兆基博士是位沉实慎重的人，最好能找一位跟他认识、具有商业知识的作家与他沟通，才能事半功倍。于是，这个光荣的任务，就落在我的身上来了。当时的感觉真有点像广东俗语所谓“捉媒人上轿”。

为了庆贺回归而传扬中国企业家这份傲视全球的成绩，其实是责无旁贷的。

令我忧惧的是本身才华的确不足，学识亦是有限，兼且撰写时间短促，在撰写传记文学中又是新手，诚恐效果欠佳，以致影响读者对李兆基博士的印象和对《李兆基博士传记》的评价。

最后，只好以深具意义的使命感为出发点，鼓励自己排除万难，悉力以赴。

1997年初开始收集资料，两个月后我躲在加拿大温哥华动笔，三个星期足不出户，每天不断写作16小时，终于完成初稿。

李兆基博士对传记中的要求只有一个：就是要符合事实。所叙述的每一个细节都不能是小说式的虚构，都要找齐足够的人证与物证，他才会认同。

李兆基博士这种异乎寻常的谨慎诚信的工作态度令我佩服得五体投地。

在撰写本书过程中，李兆基博士对我指导良多，他在文字运用和写作结构上给我的建议，精辟简练，足见他的国学修养极高。而其实最令我感动的，是在这五个月的接触中，我更了解李兆基博士那种富而不骄、念旧怀远、重情重义的个性。

本书为赶及 1997 年 7 月出版，难免会有资料搜集未臻至善的情况，我原想等待很多认识李兆基博士的各界朋友给我更多意见，但都因为时间匆促，事与愿违。

于此，也要向提供过资料给我的朋友和机构，以及恒基兆业集团致谢，他们提供的素材和意见帮助我丰富了本书的内容。

最后谨向联合出版集团，特别是出版本书的三联书店同人的指导致谢。

梁凤仪

1997 年 6 月 7 日

编者按：《李兆基博士传记》1997 年 7 月初版乃由联合出版集团三联书店（香港）有限公司出版。2011 年 4 月再版则由中国华侨出版社出版。

又序

《李兆基博士传记》在1997年7月1日首先在香港出版。香港联合出版集团以此传记表征香港的中国人在创造财富上的辉煌成绩，作为庆贺香港回归祖国的一份贺礼，各界朋友都认为别饶意义，作为本书的作者，与有荣焉。

适值美国财经杂志福布斯在1997年7月中旬又公布了是年全球十大富豪排名榜调查结果，李兆基博士蝉联第四位，资产估值为127亿美元，首三位超级富豪皆为美国籍人士。在回归之际，李兆基博士为香港人保持了亚洲首富的荣誉。使本书在香港出版后旋即抢购一空。在我们安排香港再版以及内地版面世之前，谨纪录这番令人喜悦的成绩。

在李兆基博士给一些亲友致送这本传记时，他曾诚恳地亲笔附上一封信，写道：

"香港在阔别了祖国150年后，终于回归。蓦然回首，本人亦已来港发展足有50个寒暑，其间本人抱着始终如一的十足信心，从无间断地在港投资经营，因而尽得香港天时地利的良机，至令今日我能成为香港首富。自愧平庸，而获此荣誉，实在深感侥幸。今年初适得香港联合出版集团主席李祖泽先生与香港作家梁凤仪博士大力鼓励本人把过往事迹撰写传记，予以传扬。我细心思量后，乃答允协助他们进行，且赶及将传记在庆祝香港回归之日出版，既可见证一些香港历史事迹，亦可收到下列数个好处。

其一，加深国际投资者对香港的认识，让他们了解香港是一个出色的投资地方。

其二，香港人因移民而失去了在港'事业发展'及'财富增值'的好机会，可以在1997年后的今天重作回流的考虑。

其三，证明香港人只要勤备苦干，自然有可能事业成功。

其四，给予年轻人一些启示，鼓励他们努力向上，创追出更美好的明天。

我盼望能借此传记对香港繁荣稳定作出一些贡献，并使国内同胞了解多些香港情况，加强沟通。"

李兆基博士的这番心意很值得记载下来，与读者分享。

梁凤仪

1997年8月1日

引言

1996年，国际公认有崇高地位的美国福布斯财经杂志公布调查结果，全球447位亿万富豪之中，有1/4是亚洲人。

在该400多名亿万富豪中，香港占了20位。

其中打入全球首富五甲以内的有香港地产大王李兆基（相信美国福布斯财经杂志统计方式是以其个人财富为单位，而非以家族财富为单位，亦非以公司控制额为单位）。

根据美国福布斯财经杂志的资料显示，蝉联了两年全球首富地位的美国电脑软件大王盖茨，资产总值为180亿美元。表面上，跟李兆基的财产约有50亿美元的差距。而其实，李兆基的资产增长幅度由1995年的65亿美元，增至1996年的127亿美元，升幅达95%，反观盖茨，一年内之资产增值只有40%。

正如美国福布斯财经杂志的提示："盖茨，你小心！"已经指出了盖茨在资产大竞赛中正处于"后浪推前浪"的形势，而香港的李兆基是一般被认为相当有潜力追上他的。

事实上，这位香港超级富豪一共有三项冠军。

第一项冠军：从1995年开始，李兆基已是公认的香港首富。

第二项冠军：根据1996年美国福布斯财经杂志的计算，李兆基在全球富豪榜上排名第四，前三位是美国及瑞士人，故此，李兆基的财富为全亚洲之冠，实至名归地成为亚洲首富角逐赛中的金牌得主。

第三项冠军：李兆基每年的收入数字惊人，单从一间恒基兆业地产有限公司所派利息计算（并不计算其他收入），1993年为港币22.4亿元；1994年为港币28.3亿元；1995年为港币30.9亿元；1996年则更高达港币33.5亿元（折合美金为4.35亿元）。从上市公司获个人（除清税项）之利息收入计算，实为全世界最高股息收入者。

以上的这些惊人的成绩已使这位一向极低调，老是婉拒海内外传媒访问的全球华籍首富，在转瞬间被国际财经传媒热烈报导。

众所周知，1997年对香港而言是有特殊历史意义的。自是年7月1日起，中国便恢复对香港行使主权，并坚决实行一国两制，确保香港在资本主义制度下持续繁荣安定。

香港顺利过渡之后，一切有关商业上的不明朗情况都变得清晰而踏实，香港地产及企业定会有稳定而良好的发展。

当中国人翘首以待九七回归会为香港创造一个前所未有的辉煌时代之际，他们认为李兆基的成功会更进一步，并盼望他在不久将来，能有机会打入全球首富的三甲之列。

请看以下李兆基的事迹，就知道在香港并不一定是传奇才能致富，绝对可以是脚踏实地、埋首苦干而至出类拔萃的。

李兆基过去的68年，就是累积了无数谦恭仁厚、平实勤奋，才造成了他的今天。

李兆基博士的贡献

原新华社香港分社社长　周南

李兆基先生白手起家，经过长期艰苦奋斗，创造了巨大的财富，不但对香港的繁荣稳定作出了重要贡献，而且对祖国的建设事业也作出了奉献。他和其他一些华人企业家的成就，都说明香港繁荣是由以中国人为主体的港人所创造出来的这一事实。

我所认识的李兆基

全国政协副主席、中央统战部部长　王兆国

作为老朋友，我和李兆基先生有多年的交往。他待人诚恳，为人谦和，对香港经济发展和祖国的改革开放有独到的见解，给我留下了深刻的印象。

李兆基先生白手起家，勤奋努力，审时度势，脱颖而出，终于成为世界知名的华人企业家。他和所有香港企业家的成功，充分体现了中华民族的聪明才智和勤奋努力的优良品德，證明了香港的经济繁荣是香港人自己创造的这一历史事实，也说明香港人是完全可以治理好香港的。

作为港事顾问、推委会委员和筹委会委员，李兆基先生在发展自己的事业的同时，積极参与香港的事务，并为香港的平稳过渡和长期的繁荣稳定做了大量的工作；他关心祖国的改革开放和现代化建设，在内地大量投资并取得了成功。他对祖国的前途和香港的发展充满信心。

祝愿李兆基先生的事业日益兴旺，为香港的经济发展和祖国的改革开放作出更大的成绩。

我对李兆基博士的观感

香港中文大学校长　李国章

李兆基博士是我向来所敬重的一位世叔伯。他性格随和，待人诚恳，对晚辈循循善诱。

李博士纵横香港地产界与企业界凡四十年，事事亲力亲为，也重用人才，公司能干的职员比比皆是。他的敬业乐业精神使人景仰，亦奠定他富甲一方的商业奇才地位。李博士除了拥有恒基兆业等多间上市公司外，亦是东亚银行董事，与我家族成员一向关系亲密，情谊深厚。

李博士热心社会公益事务，在作育英才方面有远见和胸襟。他迭次斥巨资成立奖学金及教育基金，如培华教育基金、牛津大学李兆基奖学金，并与郑裕彤博士捐资成立香港中文大学与耶鲁大学的华南地区研究计划等，对中国内地、香港及海外的教育事业作出非常重大的贡献。李博士多年来出任中大联合书院校董和三年制工商管理硕士课程顾问委员，对香港中文大学的学术科研发展，建树尤其卓著。

近年，李博士更开办仁安医院，设置优良的医疗服务，造福社会。李博士高瞻远瞩，在他鼎力支持下，仁安医院与香港中文大学医学院合作成立了两个创新性且对本港社区医疗有重大意义的专科中心：家庭医学全科中心、世界卫生组织运动医学暨促进健康中心，并与中大医学院多个学系紧密联系，为病人提供高水平的服务。李博士仁风广被，关怀病人的美德，足以作为我们的典范。

李博士的品格、事业、成就以及他对社会各方面的贡献，都是值得我们赞赏和钦佩的。

李兆基博士观感

香港特别行政区行政会议成员　杨铁梁

我与李兆基博士相识十几年，深感他热爱香港，为香港作出重大的贡献，尤其在教育方面，他设了一项基金，每年资助四位青年男女到牛津大学深造，十年来，培养了不少人才。

李博士为人敦厚谦恭，颇有君子之风。

李兆基博士的贡献

香港特别行政区行政会议成员　王䓪鸣

李兆基博士非常关怀年轻一代的发展与培育工作，并且致力协助社会造就未来的领袖人才，为实现“港人治港”的目标，作出贡献。李博士对鼓励青年人关心中国、拓展国际视野方面的工作，尤其重视和支持。从他身上，既体现了“取诸社会、用诸社会”的精神，同时亦充分显示其个人对社会的承担，以及高瞻远瞩的睿智。

我所认识的李兆基博士

恒生银行主席　利国伟

我认识李兆基兄多年，对他的为人深深折服。他在20世纪40年代末期来港，先从事金融业，彼此有同行之谊。他在家排行第四，朋友亦惯称他为“四哥”。于20世纪60年代，他开始与友好郭得胜和冯景禧合作经营地产业务，由于眼光独到，运筹多略，生意蒸蒸日上。其后独自创办“恒基”，全力经营，业务益壮，得到今天的成就，殊非幸致。他最成功的地方，是对香港前途具有无比坚定的信心，无论市道顺逆，他对香港的信心始终如一，奠定了他今天在地产界的地位。兆基兄刚毅木讷，谦谦有君子风，待人接物，即使在心情欠佳之时，亦温蔼如故，从不以厉色示人。他在业务上守信重诺，英明果断，“言必信，行必果”，可说是对他最贴切的写照，他是我在香港商界中最尊敬的朋友之一。

目录

第三章　成熟

第四章　成功

第五章　高峰

第六章　百尺竿头

第七章　人品作风

附录

《第一章》

少年

第一节　李家福泽　喜诞麟儿（1929年）

1929年1月29日，是隆冬。

中国南方广东省顺德大良虽然无雪，但天气还是寒冷的。坐落在大良的辛基，蓝田一巷内李介甫第宅，却因着一片洋洋的喜气而显得额外的温暖。

李介甫的夫人陈鸾凤就在这一天为李家诞下了第四个孩子。

李家排行第一和第二的孩子在出生不久之后就夭折了，排行第三的孩子李兆麟就成了李家的长子。

在重男轻女的时代，陈鸾凤再为李家添男丁，无疑是使全家欢欣的。

添男丁的喜讯早已由家人飞奔到碧鉴路顺德人惯称“铺头”之李氏开设的天宝荣金铺去，向李介甫禀报。

“老爷，得为这位排行第四的少爷起个好名字了。”

李介甫满心欢喜，祈望这男孩他日训练成才后，会为李家的事业奠下稳固雄厚的基础，好减轻他肩上的重责，于是李介甫想了想，便说：

“就叫他兆基吧！”

第二节　品性聪颖　临危不乱（1934年—1937年）

李兆基出生的家庭其实算相当富裕，其父李介甫在20年代中叶于故乡先后开设天宝荣金铺和永生银号，经营黄金、汇兑、外币买卖，生意做得很不错。

每天，李介甫是非到日落掌灯时分，在“铺头”匆匆吃过了晚饭，把当日做生意的数目结算清楚，又把值钱的金银财物点存后，放入银仓，才会嘱伙计掌起油灯，上路回家去的。

有一夜，他把自己的决定告诉妻子：

“过两天，你嘱兆基课余跟我到‘铺头’去学做生意，每天收市，结算账目，点存货值，吃过晚饭后，我们才一起回家来。”

李介甫认为长子是要放到外头去，让他好歹跟在别的有成就的亲友身边学习。古人易子而教就是这番道理。总要他见惯世面，学足世情，将来才会出人头地。所以，很早就让李兆麟离开故乡跟省城的亲戚学做生意。

至于自己手上的家业，必须后继有人。再数下来是次子兆基，正好克绍箕裘。

他这次提出了要把李兆基带在身边，到“铺头”去学习，其实是酝酿已久的意念。

李兆基当时只有六岁，每天要上私塾，即俗语所谓读卜卜斋。

李兆基对念古书很有兴趣，也因此而奠定了他相当扎实的国学根底。

陈鸾凤本来有点担心，怕李兆基年纪太小，混在“铺头”那群有阅历、有经验、有学识的伙计之中，不知能否应付得来。

但往后的事实证明，童年的李兆基一下子就成为父亲的得力助手。

这孩子最令人骇异的是他平日不多说话，但心算非常了得。他的聪明和机智，往往在一些突然发生的意外中表现出来。

例如在1937年战事已启，民间在晚上已有灯火管制，鸡犬无声，以免惹起日机投下炸弹。日间则一闻警报，各人就要找隐蔽的地方躲藏以避难。有一晚深夜，在李兆基住的地方不远处，日机投下炸弹，一声巨响，小兆基几乎被吓破了胆。

又有一天，当他下了课，要到永生银号去时，突然，日机作50呎低飞，用机关枪射杀无辜。

这阵子，李兆基发现身旁的人忽然乱糟糟地争先恐后地向四周逃窜，只见有些人就近往屋里躲，又有些人无目的地抱着头直往前冲，更有些人干脆蹲在街角，惊慌得不住哭泣。

李兆基念头一转，认为躲到屋里去不是办法，房子塌下来依然会有危险，于是便立即拔足狂奔，逃到附近的田间阡陌之上，一箭身就跳到十字的田埂边，伏身下去，躲在隐蔽之草丛中，利用高出来的围垄作掩护。

果然，飞机从他的头上飞过，流弹在田野的另一边如雨般打下来，他却安然无恙。

可见李兆基从小就有镇静的应变能力。

第三节　黄金买卖　天才横溢（1937 年 — 1941 年）

李兆基的横溢天才从小就发挥在黄金业务上头。

他到父亲的“铺头”天宝荣金铺去学习柜面工作，首先就练到对黄金买卖的本领。

秋收之后，顺德周围农村的农民把一年苦干的农作物变卖，就都涌到市中心的金铺上去，选购各类心爱的金器，作为收藏、傍身及纪念之用。

年尾时，店里的铸金匠（顺德人称为“打金师傅”）必定忙个人仰马翻。

李兆基从没有看过熔金打金的程序，于是，在下了课后，赶快把功课做完，便往“铺头”去，决意躲在一角，定睛看铸金匠如何熔金和打金器。

他发觉铸金的师傅老是趁没有其他人在旁时，带着一脸鬼鬼祟祟的神情，以迅雷不及掩耳的手法，把一颗白豆大的银白色类似硼砂之粒状物混进熔炉去。黄金熔成后，打金师傅就在打金做首饰时，悄悄地偷回了少许黄金，如此做别人是很难发觉的。

熔金时，不错是需要加入一点硼砂，以使周边润滑易熔，又使熔后的黄金光彩明亮一些，却不会增加重量。

究竟那白豆大的粒状物是不是就是硼砂呢？

如果是铸金必须用的硼砂，为什么那铸金匠总是瞻前顾后，神秘兮兮，而且快手快脚地把它混和到熔炉去，生怕会被别人发觉似的？

李兆基决定不动声色，静心观察下去。

有一天，他看到掌柜向一名农民推销金器。

那名农民捏着一条金颈链，爱不释手，跟掌柜在讨价还价。

掌柜正鼓其如簧之舌，对他说：

“我们字号老、信誉好，这门口卖出去的从来都是十足黄金，毫无杂质。有些金铺熔金时，就是放多一两粒白银，鱼目混珠，你老也没法子看得出来呢！”

站在一旁的小兆基，恍然大悟。

正所谓打金偷金打银偷银，并非虚语。

那铸金匠天天偷龙转凤，把如假包换的黄金袋袋平安，却把银粒扔到熔炉去顶替。

金条自熔炉里提炼出来之后，依然是金光灿烂，夺目生辉的，用肉眼谁也看不清楚那里头不是纯金，而是混和了大概百分之一的杂质。甚至乎经验老到的掌柜也看不出来。

李兆基静心地计算过，这铸金匠每日“袋起”一些黄金。不到几个月，他就可以铸成另一条一两重的纯金金条了。

这种无本生意不叫做“偷”，又该叫什么呢？小兆基对这个发现很不悦不满，他陪着父亲走在回家的路上时，曾经多次地想把铸金匠偷金的情况向李介甫报告，可是每一次话到唇边，便又硬生生地吞回肚子里去。

这件事是说不得的。

一旦把铸金匠的罪行宣扬出来，父亲也许会把这作弊的铸金匠踢出局外，那么，由谁人去掌炉铸金呢？

铸金这门手艺不是很多人都精通，后继无人的话，岂不更添麻烦。纵使另雇他人，难保不是另一个偷金的高手？

买卖金条和首饰的生意，既是其门如市，是不是应该哑忍一时，免乱了大局呢？

李兆基不住地思考着，在没有想到一个完整的补救办法之前，终于决定不把这个可恶和可悲的现象告诉父亲。

可恶的自然是那个食碗面反碗底的铸金匠。

可悲的竟然是如此无能为力、束手无策的自己。

李兆基从此明白到身边有一位不忠诚的雇员，损失是难以估计的。相反，当雇员尽忠职守、鞠躬尽瘁时，他们又是多么的可贵。

对一些可贵的雇员，无异珠宝，非珍而重之，竭力维护他们不可。

给予可贵的雇员奖励，表示对他们的重用与欣赏，所花用的金钱再多，到头来也必会十足收回而有余，且会乐得个皆大欢喜，何乐而不为？

与此同时，李兆基叫自己紧记，受制于雇员难免会有一定程度的吃亏。要对下属操纵自如，最基本而有效的方法是，自己随时可以取代对方，做他所做的工作，且做得更好。

于是，充实自己的学识是最最最重要的。

自此，李兆基在黄金业务上埋头苦心钻研，终于成为黄金的全才。

李兆基在12岁左右（1941年），有了求人不如求己的决心，学会了看金、化金、熔金等三方面的技术及知识，当年就出任天宝荣金铺的头柜，坐正第一把交椅作买卖手。技巧已不在于成年人之下。

所谓看金：当时人人都要购买黄金保值，市场根本以黄金为本位。所有黄金的成分大都参差不齐，但一般均在黄金上刻明十足黄金，实则只得八至九成，甚至会低到七成。

这些金条和金器拿来卖给天宝荣时，成色的高低与成分的多少，都难逃李兆基的法眼。

他以分金石鉴别黄金的成色，很能明察秋毫。

李兆基这番看金的本事，是当时全行之冠。由于有这番本事，在黄金买卖及交收时，可以挑选得到优质黄金，因此，获利丰厚。

所谓化金：天宝荣惯于收买六路首饰，包括低金首饰、颈链、金手镯、发簪、K金金币、金表壳等。这些饰金买卖，后期是由李兆基亲自经手的。

前期的掌柜买入低成色的黄金时一般估计有七成黄金成分，但经化金师傅（亦称打金师傅）化炼出来的黄金，往往差了一成。因为李兆基明白打金偷金的原理，后期便亲力亲为，用自己所学的技术，亲自进行化金的工作，效果是既能多做生意，又可十足收成。

所谓熔金：其时省港黄金市场买卖交收是采用五两装的。顺德黄金市场，买卖交收则采用一两装的。此外，市场上一般用黄金来保值的散户，采用的重量也有大有小，形状亦有圆有扁。李兆基为迎合顾客口味，多设各种款式供顾客选择，熔得不好看时，一定坚持再熔到好看为止，加上包装悦目，人人喜爱，使产品受到市场欢迎，营业额就日有进步。

提起李介甫之子李兆基，顺德市场无人不知这位神童。对于十二三岁的他在黄金生意上能如此精明果断、眼光独到、神乎其技，令全市场中人称赞不已。

第四节　旧学新用　日进千里（1937年—1941年）

李兆基在十岁前念卜卜斋，由名闻遐迩的秀才梁雨培老师教他旧文学，熟读四书五经。

其后李介甫觉得只念古书不合时宜，想进一步栽培儿子。适逢广州中山大学文学系教授梁惠民先生因广州沦陷，不愿意为伪政府效劳而返顺德隐居，于是李介甫与乡亲等礼聘他为老师，实行旧学新用。梁惠民认为既可作育英才，又不用闲居没有寄托，诚一举两得，遂欣然答允。

梁惠民老师非常欣赏李兆基那种少说话多思考的个性。

只把古书念死了，会如大量质优味美的食物，塞在肠胃之内难于消化，反而碍事。

梁惠民于是在教习完李兆基念“知止而后能定，定而后能静，静而后能安，安而后能虑，虑而后能得”之后，要求他把这番道理融会贯通在现实生活的例子之上。结果，小兆基很快就思考到答案，给老师回话说：

“我们如果经过‘止’、‘定’、‘静’、‘安’、‘虑’、‘得’六个阶段的深思熟虑，就会产生攻必胜、战必克的效果。比方说，一个人只有一块钱做生意，那就只有买进一块钱的货。赚了固然开心，万一蚀了也就算了。要知道适可而‘止’，才不至彷徨无主，从而身心镇‘定’，才不受邪恶念头侵袭，便可明心见性，思想宁‘静’，自然气定神闲，理得心‘安’，这时从容处事，更能周详考‘虑’，且可策划将来事业发展，自然成就可‘得’。”

梁惠民听了小兆基的这番领悟，不单感动，而且感慨。

当时已是1937年7月7日卢沟桥事变触发到大战爆发之后了，正值国家多难，战情日益紧张，到处风声鹤唳，民不聊生。

国家多一个人才，就如多一个希望。

愿意毕生从事教育工作的梁惠民，目睹在自己门下渐渐成长的李兆基，真是百感交集。他握着小兆基的手，道：

“将来你长大了，势必会为中华民族争光。”

第五节　遭遇贼劫　毕生难忘（1939年）

日治时代，饥荒遍地之外，地方治安也坏到极点。

这无疑是有因有果、互相牵连的道理。人穷了，饥饿了，别无其他办法可想时，就想到强抢劫掠。

当时直闯民居、打家劫舍的案子无日无之，认真来说，家家户户都避无可避。

良民无计可施之余，凡是受过贼匪洗劫的房舍，就在大门外张贴一纸，清楚明白地写上：

“某月某日某夜某时被劫一空，请移玉步，以免徒劳无功。”

经营金铺银号的李介甫早已作出两种防范，其一是搬离祖居，移居于另外一处地方，免被贼匪上门光顾。

那个暂时租住的地方实际上是收藏财物的仓库，有坚固的墙壁和铁门，四面均有空间环绕，宛如护城河似的，只有中间仓库才是供住宿的地方。

万一有火灾或抢掠，那四面空间是缓冲地带，可闭门坚守，比较能拖延时间，以等待救援。

其二是李介甫在收铺后，就把金铺银号的值钱之物全部放到一条长长的布腰带之内，让李兆基缠在腰间。

李兆基每晚真是名副其实的腰缠万贯，随着父亲和数个伙计，步行回暂居的仓库去。

是晚，饭后整装，李兆基把那条“内涵”丰富的猪肠带捆扎好之后，就齐齐踏上归途去。

之所以要最小年纪的李兆基晚晚肩负重任，就是觉得他是小孩，易于掩人耳目。万一遇上劫匪，也不会以他为搜索的对象。

可惜道高一尺，魔高一丈。

这晚，李介甫一行数人，在中途就中伏。刹那间，从四方八面拥出黑压压的一群人，把李介甫等团团围住，荷枪实弹，实行洗劫。

李兆基这孩子身手灵活，静悄悄地从人群中逃走出去，正没命地奔跑，希望贼匪不会分散注意力在他身上。

可惜，仍有两三个彪形大贼不肯放过这条漏网的小鱼，直把李兆基追入穷巷。

走投无路的他，前是铜墙铁壁难于跨越，后则恶兵穷寇随时掩至。

有生以来从未试过有绝望感觉的李兆基，此刻一个转身，面对着凶神恶煞、贱肉横生、手执枪械的匪徒，一个强烈的念头涌现李兆基的脑际：

“人，只要能活下去，留得青山在，有什么困难也是可以解决的。”

终于，贼匪一把将他揪起，撕破了他的上衣，搜出了那缠在腰间的猪肠带，继而一掌把他推跌在地，三步并作两步就跑个没影儿了。

李介甫父子劫后重逢，百感交集，苦不堪言。

被洗劫一空之后，最辛苦的是翌日返铺开门营业时，要面对本钱周转不灵的困难，眼看父亲把“铺头”的剩余物资以及琐碎杂物拿去变卖，李兆基觉得异常难堪。

终于，父子两人同心合力，把变卖所得，从头再苦干起来。

这次经历是李兆基毕生难忘的教训。自此之后，他就明白到意外经常会突然而至，有机会就要额外勤奋工作以求积聚，广东俗语所谓“好天揾埋落雨柴”是对的。

第六节　旧钱变新　转弱为强（1940 年 — 1942 年）

中国开始八年的艰苦抗战。

抗战期间，不少的中国人都激励自己，要在苦难、困迫、狼狈、饥馑之中挣扎屹立起来，包括李兆基在内。

日治时代，在顺德有很多手上屯积金器的农民，被迫着把金器变卖，以维持生活。此外，不少在香港及海外工作的华侨，也要汇钱回乡接济家人。

故此，李介甫父子认为在顺德经营金铺银号，兼做汇兑和货币金银买卖的生意是大有可为的。李家并没有动过迁徙到港澳谋出路的念头。

如何紧抓着这些难得的机会去发扬光大，成了李兆基朝思暮想的问题。

沦陷初期，纸币买卖依然活跃。国民政府中央银行的大洋纸，在市面仍有使用，人们抱有长久拥有大洋纸至光复之日仍能使用之希望，故此喜欢完整光洁易于保存的大洋纸。当时市面流通的中央银行纸币如有残缺，例如穿孔、崩角、有锈迹或有污秽，就不通用了。最受欢迎的是“直板”、“顺直”、“次直”等。交收纸币时，总要经过一番手续，精挑细选之后，往往有两三成不合格而要退回去。这些不受欢迎的纸币，价值只有原价的六成至七成。而对着那一大堆乱糟糟、污兮兮的纸币，如何使它们增值及流通呢？

大约在 1941 年，有一天李兆基经过家里的天井出门之时，看到了婢仆在洗涤着一大盘衣服，他蓦然茅塞顿开。

当日就抱了几袋的旧纸币回来，将之全泡在水盆里，加上漂白粉，把纸币上的污渍洗涤刷除，再涂上一层蛋白，使它变得硬朗，然后捞上来风干，用熨斗逐一熨完之后，再一张张将纸币叠好，拿块大铁饼压着，使纸币变得新鲜光亮梗直。

经过了这一番清洁的功夫之后，原本六至七折收来的纸币，大部分可以十足价钱兑换出去。

这种纸币整形的效果顿使李兆基备受父亲和银号掌柜赞扬之余，还让他得出了一个以后受用不浅的营商道理。

货物无论何时何地要畅销，就得要好好包装。爱美是人的天性，任何物品的外貌都是吸引人的先决条件。越是处于艰难脱手困境的货物，越要为它“扮靓”。

这番成绩令李兆基领悟出一个可以说是顺应环境，转弱为强的办法。

第七节　官僚压迫　化险为夷（1942 年 — 1944 年）

1942 年，13 岁的李兆基在金融业上的天分发挥得淋漓尽致，早已在李氏的金铺银号内出掌要职，甚得父亲的器重，邻里的赞赏。

其时交收纸币，既有新旧之分，也有点数费时失事的麻烦。

忙中容易生错，纸币越多越难点数清楚，有心之失和无心之误，结果同样会导致银号老板吃亏。

且携带不便，加上治安成大问题，口袋里没有钱的人固然担心，手上有大量纸币的人，一样忧心戚戚，恐防劫掠。

当时有信用的银号都发行大额的临时收据（相等于现代的银行支票）。如此一来，客人把黄金、贵重货品或各国外币带来卖给永生银号，换回一纸收据，该收据可以随时兑现，亦可在市面上流通作钞票，用来购货换物，对手一看是有信誉的银号发出的，就乐于使用了。

这种早期的礼券和支票，果然受到坊间用户的普遍欢迎。

永生银号信誉昭著，发行这些大额收据，等于不用利息，就有大量现金周转，又可以作本钱投资买进黄金银元外币及各种有用物资。

事实上，处在政治局面动荡的大时代里，昨天才解决了的困难，今天又会重新再摸上门来。

永生银号发行的临时收据在风行一时之后，受到日治伪政府的注意，从而实行干预，被认为是违法之举。

当时，面临的危机是银号将要被罚停业。

这是官僚们小题大做，用斯文的卑劣手段来敲诈劫掠。

“铺头”内的伙计收到这个照会，都吓得面无人色。只有少主人李兆基淡然一笑，安慰着各个老臣子，说：

“连手里有枪的匪徒尚且见钱眼开，太平盛世，求财不求气，何况时逢乱世？”

果然，后来经与父亲四处奔走，找得跟伪政府有交往的同乡叔伯，自动建议向政府缴罚税款，终于便大事化小，小事化无。

第八节　克绍箕裘　独当一面（1944年—1947年）

李介甫一直以来，在广州湾都有生意，需要他频频来往照应。到1944年，李介甫看15岁的李兆基已是长袖善舞，又能临危不乱，深懂应变，于是就放心长驻广州湾，把顺德的永生银号和天宝荣金铺都交到李兆基手上去掌管。

其间，内地的黄金、银元和中外纸币买卖及汇兑业务，仍相当活跃，使顺德的邻近乡村市镇，不论是水客、商贾以及同业都不断前来买卖。

所有来光顾顺德这间永生银号的大手买卖，在李介甫去了广州湾之后，都由李兆基亲力亲为。

每早开市都亲自由夹万取出金银钱币，每晚收市，亦由他亲自点存才放入夹万，夹万的钥匙随身携带，丝毫不怠惰、不嫌烦、不言倦，故而生意蒸蒸日上。

李兆基揸盘老定，出价公道，买卖爽快，这时邻近市镇的同业行家，有的缺乏现金，有的缺乏黄金，他们需要作“套戥买卖”为平衡方法，于是均先用长途电话向李兆基谈妥买卖价钱，然后由水陆两路分别到李兆基的“铺头”交易，其门如市。此时的李兆基真是忙个不亦乐乎，生意额为全市之冠，稳执该业的牛耳。

有了这数年的经验，李兆基已深得运筹帷幄的奥秘。

第九节　钟情香港　勇闯天下（1946年 — 1947年）

1945年8月15日，日皇裕仁正式宣布向盟军无条件投降，八年抗战终于结束了。

可惜，随之而至的并非真正歌舞升平的日子。

很多人在庆贺战争到底过去之后不久，就要面对货币因时局动荡而变为废纸的浩劫。

刹那间一贫如洗，身无长物的震荡，实在不是很多人能承受得住的。

事实上，面额越来越大的纸币，象征着人民的离心越来越重。

当时，所有的商业交收，都要把一大袋一大袋的纸币抬来抬去，非但不方便，且纸币贬值之速，使人难以置信。只是饮完一顿茶的时间，手上的金元券就会少了四分之一的价值。

和平后的三年，币值一直如江河下泻，连累多少人倾家荡产，血本无归，比战时更似虽生犹死，惶惶不可终日。人人都只好储存实物，诸如米、油、片糖、谷物、洋杂、面粉、西药、鹧鸪菜、万金油等，紧握在手，以求有点保障。

这个实物天下，使李兆基提高警觉，对他日后的投资策略，起了重要的启示作用。

李介甫从广州湾回到顺德之后，发现儿子把家业管理得头头是道、有条不紊时，内心不但欣喜，而且认为当前最急于要讨论的是，今后的前景和李兆基的前途取向。

李介甫问儿子：

"经历了这几年，你对自己的前途总有一个看法吧？"

李兆基也就在深思熟虑之下，毅然向父亲提出了要到外头世界去闯一闯的意愿。

李介甫心上想，儿子这个请求是合情合理的。

李兆基十多年来长伴膝下。在顺德这弹丸之地，于变幻莫测的战乱时代，以有限的人力物力资源，非常难得地已发挥了无限的才干，不负父亲所托，将家业发展至巅峰状态。

再把这儿子留在身边，留在乡间，日后只会大材小用。

于是李介甫问儿子：

"你有想过到哪儿去发展吗？"

李兆基随即清清楚楚地答：

“我喜欢香港。”

李兆基从不会不经思索，就胡乱向人提供答案，也从不曾在没有事实和数据为基础的情况下，提出他的意见。

故而，他说他喜欢香港，也是有根据的。

早在顺德沦陷之前，李介甫就曾携子到香港视察，看看香港可否作为日军来侵时之避难所，当时曾把李兆基留在香港，让他寄居于李氏姑婆跑马地的家中，小住了大约一年之久。

那段日子是悠闲舒畅，却是难忘的。

李兆基曾爬上太平山，从山顶俯瞰下来，全港景色，如诗似画地映入眼帘。

香港的海港，澄碧无波。

香港的山峦，翠绿无尘。

当时的香港，其实也真是这么简简单单、清清楚楚的一片青的翠绿罢了。

可是，香港给李兆基的印象就是清洁。

就是美丽。

就是活泼。

就是朝气。

也就是李兆基所下意识地追寻的人生。

他无法忘记幼年时小住香港时心旷神怡、心朗气清的好感觉，对浅水湾的景色风光尤其怀念。

当时年幼的李兆基已经很舍不得离开香港，一直盼望能有日重回香港。其实在1946年至1947年间，李介甫从广州湾回顺德之后，李兆基已因生意关系，而需要在年中来往港澳多次。

终于，在1948年，他才不过十八九岁，便辞别了父母，离开顺德，重临维多利亚港，努力发展事业了。

从此，年轻的李兆基，便与香港结下了不解之缘。

李兆基初到香港时最喜欢浅水湾。此帧照片为李兆基在20世纪40年代末与亲戚在浅水湾一角留影，右边第一人即为李兆基第五弟李兆楠，李兆基旁则为表姑潘惠芳。

李兆基工作不忘运动，游泳是他的爱好运动之一。年轻来港定居时，就很喜欢在浅水湾游泳。

《第二章》

成长

第一节　立足香江　持家创业（1948 年）

1948 年的香港春天，在李兆基的眼内显得特别明亮悦目，和暖清爽。

跟这小城重逢于多年怀念之后，自然地发觉她可亲可爱。

李兆基有的是理想，有的是干劲，有的是青春，有的是豪情。加上年方十九的他正是初生之犊，不畏眼前时艰，总有信心自己的前景有如初升旭日。

他的雄心壮志既根源于天生勤奋坚忍的个性，也仗赖年少时就开始承袭的难能可贵的金银业阅历。

自然，还加上李兆基口袋里那傍身的一千块钱，这使他如虎添翼，决意在这个多年前已一见钟情的城市内，努力闯出一番事业来。

从第一天驻足香港的中环，李兆基深呼吸一口清新的空气开始，他就希望自己成功。

成功的定义在他是无负于先天禀赋的个性，无愧于后天环境的培育，将他所能发挥的智慧能力心思尽情发挥，把他所能把握的时机际遇缘分尽量把握。

如果这番努力导致他飞黄腾达，也是相关相连有因有果的成绩罢了。

就这样立定了宗旨，李兆基先从生活的最基本安排做起。

他没有想过在人生路不熟，还未分清楚香港九龙的东南西北方向时就盲目置业。

他甚至不认为要浪费金钱，去租用一层住宅自用。

反正李兆基只不过孤家寡人一名。

日求两餐、夜求一宿的基本生活需要不难处置。

他决定把每天的 24 小时包括了补充体力的睡眠时间在内，都专心一致地用在建功立业之上。

于是李兆基跟首次来港时一样，寄居于李氏姑婆位于跑马地成和道 49 号的家中。

一经落脚有地，他就如识途老马般嗅一嗅城内金融业务集散地的方向，直朝那个目标进发。

李兆基有信心以他的金银业看家本领闯天下。

当时的中环文咸东街，足足有二三十间金铺银店，专营黄金买卖、外币找换、汇兑等生意，业务性质跟李介甫在顺德的永生银号没有分别。

李兆基来到香港之后，开始在那些金铺银店挂单做买卖。他的兄长李兆麟亦在世叔伯之澳门宝昌金号工作，宝昌金号与香港宝生银号（即宝生银行前身，现已并入中国银行（香港）有限公司）的老板是同乡老友，同声同气，同捞同煲，拍档已久。有一段时期，香港金价比澳门金价贵得多，宝昌和宝生联手经营，自国外订购大量黄金，由澳门进口后，在贸易场套戥买卖，也有在门市出售，盈利甚丰。李兆基因着兄长和世交支持，在买卖黄金上，得到方便。

加上上海和广东为主的水客，有如过江之鲫，天天塞满一条文咸东街。水客手上最多的货品就是黄金。

时局动荡，在朝不保夕的大气候催促下，南下港澳的客商都带着大量黄金傍身，事在必然。

早已练就了识别黄金成色成分成数专业本领的李兆基，即可以运用锐利得穿金透银的目光去鉴别黄金的质量，更能巧妙地把金条往分金石上一擦，就能定夺它的成分。这时香港金银贸易所买卖黄金的热闹不下于现今股票市场的情形。

有了这番本事，非但不会被走卖黄金的水客占去便宜，而且心算越来越精确，对黄金市道走势越来越有把握的李兆基，每次在一买一卖弹指之间就可以获得一笔相当可观的利润。

因此，李兆基到香港不足一年，已有能力汇款回乡照顾家中大小。

解放前，李介甫家有生意做，又有田地收租，属于富有；解放后被列为地主阶级，要受清算，所有的财物全被充公，家中变得一无所有。李兆基除了急须汇款回乡作为安家费用之外，还要为父亲缴纳罚款作为赔偿代罪等用。

李兆基在香港赚到的第一桶金，正好解家中燃眉之急。

第二节　驰骋金融　发展贸易（1952 年 — 1957 年）

中国内地在 1949 年解放了之后，大量的人口不停涌到香港来。

10 月 13 日，广州市民实行紧急大疏散，一天之内就有数十架民航飞机抵港。

从陆路经深圳，从水路经澳门而抵香港的，更是不计其数。

1950 年 1 月 6 日，英国正式承认中华人民共和国政府，并且主动提出了与中国建立外交关系的要求。

对英国此项建议，中国于同月 9 日复电，表示愿意接受和合作。

于是，香港中环商贾云集的食肆，诸如金城茶楼、得云茶楼、高升茶楼、莲香茶楼、大同酒家、陆羽茶室等，都聚合了一群群自各地来港发展的金融界人士，其中也包括何贤、冯景禧等，他们都不住交头接耳，谈时论政。

得出的意见相当一致，那就是香港的地位越来越重要，因为她将是中国内地与海外全球沟通的一个要塞孔道。

有一日，金城银行的杨造英副总经理跟李兆基在得云茶楼茶叙，告诉了他一项相当有用的数据。

杨造英说：

“对 1952 年的展望，香港产品的外销会激增，估计能达到六亿或六亿元以上。”

李兆基立即心算，得出了一个对他相当吸引的数字。

如果香港产品在来年外销超逾六亿港元的话，那就占了香港全部输出货品总值 20%。这个剧增的比例明显地标志着香港已由从前转口港地位，转变为贸易和制造中心。

李兆基知道金城银行的业务以辅助商贾从事进出口贸易和支援工厂生产贷款为主，杨造英的这个说法是有现成业务数据为推论基础的。

广东俗语所谓：“执输行头惨过败家。”李兆基火速把握机会，请求杨造英给予他银行贷款支持，让他在制造业和进出口贸易上一展拳脚。

杨造英一口答应，不但因为银行的钱要找出路，而且是要找稳当而正确的出路。

他对于李兆基商业触觉的敏锐和数字计算的精确，相当地佩服。有这种条件的商人，无疑是银行寻找的理想业务对象。

于是李兆基立即从五金行业着手，同时从事营运出入口贸易。

又因李兆基跟澳门的兄长李兆麟保持密切联络，无意中物色了出入口贸易的一个好助手萧经岳。

真是人夹人缘，李兆基跟萧经岳很合得来，再严谨一点的说法是，李兆基从没有视对方为雇员，只以朋友之礼相待，以拍档之情相处。萧经岳呢，对李兆基彻头彻尾的喜欢与敬佩。

第三节　进军地产　成立永业（1958 年 — 1959 年）

解放之后，香港人口激增，工商业日益发达。1954 年政府公布：全港登记并经营的工厂共有 2 494 家，属下工人 11 万多，未曾登记的工厂工人，数目逾 10 万，增幅较去年接近一倍。

这些工人都是年轻的、朝气勃勃的、等候着适当时机就成家立室的，跟他们的生活最息息相关的就是房屋问题。

两年前政府的第一个廉租屋村在北角模范村建成，得以入住的人高兴得犹甚于中了马票，而实际上规模相当的廉租屋村在供求方面，还是有一大段的距离。

李兆基并不认为政府关照市民居住问题的步伐能赶得上民生的迫切需要。

有目共睹的先例，在 1953 年的圣诞夜，深水埗石硖尾发生冲天大火灾，焚毁木屋 7 000 多间，导致 60 000 人无家可归，港府才锐意拨款港币 1 600 万元，在灾区原址建筑 H 型的多层“徙置”大厦，安置无家可归的灾民。

是非到了有燃眉之急不可，港府才开始积极研究推行房屋徙置的计划。

为此，李兆基非常肯定香港目前最有需求的制成品应该是楼宇无疑。

成功生意在于满足市场需求。成功生意也在于少受时局影响。

比起任何一种金融工具来，房屋始终是可以捉住抓牢、实斧实凿地存在的东西，不容易在转瞬之间就灰飞烟灭。

再说，李兆基满怀信心地想：

“归宿是人人的渴求，有瓦遮头是家家户户的愿望。”

于是，他坚定意志，向房地产进军。

自然，要走好这条路，最大的问题是资金。

发展房地产，与黄金买卖、汇兑及出入口贸易比较，前者的投资需要有一个起码而庞大的资金，不同于后者，可以丰俭由人，多少随意。

李兆基手上的资金从事别的生意已游刃有余，但拿来买地建筑，就未免有点捉襟见肘了。

然而，有志者事竟成，因为只要有心，机会就在你左右。

李兆基平日惯于在中环夏蕙餐厅与一班商贾行家午膳茶叙，交流市场资料，研究投资机会，讨论时事政情。

自从他把地产生意摆在心上之后，就留意到原来同道中人者众。

首先是老早已认识的冯景禧，他对崭新的投资概念一律欢迎，只要有生意可做，就雀跃不已。

再而是最早时在澳门专营洋杂的信发行东主郭得胜，在大陆解放后也移居香港，开办鸿昌公司，一边继续经营洋杂生意，另一边也注意到香港人口膨胀速度带动的民生需求，而锐意集中精力在地产方面发展。

就香港地产发展问题而越谈越起劲的也不只是李兆基、冯景禧和郭得胜，还有胡兆炽、黄少轩、戚宗煌等三人。

既是观点相同，看法吻合，于是坐言起行，胡兆识、黄少轩、戚宗煌加上他们的好朋友吕贤藻、郭得胜、郭锦涛、冯景禧、李兆基等八人，决心合资经营地产。

合资公司的写字楼顺理成章地设于胡兆炽的名下物业中环士丹利街 16 号 3 楼。

在永业时代的李兆基，胸怀大志，果然夙愿以偿。

又取其永远基业的好兆头，将这合股地产公司命名为永业企业公司。

永业于1958年成立之后，实际掌管公司行政和积极推动公司业务的只有李兆基、郭得胜和冯景禧三人。因为其余五位有他们自己原本的生意需要照顾，难得李兆基等把所有事务处理妥当，也就照常每日在夏蕙餐厅留座一桌，午膳聚会时才参与讨论业务。这个习惯一直维持多年。

李兆基、郭得胜和冯景禧三人对永业是真的全心全意全情全神投入。

他们之所以谈得来，合得拢，因为做事的态度相当一致，除非不下决心从事，否则决不气馁，永不言倦，朝着目标进发，直至得心应手为止。

开山劈石的功夫首先从沙田酒店的计划开始，成了永业旗开得胜的第一役。

由于李兆基专心发展地产，萧经岳也觉得自己是时候自立门户，往外头闯一闯了。

在他打算给李兆基请辞之前，李兆基笑微微地对萧经岳说：

"你要告诉我一个消息，我也要告诉你一个好消息。"

还未待对方追问，李兆基就喜形于色，急不及待地抢先给萧经岳说：

"你要不要跟我一起去探访我的女朋友？"

李兆基的女朋友名字叫刘惠娟。

李兆基带萧经岳上刘惠娟的家，无意之中，萧经岳竟在客厅的茶几上发现了一支黄大仙的灵签。他好奇地信手拈来一看，只见签旁写上了批解签语的几行小字：

"若是女子问卜，此君可否负托终生，答案是信女有幸，求得上上签，嫁得如意郎君，终成大器，四海扬名，域外称霸。且品性温驯，念旧怀远，深情厚义，他日必是君体妾心，多所爱重；唯怕妾身福薄缘悭，有负君心。"

萧经岳看罢，哈哈大笑。

刘惠娟在结识了李兆基之后，问卜姻缘，自然表示神女有心。加上襄王有梦，可见会水到渠成，小登科在望了。

终于，萧经岳向李兆基陈明意向，决心辞职。之后，他才蓦然发觉原来自行前往新加坡开厂创业所需的资金，与他的积蓄还有一个距离。

李兆基结婚时的照片，摄于玫瑰夫人影楼。

思前想后，说什么也不好意思把资金拮据的困难向李兆基道白，向他求助。

谁知辞行之时，李兆基对萧经岳说：

“以后如有困难，记得回来找我。”

这么两句关怀话语，叫萧经岳激动得冲口而出道：

“我如今就已面临困难了。”

最终李兆基二话不说，借了港币 3 000 元给这位要离他而去另立门户的雇员和朋友。

事隔多年，萧经岳已于新加坡发迹，李兆基往访叙旧后，在回港的航机上，同行的李醒国把萧经岳的一封信交给李兆基，他打开来一看，赫然是 3 000 块钱，李兆基一想，知道好友未曾忘记旧时恩惠，开心地笑得合不拢嘴来。

1959 年对李兆基可以说是丰收之年，永业企业公司站稳阵脚，合作愉快。事业上的一个里程碑昂然耸立于他三十而立之年。

同年，中环大华酒店内，筵开百桌，商贾云集，李兆基既有香车迎淑女，又备有佳肴美酒宴嘉宾。

这时刻，事业与婚姻尽皆如意，唯一的遗憾就是父母未能自乡间来港主持婚礼。

李兆基想，人生总是有遗憾的，只有遥望故乡，默默地感戴亲恩。

第四节　三友同心　创新鸿基（1963 年）

永业在李兆基、郭得胜、冯景禧三个主帅带着冯贵权、卢超俊和罗景云三个将领的通力合作、悉心照顾之下，营运得相当成功。

其后扩展神速，职员增至十余人，其中包括李兆基推荐的李镜禹、郭得胜引进的何永新，以及冯景禧介绍的梁升。

永业既是应时而生，有相当优越的营运条件，加上三个执行老板的苦心孤诣，同心协力，业务果然蒸蒸日上。

并且那几年发生的天灾人祸，也造成了香港人对新建房地产的需求。

从 1953 年石硖尾大火之后，每隔一两年就有这样震撼性的灾难发生。1954 年 7 月，深水埗大坑东木屋区发生大火，焚毁木屋 2 000 多间，有九个居民当场烧死，灾民超逾 24 000 人。

1955 年 2 月，上水石湖墟又失火，焚毁砖屋 220 间，木屋 180 间。

1957 年 2 月，旺角广东道四幢木楼发生大火，烧死 57 人。

1960 年 6 月，台风袭击香港，吹毁房屋无数，导致 1.4 万多人无家可归。

1961 年 1 月，红磡山谷道又发生严重火灾，过万人流离失所。

1962 年 9 月，台风“温黛”正面袭港，死亡失踪 170 多人，灾民达 4.6 万余人。

这几年的天灾，使香港人在心态上更加追求有一个安全而且现代化的家居，人们宁愿节衣缩食，省吃俭用都要置业安居。离弃旧房子，迁入新屋的意欲不断高涨。

加上 1962 年 4 月，大陆人士逐渐偷渡来港者众，人口的激增已成无可避免的事实。

香港房屋的短缺已经明显地反映在业主的疯狂加租和迫迁之上，以致政府无法不立例管制，保障升斗市民的利益。

在 1962 年 9 月 26 日，港府宣布自翌年 7 月起，新楼加租不超过 10%，一次加租之后两年内不可再加租。

这条例一出，表面上对新楼造成打击，其实只不过是对富裕人家置业收租的收入作出一些限制罢了，反而是提醒了一般市民，到底还是置业安居，拥有自己的物业安稳得多。

在房地产业务的发展上，李兆基、郭得胜和冯景禧的看法是相当乐观的，他们的进取态度也较其他几位永业的股东为积极。

于是，李兆基、郭得胜和冯景禧三人在 1963 年决定另起炉灶，成立“新鸿基企业有限公司”。

第五节　三剑合璧　谁可争锋（1963 年 — 1972 年）

“新鸿基”三个字是有来历的。“新”字取于冯景禧的“新禧公司”、“鸿”字代表郭得胜的“鸿昌行”、“基”字自然是李兆基之名。

郭得胜年纪最长，于是任集团主席，李兆基则出任副主席兼总经理。

新鸿基的股份以郭得胜占 40% 为最多，李兆基和冯景禧各占 30%。

认真来说，新鸿基只不过是一间统筹物业的机构。每一个建筑地盘都被视为生动的生意，三位股东都可自由商议占股比例。

市场中人都知道这三位好朋友勇于进取，一起拍档，各展所长，配合得宜，自然会战无不胜，攻无不克，因而称誉他们为“三剑侠”。

冯景禧负责主理新鸿基对外的联系应酬，打好各方面的人际关系。因为他生性活泼，言语玲珑，长于交际。

冯景禧的魅力几乎是无远不至，所向披靡。只要他想认识某人，想跟某人熟络，与某人合作，三言两语，三朝两日就可以办得到，真叫人以为他有三头六臂。

冯景禧当时对银行、政府各界等的关系，联系得非常出色，为新鸿基奠下良好基础，以帮助业务的发展。

冯景禧又长于证券买卖，熟识如何运用市场资金，新鸿基企业成立之后，他又创办专门经营股票生意的新鸿基证券，其后发展至 1972 年，新鸿基上市，也是冯景禧的安排。

郭得胜则是实干派，他在新鸿基有如一只吨位极重的大趸船，表现出他的稳健和坚定。他对建筑工程有特别的偏好，对施工过程了如指掌，对工人指挥若定，对房产质素控制自如，且对建楼成本把握有素，所有有关建筑的开支，诸如石屎、打桩、钉板、搭棚等等，郭得胜都仔细地调控价格，亲自与判头和材料供应商讨价还价，务求做到价廉物美。此外，新鸿基买入的物业楼宇按揭工作，亦由郭得胜负责向银行抵押贷款，因为他长于讨价还价，节约成本。

郭得胜是个工作狂，香港地产界人人都知道。在他的观念里是一星期工作七天，没有周末和假日的存在。

他最大的娱乐项目就是巡地盘，一天可以巡三四回，巡来巡去，何止永不言倦，简直越巡越起劲，越巡越精神。

一年之中52个星期日，一觉醒来，就摇电话给下属，相约享受他最兴奋的娱乐节目去。

有一次，一位下属的老婆在周日接了郭得胜的电话，竟然犯颜直说，以地道香港粤语大声说：

“胜哥，我老公一个星期有六日归你所有，第七日你俾番我老公我好唔好？”

说罢干脆把电话筒扔掉。

这个笑话传遍市场，郭得胜不以为忤，亦不因此而改变习惯趣味，依然我行我素。他始终笃信勤力自然有回报，故而巡视地盘、监督建楼进度的工作一直由他负责，进行得相当顺利。

李兆基自永业时代已经表现出他在地产上的才华，新鸿基成立之后，他出任为总经理之职，主理的范围如下：

其一是建楼的图则设计。

其二是买入土地作货源。

其三是楼宇销售等工作。

其一，李兆基对建楼的图则设计必躬亲其事。

例如有一次，梁升跟一位外聘则师，把一份画好的图则放在李兆基跟前，与他一起研究。

李兆基几乎是一眼望过去，就摇摇头，对则师说：

“你这个图则的计算错误了。”

则师一听，当场涨红了脸，他是著名大学出身的则师，他的图则怎么会被李兆基一眼就看得出错误来？

SHK 是新鸿基的标志，代表（左起）冯景禧、郭得胜、李兆基，这三位名震江湖的“三剑侠”同心合力，创业成功。

正欲分辩时，李兆基就以温和的口气跟对方说：

“你忘了这建筑物是可以引用最近的建筑新例，放松了每层楼的高度限制吗？况且取光的角度也可以相对地调整，以使我们这幢楼宇的建筑面积能有可观的增幅。”

当下，这位则师真有点无地自容的狼狈。

梁升往后回办公室去重新细心计算一下，得出的结果跟李兆基刚才的预测全无差异。

其二，李兆基是专攻土地买入。

例如有一天，他在市场上听到消息，知道皇后大道中励晶大厦旧地的业主有意将地皮出让。李兆基对于黄金地段物业从来都不放过，于是随即四出侦查业主是谁。

打探出物业属郑宗枢所持有并不困难，可惜的是据报郑宗枢已口头答应将该物业卖给别人，作价 1 100 万元。

要是别的人就只好自叹是来迟三日的梁山伯，有点缘悭福薄就算了。

可是李兆基一听 1 100 万元这个售价可以得到优质物业，有如猫儿嗅到鱼的香味，怎舍得就此放弃？

于是追问：

“谁跟郑宗枢相熟？”

左右各人都无法作答。

李兆基的手下提醒他：

“听说物业明天就要在律师楼签订买卖合约了。”

李兆基随即点点头，道：

“嗯，那即是说我还有今晚这一夜的时间。”

他那种认定目标、锲而不舍的精神，使他不住地思考问题的解决办法。

只要肯想，一定会找到答案。

这是李兆基的信仰。

果然。

他想到了。

李兆基记得证券商何廷锡跟郑宗枢熟络。

虽然已届凌晨，李兆基依然抓起电话就摇给何廷锡，向他道明目的，重重拜托。

李兆基素来长话短说，言简意深：

“拜托你，1 300万元的范围之内，你替我拿主意，你的佣金一分不能少，这你就别客气了。”

翌日，何廷锡果然找着了郑宗枢，问明成交价是1 100万元，于是何廷锡只以1 200万元的新售价就游说到对方转售物业给李兆基了。

结果是马到功成，皆大欢喜。

其三，李兆基负责房产的销售。

货如轮转早就是李兆基经营地产的宗旨，只有这样才可使投资回笼得快，并使盈利袋袋平安。

从前流行整幢物业买卖。如想置业，必须整幢买入，无疑将买家限制在富人身上，李兆基推行分层出售，证实大受广大群众欢迎，因为对上了中国人有置业狂热，势必要有自住楼宇才有安居乐业感觉的脾性。

李兆基且设计面积较小的单位推出，无异于向小家庭提供一家一主独立生活环境，增加了他们的家居享受，同时减轻了他们的经济负担。

加上，李兆基尽力与银行交涉，为买家创造分期付款的有利条件，鼓励买家做银行按揭，使买家月供楼价等于交租，以此作为置业的原则。

李兆基这个总经理掌管一买一卖，运筹帷幄，收放自如，新鸿基就靠他一夫当关，万夫莫敌。

新鸿基在“三剑侠”联手依照上述的方针经营下，在20世纪70年代推出销售的楼宇证实是成功的。

第六节　坚定信心　留港发展（1965 年 — 1969 年）

人生前途总会顺逆交替，正如任何市道也会有上有落，有旺有淡，有暗涌，有高潮。

新鸿基企业成立之后的第一个浪潮始自 1965 年，是年香港出现前所未有的银行相继挤提和倒闭的风潮，自然影响整体经济滑落。

1 月 26 日，明德银号首先发生挤提，由香港政府银监处宣布接管，不久法院宣布明德银号破产。

事隔不到一个月，2 月 6 日，广东信托银行湾仔分行又出现挤提情况，两天后银监处又被迫宣布接管，企图息事宁人。

可是，银行挤提之风继续在香港蔓延，人心对华资银行并不信任，恒生、道亨、远东、永隆等资历不浅的华资银行均先后出现挤提的现象，导致汇丰银行和渣打银行分别宣布无限量支持恒生、远东、永隆、广安、道亨等几家银行，风波才稍稍平静下来。

2 月 9 日，港府发布管制银行紧急法例，每一存户每天只限自银行提取港币 100 元，用户透过支票提取存款及工商界提款发放薪金者则不在此限之列。同时，为了应付因挤提所引起的钞票短缺问题，港府特地自伦敦空运英镑纸币到港应急，准许以一英镑等于 16 港元的比率在香港市面流通。

直至 2 月 16 日，挤提风潮渐告平息，港府才撤消限制提款 100 元的规定。

可惜，到是年 4 月 10 日，恒生银行又再次发生挤提事件，最后导致汇丰银行宣布收购恒生银行 51% 股权，事件始告平息。

市民的心态经此动荡，多数只愿把现金捏在手上，投资意态低落。

跟着内地开始发生“文化大革命”，从 1965 年至 1966 年，香港的物业市道呆滞，但楼价还不至于大跌。

1965 年香港岛住宅楼宇平均每平方呎 51 元，九龙半岛住宅楼宇平均每平方呎 52 元，到 1966 年，也只不过是微跌一至二元不等。

可是，到 1967 年，“文化大革命”严重影响香港。房地产住宅的价格就狂泻近

30元至40元一平方呎，且抛售者众。

市面传说纷纭，都恐惧香港朝不保夕，弄至民不聊生。

李兆基在这个狂潮之中，唯一令他忧心戚戚的只是乡间父母弟妹的安危，对于香港的稳定，他始终深具信心。

其次令他稍感不安的是好拍档冯景禧决定举家移民加拿大。

李兆基并不打算劝阻冯景禧。

固然因为人各有志，而且他深明冯景禧的个性，他聪明敏感而且急躁，要他坐在四处烽烟、满地炸弹的香港而不谋出路，他是会很辛苦的。

动若脱兔的冯景禧喜欢每分钟都求变，自变幻中他会发挥强劲的适应和克服环境能力，甚至谋求突破。不必阻止他往外头世界去探讨张望，如果他一旦发觉还是回来更好的话，他会第一时间就飞奔回港。

李兆基的个性刚相反，他是静如处子的一类人，加上对香港有一种难以解释，兼牢不可破的归属感，他不愿意离去，只愿静待曙光的重现。

李兆基深信这个明丽的东方之珠，绝对在不久的将来就更能发出异样的光彩。

在镇定地等待与殷切地期望之中，李兆基如常的生活和工作，包括了让一些需要如期完成的建筑计划不脱轨。同时，金睛火眼留意着市场上有没有一些出乎意料之外的便宜货，可以让他实行人弃我取。

经营地产策略需要有系统、有组织，不可以朝秦暮楚、三心二意。

李兆基信心十足，决心留下来，与香港共存共荣。那么，还不趁低吸纳，增加土地贮备更待何时？

在冯景禧移民到温哥华一段日子之后，李兆基接到冯景禧的信息，邀他到彼邦一行，于是怀着探望老友的心情飞去加拿大。

事实上，李兆基逗留在温哥华访问的几天，他也曾细心留意过在彼邦可能发展的机会。

不论是社会制度、人民质素、税率、会计以至于法律，都是不利于东方人长远事业发展的。语言尚属次要问题，至要关键在乎西方社会的林林总总并不是为东方人而设。

中国人在加拿大，再富裕也要过着次一等质素的生活，更遑论事业的发展。

1967年底正值香港物业最低潮，李兆基计算一下自己的身家，当时估值计为港币1 000万元，如果来温哥华退休，一家几口今生今世是绝不愁衣食的。但人生吃喝享受是有限度的，物质的享用对他并不重要。他需要的满足是考验自己的智力，锻炼自己的眼光，发挥自己的才干，承担自己的责任，达到自己的理想，包括对社会的和家庭的，甚至是对国家、对民族的。

其时，李兆基婚后已经育有三女一子，长女佩雯、次女佩玲、长子家杰、三女佩仪分别于1960年、1962年、1963年和1967年出生了（幼子家诚是于1971年出生的）。作为一个父亲，他需要提供给下一代的不只是无忧的经济基础，甚至是富裕的财产，更应有他本人的奋斗经历和成功的经验，从而使儿女们领会到自己做人处事的对与错，教育他们、培养他们、带领他们踏上正轨，以至最终拥有一个美好而有意义的人生。

李兆基既然深信香港是福地，有意植根在香港，取诸于社会，还诸于社会，他还要为香港作很多的建设，因为他知道香港仍然会不住给他很多的成功机会。

甚至有朝一日，身为中国人的自己，会在适当的时机，为祖国和民族，作出一些贡献。

那才是不枉此生。

留在温哥华干什么呢？

果然在1969年，冯景禧也举家回到香港，回到“三剑侠”的新鸿基旧巢了。

第七节　创业有成　合久必分（1969年—1972年）

新鸿基在60年代末及70年代初的发展，威望名声与盈利更胜从前。

当时香港的环境对地产发展商相当有利。

香港人的反应异常敏锐，适应力特强，奋斗精神尤其旺盛。于是一旦暴风雨过去，朝阳呈现，就立即抓紧好时光，尽情发挥。

1969年2月，物业已从谷底回升，面积48 850平方呎的尖沙咀“地王”公开拍卖，即九龙内地段972，亦即现在喜来登酒店，以1.3亿元投得，平均每平方呎地价2 700元，创下了本港地价之最高纪录，而使沉寂多年的地产开始复苏，带动了整年港岛住宅由未投地前的每平方呎60元跳升到85元，而且升势持续向好。

到了1970年7月，中区“地王”拍卖，面积53 000平方呎，置地公司以2.58亿元投得一幅土地，平均每呎地价4 600余元，即今怡和大厦现址，自此，更树立人们对本港地产的信心，带动物业走向历史新阶段。

这给老早趁低价入重货的新鸿基企业极大的鼓舞。

李兆基留意到地产稳步上扬的其中一个重要因素，是中等阶层的香港人经历了暴动风云的影响，在深思熟虑之后，更对香港有归属感及视香港为永久居住之地。

这等人家的心态很容易捉摸，例子根本就在目前。新鸿基内任职的梁升坦率地告诉李兆基：“禧哥在前往加拿大时，曾问我是否愿意一同去另闯天下。”

李兆基很留意梁升的答案。

“我给禧哥说，我不同你，你手上有相当资产，就算在加拿大没有发展，也可以优哉游哉安度余年。我是与其在彼邦艰辛度日，倒不如在香港，同声同气，同甘共苦，但望众志成城，云开见月。我是不想走了。”

像梁升这样不想走的人毕竟占大多数，不管他们是想走而走不动，抑或压根儿没有离开香港的打算，总之，众志成城这句话道尽香港的前景。

这一大撮中等阶层家庭凝聚成一股香港置业的主流力量，已是相当明显的现象。

李兆基明白谁的房产专为他们而设计，谁就赚到他们的钱。

当时楼价在住户有本身需求和地产发展商悉心设计的相互配合下，在日趋安定的社会环境内，被培育“催谷”至有史以来的高峰。

三人同心，通力合作，各展所长，新鸿基的业绩，一直表现优异，于是，便由精通上市集资的冯景禧策划将新鸿基上市。

70年代初股市暴涨，除香港证券交易所之外，远东、金银、九龙三间证券交易所相继开业。新鸿基企业终于在股市相当畅旺的1972年以新鸿基地产有限公司之名成功上市了。

冯景禧的个性最适宜发展风起云涌、惊涛骇浪的股票投资。上午种田，下午收割的神速效应，只有在股票市场才办得到。这是跟性急的冯景禧不谋而合。他正好趁香港证券业日趋成熟的时期，别树一帜，从心所欲。

“三剑侠”亦开始各施各法，专注地朝自己最向往的事业发展途程进发。

由于上市公司的控制方法，除非持股为一间有限公司，否则，若是由几个人持有，因买卖方便，持股量增减自如，迟早控制权终会归纳到一个人手上。

李兆基以十年来的努力，在新鸿基上市时，获公司分派得了价值5 000万元的资产。这次自然而然的“分家”，有如大家庭中兄弟分遗产一样，使李兆基能以得来的资金，朝着自己的目标，以自己的方法，自由运用，重新开山劈石，打好基础，期望能及早再行发扬光大。

20 世纪 70 年代末，新鸿基地产有限公司全体董事合照。
前排左起：关文伟、郭得胜、冯景禧、李兆基。（主席及副主席）
后排左起：郭炳湘、胡宝星、何永新、杨志云、胡兆炽、李业广、关超然。（董事）

《第 三 章》

成熟

第一节　永泰恒基　危中有成（1972 年 — 1975 年）

香港 60 年代地产界超卓有成的“三剑侠”，终于在 1972 年新鸿基上市之后演变成三分的局面。

郭得胜威风八面地执着新鸿基地产发展有限公司的主帅令旗，在香港地产界成为一支劲旅。

冯景禧踌躇满志地创办新鸿基证券有限公司，实行在财经领域内一展所长。

李兆基沉实低调，很多个夜深人静的晚上，在百德新街的平凡居室内，绕着饭桌一边团团转漫步，一边细心思量，认真策划将他刚创立的一间永泰建业有限公司（后易名为恒基兆业发展有限公司）上市。

果如所料，永泰在 1972 年 11 月 6 日上市，当时股市畅旺，上市股票面值一元，发行价为 1.5 元，李兆基于是紧捏着这笔充裕的发展资金，静待时机运用，把资产和业务再推上另一个高峰。

1972 年的股市一直雷厉上扬，市民盲目跟风，把恒生指数推至 1 700 点。直至 1973 年 4 月，股市承受不了炒风压力，骤然疯狂下泻，直线下降至 401 点。

这个市场巨变对李兆基的地产业务并无负面影响，李兆基一本过去在永业和新鸿基企业年代经营地产的宗旨，认定了这个股票与地产市道低潮，正正是搜购地产工业原料——土地的黄金时期。

有过 1967、1968 年趁低吸纳而终于捡了大便宜的经验，李兆基更是信心十足。

他且在 1973 年 7 月 10 日成立恒基兆业有限公司（“恒基兆业”），全心全力发展地产业务，业务范围包括地产买卖、发展计划、楼宇租售、图则设计、建筑营造、旧楼重建、物业交换等。恒基兆业并持有永泰股份 50% 以上，成为其控股公司。

李兆基掌舵的恒基兆业首重控制成本，有了山崩地裂都不易于动摇的根基时，才眼望四方，耳听八面，着力开源不迟。

李兆基锐意购入价廉物美的土地，作为原料储备，他有两个大方向。

其一，是矢志不渝、义无反顾地购入大量“乙种换地权益书”，或称 Letter B。

香港政府当年征收新界农民的耕地作各种发展用途，交换条件是先收耕地，然后拨出可建房屋的土地给他们交换，通常是两呎半耕地换一呎屋地。农民拿着一纸换地权益书，将来才可换地发展，眼前要套现实惠的话，基本上是无计可施的。

李兆基留意到这种情况，于是跟农民商议，以现金购入他们手上的换地权益书，普遍受到农民欢迎。

恒基兆业购入换地权益书，比起政府拍卖官地便宜得多，只要耐心等待换地宣布，便有一大块平价买入的土地可供建楼之用了。

其二，李兆基坚定不移，苦心搜索旧楼改建。

香港早期开发的地区，自然是现今的黄金地王地点，充塞此间的楼宇很多已经破旧。如果可以游说到业主出售旧楼，将土地重建，最大的好处是在地王之上耸立起面貌一新的巍峨建筑物来，地产发展商既有厚利可图，心脏地带的市容又焕然一新。旧业主更可把现金袋袋平安、自由运用，真是一举几得之事。

于是，李兆基的策略是布下天罗地网，分别通过香港以至海外经纪，重金报酬，务求物色旧楼，诚意搜购。

李兆基在 60 年代到温哥华探望冯景禧时，启发了他不可忽视向那些已移居异邦的华侨着手，让他们手上持有的香港物业套现。因而在恒基兆业创立不久，就已在加拿大设立恒基温哥华分行及在美国设有恒基三藩市办事处，刊登广告，专门联系收购华侨的物业。因此获得甚多廉价土地，为公司增加不少土地储备。

当时，协助推行收购地产原料计划的恒基同事陈华兴，亦不负所托，为公司作出相当贡献。

还有，李兆基的一些基本策略和业务宗旨，经历了 1973 年香港股市大崩溃和 1974 年的石油危机，都没有丝毫改变。

1974 年的恒生指数下跌至 150 点，楼价从 1972 年最高峰的港岛住宅每平方呎平

中年的李兆基模样还不及现在的他显得年轻，是成功令他回复青春吗?

均价 220 元跌到 176 元，跌幅大之外，成交相当淡静，市面极端萧条。

李兆基的基本策略是：实行“地照买、楼照起”，同时“制成品照卖”。

除了把推出的楼盘悉心包装，大卖广告，大搞宣传之外，最主要是李兆基只要有些少利润就放手卖出去。

始终是薄利多销的政策使恒基兆业维持着货如轮转。

李兆基的业务宗旨是：从来不会自私地只顾自己盈利，而不照顾业务对手。他认为信誉最要紧。

在 1974 年底，住宅下跌 20% 而毫无起色之际，初在李兆基身边打理财务的何永勋，自然是战战兢兢地管账管得万二分小心。

身为老板的李兆基也慎重地对何永勋面授机宜，道：

“现今好比十面埋伏，草木皆兵。在这种险境下领军，最重要粮饷充裕，切勿无端扣军粮，影响军心，折损士气，反而就因小失大了。”

李兆基不住提点着何永勋留意那些跟恒基兆业承做建筑的判头，务必要准时结账给他们。建筑行业的尾数往往是最难追讨的，有些地产公司为了种种原因，下意识把尾期建筑费拖得遥遥无期。这是李兆基最反对的，认为是破坏招牌的大忌。他说：

“尤其是时势不好，自己担心，别人也担心。自己手紧，别人也手紧。千万别鼓励恶性循环。”

因此，恒基兆业在香港建筑业内是最受包工建筑的判头欢迎，这已是不争的事实了。

第二节　匠心独运　沙田奇迹（1975 年）

李兆基的做生意原则和手腕真是与众不同，另有一套。

他的上乘功夫在乎定力。

李兆基非但泰山崩于前而色不变，且在逆境中依旧有闲情去计划未来和留意机会。

在 1974 年香港人都对地产没有信心时，對不动产有着无可奈何的情绪时，李兆基已经准备在地产发展上有大作为。

这决非他的感情用事，而是他静心观察到通货膨胀相当厉害，这早晚会刺激市民的置业保值意欲，楼产复苏在望。

李兆基认为只要香港有一两宗大型的基建工程带动社会经济，前景就会立即呈现曙光。

1975年政府宣布了为沙田填海建设招标时，李兆基就下定决心投得这个他认为地产市道上的黄金机会。

无他，他看好新界，尤以沙田为最。

沙田地近九龙，只隔了个狮子山，交通极为方便。除了狮子山隧道之外，又有九广铁路可以直达，日后加上电气化火车，更加便捷。

加上人口密度低，空气清新，环境爽朗，这种居住条件在九龙半岛尤其罕有。

沙田之发展前景一定会令人向往的。

政府对发展新界的计划相当周详，一个新城市经现代化的精细审慎设计，市容一定比旧城更为优美。

投得沙田这个填海地的权益，发展成沙田第一城，日后获利难以估计。

自然，填海成本高昂，李兆基于是诚邀香港的其他实力雄厚的华资地产商，联手发展。

结果，发展沙田第一城计划的股东计有新世界、长江实业、新鸿基地产等，各占1/4股权。既是李兆基的倡议，于是顺理成章地由恒基兆业出任整个计划的统筹。

这个李兆基匠心独运、悉心培育的沙田第一城，在1976年时以2 060万元的价钱投得，是新界大型屋苑的先锋，日后更成为新界的一个美轮美奂的标志。

沙田第一城于1975年开始设计构思，移山填海，进行地盘平整工程。1981年4月首期楼宇落成，1988年1月全部完成，计有52座住宅，合共10 642个单位，总楼面面积为538.2万平方呎，有五个停车场，内有一个街市、两个商场共30万平方呎。整个计划可容纳50 000人，每户单位面积约为500至1 000平方呎不等。

中心内有悉心设计的园艺，四个儿童游乐场及宽敞的休息地方，且有社会福利署老人中心和伤健协会青少年中心，并有两间小学、一间中学和三间幼稚园。

时至1997年，沙田第一城住宅每平方呎转手价平均为6 500元，共值350亿元，商场及车位总值50亿元，即整个计划时值合共总值400亿元，该地盘是以2 000余万元之价向政府落标投得，连同建筑费及利息，如保留至今未曾出售，其利润有1 000倍以上。

连李兆基都幽默地说：

“早知如此，任何一家当年独力承建，今天就可以翘起二郎腿，什么都不必干了。”

沙田第一城无疑是香港地产业内一个美丽的奇迹。

第三节　末卜先知　地产神算（1976年）

香港地产市道果如李兆基所预测，在1976年全面复苏。

远因是为了中国文化大革命结束，内地政局渐趋稳定，对香港人的置业心态有良性影响。

近因是人口剧增，置业安居的需求越来越大，且楼价已跌至谷底，应作合理回升。

是年太古集团推出鲗鱼涌太古城大型屋村计划，销售反应之热烈，出乎意料之外。

整个太古城庞大计划中，首先推出两幢，共430单位，预售两天就抢购一空。这个可喜的现象更有力地证明了市民的确有置业需要和能力，对地产市道抱乐观态度者的眼光是正确的。

于是，恒基兆业成立三周年时，出版了“过去”“现在”“未来”的纪念刊物，身为董事局主席兼总经理的李兆基发表了对香港地产前景的预测，市场人士非常留意，传媒更是争相报道。

人们好像都在有意记下这位地产翘楚的计算，然后在若干年之后拿出来引证，看是对还是错。

上图：李兆基博士当年眼光独到，发动恒基地产与新鸿基地产、长江实业和新世界发展，联手发展沙田第一城，填海600万余呎。是项投资6亿元，可容6万居民使用的沙田第一城，现在已是香港成功屋村之典范。投资回报之丰，更成为香港的一个美丽传奇。图为1975年李兆基博士与新界政务司鍾逸杰爵士签订兴建沙田第一城时摄。

下图：1976年恒基兆业成立三周年纪念酒会，主席与董事合照。由左至右：李达文、胡宝星、罗德丞、杨志云、胡兆炽、简悦强、刘惠娟、李兆基。

是年，李兆基的恒基兆业主席序言（发表于距今20多年之前）是这样写的：

“香港为世界贸易之枢纽，亦为国际金融中心，向属工商重镇，旅游购物胜地，因其具有经济之潜力，足够之工源，低廉之税率，及汇兑之自由，凡此皆足以做成其优越地位。

“由是万商云集，人口荟萃，加上战后人口急剧膨胀之下，顷已接近500万之众，而全港土地仅约400平方哩，其中适宜发展，可供建屋者不及20%。地狭人稠，寸金尺土，居住乃成生活重担。每年婚嫁觅居青年数以万计，楼宇需求，有增无已。加以市区可供发展土地日形短缺，当局虽有移山填海之方，普建廉租屋宇之策，无奈缓急不克相应，预见数年内‘屋荒’仍然存在，而地产业将必璀璨，楼宇价格，长远着眼，应予看好。”

白纸黑字，写得清清楚楚，明明白白。到20多年后的今天，既能兑现，还能适用于未来。

第四节　义助培侨　慷慨疏财（1978年）

转眼间，李兆基自顺德南下香港发展已经有30年。

无可否认，李兆基在这30年内是平步青云，飞黄腾达的。

战后的香江，卧虎藏龙，叱咤风云者众，李兆基不是独一无二的港产富豪。

然而在一些事件的处理上，李兆基很自然地建立起出类拔萃的名望来。

1978年李兆基本人联同由他作代表的合伙人义助培侨中学的拆迁，就是社会人士津津乐道的美谈。

位于跑马地的山腰（即现今比华利山华厦所在地）有一间古老的别墅，当时是培侨中学的校址。

别墅的主人是简氏家族，打听他们是否愿意出让的地产商不可胜数，可是一经深入研究之后，莫不望门兴叹，无功而还。

不是业主不肯卖，而是地产发展商不敢买。

原因不在于要价高昂，而在于手续繁复，最终大有可能导致得物无所用。

谁对这间租给培侨中学作校舍的简氏别墅打主意，都必须过三个难度极高的关。

其一，20多万平方呎的别墅，已为政府划为学校用地，如果要将这块地段改为住宅用途，必须由港督会同行政局审视改变用途的原因，予以通过。

其二，原本别墅只是三层，如要建成几十层高的住宅，政府未必批准。

其三，别墅业主简氏家族有遗嘱规定，世代不可变卖，只能出租或自用。

如何要过这三关，真是煞费思量。于是吓怕了很多地产发展商，可是却吓不怕李兆基。

他一向笃信有志者事竟成。

只要肯动脑筋去想，方法自然会生出来。越是难度高的挑战，越能考验自己的头脑，越是能锻炼自己的能耐，而且也一定越有厚利可图。

李兆基于是跟简氏后人洽商，接纳那三个艰巨的条件。如果他解决不了，就如入宝山空手回。

李兆基并不怕艰难，他认为香港政府一直有整顿市容、鼓励建筑的本意，古老的别墅改建成华厦，与政府政策没有抵触，只不过地产发展商要多费思量，多用唇舌，详细条陈计划，自然会获批准。

再下来是简氏遗嘱的问题，他与律师细心研究，遗嘱条例不是永远一成不变的，时代变迁，自然有很多后代无法依从先人意愿的地方，这是法律上容许的。既然如是，等于可以找到充足的理由去解除这个死结。

果然，过关斩将，三个关口都从容通过了。可是，还有另外一个人情的问题，要看李兆基如何处理了。

简氏别墅租给培侨中学，照法律，论道理，租约到期就没有责任一定非续租不可。

李兆基如果决心改建这幢简氏别墅，等于要培侨中学关闭，整间中学的学生就学便成问题。

上图：现在的培侨中学坐落于北角半山，是香港一所建筑新颖及设备齐全的中学，师生家长们都记得是李兆基的功劳。

下图：培侨学校校监吴康民经常提及校址得以重建，让莘莘学子能有现代化设备的学校就读，全仗李兆基的慷慨捐助。

当时的培侨中学校长吴康民，跟李兆基多次会谈，就校址的解决而达成协议。

李兆基很自然地不愿意见利忘义，为了一宗生意的成功，而令培侨中学的莘莘学子流离失所。于是李兆基决定为培侨寻觅新校址，好作安顿。

结果向政府投得了天后庙道的一块地皮，重建新校（即现在的培侨中学）。李兆基慨然答允承担新校舍地价和建筑费的七成，斥资 2 000 多万元，让培侨中学能有个一劳永逸的校址。

这个解决办法真不失为一石几鸟，皆大欢喜了。

疏财仗义，积福后人，何乐而不为。

同年，李兆基支持香港顺德联谊总会，慨捐善款予政府，获准创办葵涌顺德联谊会李兆基中学。该中学至今约由中学一年级至七年级共 29 班逾 1 000 名学生就读。学业成绩平均达中上水平。

学校设施亦相当完善，全校均有冷气装备，大礼堂能容纳过千人，且有一个 25 米的标准泳池，这使该校学生的游泳成绩特别优异，常获各种公开赛奖项。

李兆基对此甚表快慰，因为他觉得人除了要好学，还要注重健康，才可效力社会。

第五节　牛津学位　作育英才（1979 年 — 1997 年）

李兆基义助培侨建校之举，显示了李兆基对教育下一代的关注，于是又引起了跟李兆基深交的罗德丞，向他提出辅助香港的优异生赴洋深造的建议。

罗德丞律师毕业于英国牛津大学华顿学院。众所周知，此间国际知名的大学创设于 1612 年，历史悠久，学术水准极高，收录学生非常严格，等闲成绩者休想问津。

罗德丞认为香港实在有很多极端优秀的学生，可以向华顿学院直接推介，不但能帮助好学生找到好学校，相得益彰，且还可以因此而提高国际教育机构注意香港学生的优良质素。

这个有异于一般奖学金的概念很为李兆基受落，于是竭心尽力联络牛津大学华顿学院，于1979年成立“李兆基学位”，每年招生一次，接受本港学生申请前往该学院攻读三年制或四年制之学士学位课程。

“李兆基学位”选拔本港优秀学生赴牛津大学攻读的工作在本港进行遴选，遴选委员会成员除李兆基、罗德丞之外，初期几年由罗弼时爵士任主席，其后由前首席按察司杨铁梁出任此职，辅以由华顿学院派出之院士。先后担此重任的为彼得卡达教授（Prof. Peter Carter）和歌连活特博士（Dr. Colin Wood）。

牛津大学的“李兆基学位”每年在7月招生。初期，由曾任香港中文大学联合书院院长的郑栋材负责组织面试工作。近年，则由李兆基特派恒基的董事黄永麟作遴选安排。香港预科生在“高级程度会考”放榜之后，成绩优异，符合资格者就可以报名。经过遴选委员会选出的学生，可直接赴牛津大学华顿学院攻读他们的理想学系。第一年推荐的学生只有两位，其后因选拔的学生表现优秀，每年名额遂递增至四至五位。

遴选委员会分两天面试。选拔的原则除了着重本科成绩和语言能力之外，尤其会注意学生适应外国生活的能力，审视他们能否在中西文化交流沟通上有见地和有贡献。

被选中的学生，多数是经济有困难的，均由李兆基资助学费及生活费。

“李兆基学位”由1979年创立，至1996年，受惠的学生共63人（包括现仍在攻读的）。至于毕业学生合共48名，其中24名考得“一等荣誉”学位。照百分率计有50%考得“一等荣誉”学位，成绩之优良，高出牛津大学全体学生平均成绩约三倍。“李兆基学位”的学生分别攻读法律、经济、政治、哲学、心理、地理、文学、历史、工程、物理、数学等学系。

现在在牛津大学内一提起香港的“李兆基学位”选拔的学生，都备受师生赞赏，认定为品学兼优的标志。

李兆基创立该学位主要目的之一，亦为希望借此引起各地有名望之大学，以牛津大学华顿学院为例，由香港之人士引荐直接在本港取录更多优秀学生，则香港之莘莘学子，可获更多留学机会。

每年遴选面试之后，李兆基必于当晚设宴，让新旧学生聚首一堂，交流经验。

上图：李兆基设宴招待牛津大学“李兆基学位”的学生，畅叙甚欢。
下图：牛津大学“李兆基学位”每年选拔香港优秀学生就读，就是靠遴选委员会的眼光。图为各委员准备面试学生前合照。左起：黄永麟、郑栋材、李兆基、杨铁梁、罗德丞、牛津大学代表。

“李兆基学位”成功推行后几年，李兆基本人也获得英国牛津大学华顿学院的名誉院士。在莘莘学子的眼内无不觉得他实至名归。

第六节　回国投资　拓展市场（1980 年）

随着内地“文化大革命”之结束，香港大型基建项目如地铁工程全面展开，导致市民收入普遍提高，购买力增加，置业意欲浓厚，社会经济开始温热。

1979 年 12 月 22 日，尖沙嘴东部一幅非工业用地拍卖，亦打破历来官地拍卖纪录，每平方呎地投价为 1.6 万元。物业价格由 1976 年至 1980 年，跃升几近三倍。

香港政府虽然为适应环境与民生需要，在 1978 年开始推出居屋计划，意图放缓李兆基曾指出的“屋荒”紧张，并且在 1979 年推行全面租管，在业主收楼和加租方面有了严格限制，以维护一般平民百姓，以及打击过热之经济。但是，香港的房地产在这几年仍如热饼，一出炉就已销售一空。

在此时香港经济热度未减，渊源于中国内地有了较为稳定的政局，李兆基有见及此，乃参加投资兴建中国大酒店和花园酒店，前者的股东为合和、新世界、新鸿基地产、新鸿基证券、长江和恒发。后者则由利铭泽、李兆基、郭得胜、黄球和叶谋遵共同投资。

花园酒店落成之日，任总经理的关超然陪着李兆基去巡视。只见李兆基一步进酒店，抬头一看，再在大堂来回踱步，然后抓着关超然说：

“关仔，你这样子盖酒店，单是大堂一层就少了几万呎实用的楼面面积。”

李兆基计算得一点不错，因为关超然但求美观不计成本，打通了二至三层楼，变作一层大堂。

同样，当李兆基走到会客厅里看到从高高天花板垂下来的水晶大吊灯，便又轻叹：

“这儿又浪费了过万呎了。”

李兆基累积了 30 年的建筑经验，一看过去，盘数早就了如指掌。

当然，在中国投资酒店，意义不尽在图厚利，重新回内地投资，感应目下内地的人事作风，是将来谋求与内地更多更大合作的重要关键和凭借。

李兆基的赚钱地盘仍然依赖香港。

第七节　磐基发展　良才匡辅（1981年—1997年）

李兆基为地产奇才，人所共知。为了要配合现代财经技巧，使集团发扬光大，李兆基非常着意于选拔人才。其弟李达民在接受传媒访问时，就曾说过：

“我兄长其中一项优点是知人善用，选贤与能。”

现今市场内无人不知李兆基身边有一位非常得力的助手林高演。早在60年代末，林李两家彼此已是相识，自后来往日多，交情甚笃。继在1980年初，李兆基礼聘林高演加入恒基集团，出任要职。

林高演于1973年毕业于香港大学。毕业后，即参加汇丰银行为地区专员，是最早一批被汇丰提升之华人高级职员，并随即被派往英国深造及考获英国银行公会之会员资格。

回港之后，林高演出任汇丰之贷款部及港九分行管理部等要职。至1980年，他离开汇丰，从事地产，并于1981年开始非全职地为李兆基工作，及在1982年正式加入恒基兆业服务。

林高演年少有为、低调稳重、谦和爽快、思考精密，不但话头醒尾，且眼光长远，这些个性正与李兆基不谋而合。李兆基把工作交到林高演手上，总是办得妥妥当当。

在观察事物方面，林高演都能掌握要点，在思路上很能跟得上李兆基。有时集团的同事向林高演征询业务意见，林高演所建议的往往就是李兆基的心意。

林高演在1984年时曾与税务局周旋，成功减免了恒基的亿元税项，就是一项令李兆基另眼相看的出色表现。

不同时代与时候，集团都会有不同的需要，林高演很能顺应环境，以他在财务和证券方面的丰富学识与经验，为集团度身定做一些相当有效的发展计划，以辅助李兆基发挥潜能威力，终而成为公认的世界重量级富豪。

在林高演加入恒基地产之后，每一次批股的时机都是妙绝的。一般都能在 15 分钟至一小时之内就批完全数，集资所得立即用来买地，既可增加资本，又可周转灵活，遂产生良性循环作用。

今日恒地且在市场内起带头作用，成为一些公司批股行动的指标。

从前恒地向银行借钱需要以地盘抵押，现在恒地非但不用按揭，而且利息优厚至与银行拆息一样。就在 1997 年 5 月 5 日，恒地与日本、欧洲和美国之主要银行签订五年银团贷款，贷款额高达 52.5 亿元，息价是银行同业拆息加上 0.485 厘，这个安排与银行本身借款已相差无几。

除林高演之外，还有郭得胜之侄郭炳濠，也在 1987 年加入恒地任财务经理，与其他得力同事如黄永麟等通力合作，协助林高演在公司股本及财务方面更上一层楼。他们的功力，往往在筹组银行贷款、改组公司结构、发行欧洲及武士债券、安排上市集资等显示出来。

有伯乐才会有千里马，为了酬报知遇之恩，恒基的高级职员个个都乐于废寝忘餐地为集团工作。林高演也曾试过一次几天不眠不休，从业主遗嘱中入手，追寻到已移民多伦多的遗产承继人，终于把她手上拥有的 3 000 万元的乙种换地权益书成功收购过来，四年之后，由于地价续升，该批地权书升值五倍。

林高演跟随李兆基多年，既谙熟这位老板的业务构思和做事手法，他本身又聪明干练，更是忠心耿耿，故而深获李兆基青睐信任。

论功行赏，林高演于 1985 年就获委为恒基地产之执行董事，1996 年更晋升为恒基地产的副主席，并曾于 1983 年成为中华煤气之董事，1991 年获委为香港小轮之主席。

良臣择主而侍，且牡丹虽好，亦要绿叶扶持，李兆基与林高演二人同心，其利断金。

李兆基与得力的恒基要员，现任恒基兆业地产有限公司副主席的林高演于1997年合照。

第八节　成立培华　培训人才（1981 年 — 1996 年）

1981 年 10 月，李兆基率领一个包括了“工”、“商”、“学”界的回内地访问团到访北京，获得人大常委副委员长廖承志的接见。谈话间，廖承志慨叹中国经历十年“文化大革命”，人才备受摧残，育才乃当务之急，这是富国强家之本。并诚恳地鼓励香港同胞参与国家的建设工作。

此行对李兆基启发甚深，说什么自己也是炎黄子孙，只有自己的国家富强，无论哪儿生活的中国人才有好日子过。

李兆基在 1967 年时财产只有港币 1 000 万元，直到 1982 年 4 月是地产低潮时期，李兆基仍然捐出港币 500 万元（当时该数额差不多等于现在他的五亿元），于 1982 年成立了“培华教育基金”，并且得到好朋友霍英东、郑裕彤及王宽诚的支持，四位企业家作为基金的主要捐款人，推举李兆基任信托理事会主席，然后由一群热心的年轻团友负责基金的实际会务，并由霍英东之子霍震寰任常务委员会主席。

李兆基有鉴于 1982 年中国正式对外声明有关对香港主权的态度，而香港市场作出敏感而剧烈的反应，他更有决心要把培华教育基金办好。因为基金成立的宗旨就是“育己树人”，竭力扶育内地的年轻人，主办或协办各种对他们有益有用的培训班，将香港人身受各种的现代化教育和实际工作经验，努力灌输给他们。

惟有通过这些教育课程，才能对中国四个现代化计划作出贡献，同时加强香港跟国内同胞的沟通，才可以让大家认识香港，也认识中国。所谓“知己知彼，百战百胜”，对主权回归后的香港会有极大帮助。

李兆基更意识到邓小平要推行市场经济，这使中国内地的前景肯定光明，对香港也有正面的好处。但要中国干部由计划经济转移为市场经济，一定要有一个学习转化的过程，能够参与这个过程的工作，是极有意义而且非常重要的。

“培华”一直以来所推行的教育工作，能有良好效应，根源于李兆基的从商经验。

做生意最好能运用杠杆原理，以一传十、十传百，四两拨千斤的策略推行计划，

江泽民总书记墨宝送赠培华教育基金，予以鼓励，可见培华对祖国作出了很大的贡献。

1991年培华教育基金部分委员合照。
(后排左起) 何耀棣先生、彭思梅小姐、林高演先生、阮北耀先生、梁爱诗小姐、罗文彬先生、王启达先生、脱瑞康先生、刘靖之先生、杨乃舜先生、胡经昌先生。
(前排左起) 陆恭正先生、王幼伦小姐、郑家纯先生、王敏刚先生、霍英东先生、李兆基先生、霍震寰先生、伍淑清小姐、许晋义先生。

1994 年，全国政协主席李瑞环接见李兆基博士率领的培华教育基金成员。

（左起）霍英东、李兆基和郑裕彤既是好友，又是“培华教育基金”的发起人，可见香港富豪都有取诸社会，还诸社会的善心。

上图：1991 年国家领导人杨尚昆与培华教育基金会主席李兆基博士畅谈甚欢。
下图：1981 年，中国人大副委员长廖承志接见李兆基，相谈内地教育情况，李兆基因此得到启发，决心为培育中国下一代而作出贡献，遂促使他努力成立培华教育基金。

等于事半功倍。

于是，李兆基自培华成立至1996年已先后捐出2 200万元，决定运用“培华教育基金”的捐款利息，为内地各省同胞筹划各类专业培训课程。很多培华成员除义务工作外，还邀请到海外有志教育的人士，参加培训工作，作出贡献。

培华在推动这方面的教育工作上实有赖这一群社会精英，包括义务法律顾问梁爱诗，常务委员会主席霍震寰，副主席郑家纯、王敏刚、伍淑清，委员许晋义、陆恭正、胡经昌、王幼伦、罗康瑞、彭思梅、李家杰、林高演、徐志梁、杨乃舜、陈斌、王启达、李家诚、罗文彬、黄自强，义务核数师方正等。他们都是学有所长，在商界或教育界富有经验的年轻人，热爱国家，对中国的未来抱有满腔的热情和希望，不计较地贡献自己的时间，很多时更出钱出力，令培华的工作事半功倍。

截至1992年1月这十年内，培华已先后资助、主办或协办了128个项目，参加培训及接受资助的人士达2 500名（培华成立至1996年底，培训项目已达239个，受资助及培训人数共5 450人）。项目包括：经济及工商管理、旅游及酒店管理、税务会计、英语、医学、室内设计、园林管理、海洋石油工业管理等多种专业课程和讲座。参与各项目的人员既有来自沿海大城市，亦有来自云南、贵州、新疆、西藏等少数民族地区。

短期培训班的优点是行之有效、立竿见影，使受训者增加大量知识，得益不少。

“培华”的各个训练班分别在香港和内地举行，而以前者居多。因为香港的工商贸易金融业活跃繁荣，是举办该类型培训的良好地点，且让内地同胞认识香港，从而了解香港，对实行一国两制，大有帮助。祖国的四化，市场经济的实施，以至具中国特色的社会主义运作成功，也必须让内地各业同胞放眼世界，知道如何在他们的行业内与国际衔接，不落于人后才成。

1991年，“培华教育基金”成员在李兆基主席率领下到北京，为江泽民总书记与杨尚昆主席接见，嘉许良多。到十周年纪念时，内地的各个受惠单位，尤其是少数民族的省份，都传来贺电致谢，国家领导人又都分别亲书鼓励，致送给“培华”作为纪念。

江泽民总书记写道：

“培养人才

建设四化

振兴中华”

李鹏总理写道：

“为配合祖国实现现代化协助培训人才”

江泽民总书记的这个题匾，一直挂在李兆基的办公室内，跟他朝夕相对，给他至大的鼓舞。

第九节　恒地上市　力求进取（1981年—1982年）

1980年度，股市一直畅旺。

1981年6月，李兆基将其个人所持有的中华煤气29.83%股份和油麻地小轮21.64%股份分别以1.8525亿元和1.46亿元售予恒基兆业，亦即把他在该两间公司的控股权转让给恒基兆业。

李兆基远在1975年就已开始收购中华煤气之控股股份，当年市场谣传怡和与渣灯要恶性收购中华煤气，使身为中华煤气董事局主席的利铭泽立即紧张起来，于是找着了董事李福树与他的儿子李国宝密谋对策。

大家都认为最好找个低调而又有大客户在手的股票经纪商量一下，看如何可以加入外来投资者的力量，化险为夷。

结果同意找证券商何廷锡来密议。何廷锡听了利铭泽和李国宝的分析之后，就极力推荐李兆基，认为不妨请他入股。

其中理由有二：第一是何廷锡知道李兆基有充裕的资金可以自由运用。第二是李兆基是公认不爱出风头，殷实而且敦厚的商人，与他合作最安全，肯定他不是那种乘人之危，从中取利的人。

李国宝对这个建议相当赞成，因为在1969年初他第一次跟李兆基认识，对他的印象良好而深刻。当时会面的一班商界中人，个个都口若悬河，谈长道短，只有李兆基默不出声，有很多话题，他好像连听的兴趣也没有。但一谈论到跟他的业务扯得上的，李兆基就非常留意倾听，而且会问很多问题，这些问题又绝非无的放矢，都是相当一针见血，而显示出他高度的商业智慧的。

为此，李国宝支持何廷锡找李兆基帮忙的建议。

何廷锡找了一个星期日，直摸上嘉慧园李家去向李兆基说项。

当时中华煤气约只有790万股，董事局控制的只有百分之十几，的确会有被恶性收购的危机。

何廷锡向李兆基介绍中华煤气，李兆基很快就决定买进20万股。因为李兆基用心一算，中华煤气名下的地皮相当值钱，加上当时社会上认为煤气是富贵人家才用得起的，这李兆基就不以为然，他肯定不久将来，煤气的使用会普遍起来，因为人人赚了钱，就会讲求便捷效率卫生，以便提高生活质素。煤气的前景是乐观的。

经过两三日时间，何廷锡在市场内为李兆基收足20万股，加上他其他的客户占股总和，不会低于全部股本的8%至9%，便大可放心了。

果然经过了这番周章之后，怡和与港灯收购中华煤气的计划不得逞。那个时期，外资公司要进行恶性收购行动，一般十拿九稳，今番败在李兆基手上，实在骇异。这一役也表征着华资富豪的实力和势力已经在香港市场上具备相当影响力。

李兆基对稳定中华煤气的确立了功，可是一如何廷锡所料，他完全没有向中华煤气董事局提出任何要求。

其后，事隔数月，何廷锡又向李兆基说项，认为反正已经有20万股中华煤气在手，就干脆专攻此股，他日必有厚利。于是分别透过市场内的大经纪，包括老牌经纪莫应基，收购更多的中华煤气股份。

其时，李兆基手上的煤气股份仍未及李国宝家族，但利铭泽和李福树两家都深感李兆基人品厚道随和，同时又有见识，于是便同意李国宝的建议，邀请李兆基加入中华煤气的董事局任董事。

事隔多年，主席利铭泽于1983年辞世，李兆基众望所归，荣登中华煤气董事局主席宝座。

同样在70年代中业，李兆基不仅收购中华煤气控股股份，而且成功收购油麻地小轮（后名为香港小轮）的控股权。

李兆基收购的油麻地小轮当时亦只有300万股，他看重的是小轮码头上盖的土地发展权，还有大角咀船厂地皮，如果补了地价，就可以改建成楼面达200万平方呎的物业。

长远可以发展的企业始终是李兆基最钟情的，于是他以收购中华煤气的同样理由收购油麻地小轮有限公司，也以同一的手法去处理控股后的人事管理。

小轮的主席刘镇国始终都备受尊重而保有在董事局的崇高地位，任为名誉主席。

在李兆基的商战历史上，找不到一旦自己称王称霸，就把对方撕皮折骨、杀得片甲不留的现象。

从来仁义之师，占领疆土，改朝换代，也决不斩一兵一卒。

这是城内企业界无人不知的李兆基作风。

李兆基认为1981年的投资气候正适合公司上市，终于在是年7月23日，恒基兆业分拆恒基兆业地产有限公司（简称恒地）上市，发行13.19亿股，并在8月把大本营迁到中环的环球大厦去。

李兆基的办公室设在六楼，室内布置以绿色为主。因为李兆基的“基”字有基地的意思，基字之下部是土字，亦有土地的意思，做的是地产生意，绿色代表地皮绿草常青，朝气勃勃、欣欣向荣。

1982年2月12日，置地公司更以47.5亿元购得中区干诺道一块14.4万平方呎地皮（即今交易广场的所在地），成交价每平方呎为3.5万余元，是香港有史以来最庞大的单一地皮交易。

地产市道正在畅旺之际，谁也想不到在1982年6月，《大公报》负责人费彝民等在北京经邓小平接见之后，发表了中国领导层将坚决在1997年对香港恢复行使主权的消息，顿使香港人疑云阵阵。

到是年9月，英国首相撒切尔夫人访问北京，与中国领导人邓小平就香港九七问题会谈，清楚透露了中国坚决收回香港主权的意愿，撒切尔夫人却在9月27日自北京飞抵香港的记者招待会上，声称英国与满清政府签订的条约“是有法律根据的”，即表示有效的。

从此，拉开了中英政府就香港主权问题而争执的序幕。

情况急转直下，10月1日，代表中国官方立场的《人民日报》严正地指出了英国首相撒切尔夫人认为满清政府签订的不平等条约为有法律效力的说法，是绝对不能为中国人民接受的。

这项声明导致国际政治观察家以至香港人都要相信，在1997年7月1日起香港主权就一定会回归祖国了。

第十节　回归风暴　力挽狂澜（1983年—1984年）

中国于1982年下旬正式宣布将于1997年7月1日恢复行使香港主权，敏感的香港股市很快就作出反应。是年9月，在英揆撒切尔夫人访京之前，恒生指数逾1 000点，至是年12月初，已跌破700点，地产股尤其显得疲弱。

1982年底，汇丰银行和渣打银行先后宣布向市民提供长达20年之自住楼宇贷款计划，亦无法作出刺激作用。

1983年期间，中英两国政府就香港问题召开几轮会议，均未能取得协调，两国关系紧张，影响所及，整个香港都笼罩着愁云惨雾，民心浮荡。

在1983年至1984年间香港稍有家产者，挂在嘴边，放在心上的一件大事都是移民，打算及早在海外找一个避难所。

1983年9月中英第四轮会议明显地毫无结果，会谈结束前一天，香港发生了港元疯狂下跌的历史性惨剧。

时为9月24日，因为第二阶段的第四轮中英会议均无结果，市面谣传四起，人心被滋扰得极度不安。是日的港元兑美元的汇价跌破九算，低至一美元兑港币9.7元，黄金狂涨至每两4 705元。

许多市民还恐慌至涌到各间超级市场去，把米粮油等各式食品抢购一空，造成香港历史上的所谓“九月风暴”。

9月26日，汇丰银行、渣打银行与恒生银行同时宣布，限制存户购买美元，限额为2 000元至5 000元。

延至10月15日，港府宣布稳定港元政策，固定汇率一美元兑港币7.8港元，并取消10%的港元存款利息税。至10月17日，美汇下跌为8.03元，同时黄金价下降为每两3 935元。

香港地产市道在此期间有如一潭死水，叫人望之而心慌意乱，手足无措。

李兆基亦面临在香港创业以来从未经历过的危机。

恒基兆业的既定方针是以一间制造楼宇的工厂自居，故而地盘无数，假如货品不断生产出来而积压着没有出路的话，再多的现金也难以应付周转，最终有拖垮集团的可能是存在的。

李兆基已经下定决心，绝不会离开香港。

在这个人心惶惶、举棋不定的过渡期初，李兆基深思熟虑，他深信中国领导人邓小平那一国两制、港人治港的创见是正确的。

既是有50年不变的宗旨与承诺，李兆基叫自己奋勇地跳过目前这段艰难的日子就好了。

地产是香港的经济命脉，地产价陷于低潮时，银行收缩贷款，在1983年至1984年间，恒基欠下二十多间银行的数额不少，李兆基既要应付银行还款，又要支付发展地盘之建筑费。

李兆基在这段非常时期采用了两个紧急措施：

其一是把还未开始施工的地盘，先行搁置。不易出售的地盘也放缓推销。集中精力把易于脱手的住宅楼盘以“楼花”方式分层出售，并加速完成入伙，如此方可有新资金以供周转。

其二是本着恒基一向着重的“四个分散”经营原则（即分散、分小、分期、分层），兴建的地盘多数是小型住宅单位，当时就用“大平特平”的价格向中下阶层推销。

面积既小，价钱又便宜，市民动用的现金不多而能置业买楼，正所谓“贱物斗穷人”，甚为一般家庭受落，销售结果超乎理想。

“分散”的好处：购入分散于港九新界的地盘，就可以分别吸引当地的用户购买。每个地区一定会有当地的拥趸，住惯了那区的居民，多半就地取材。加上，分散地盘不如屋村规模庞大，容易一下子就售清。

“分小”的好处：80年代市况不景，在设计楼宇图则时，住宅单位以越小越好为原则，在出售时自然就越容易卖。以少量金钱就可置业买楼，一定受小市民欢迎。

“分期”的好处：不需要一次过缴付大量金钱，只须缴付少量首期，以后的分期付款，无疑等于交租。这个制度在新鸿基时代为李兆基等所始创，自推行以来，对全港市民自置居所有所帮助。

“分层”的好处：在买入地盘，开始设计时，就以分层住宅出售为对象。因衣食住行为人生四大需要之一，必定会有销路。故此恒基的投资经营一直以分层住宅为主，工商用楼为副，又以出售为首，收租次之。若要货如轮转及盈利增长加速，非此不行。

李兆基采用上述措施，厉行“四分”办法，给他有足够的周转空间，很快就能套回大量现金，可解燃眉之急，得以渡过难关。

曾有外国投资基金，途长路远地跑来香港实地考察和了解香港在中英头几轮会谈时的反应境况，基金经理走访林高演时，惊异得很，说：

“这是我们访问的第五家地产公司，到前四家公司去都是冷冷清清的，怎么这儿竟有用家在签约买楼？”

这班有远见而又细心分析的专家看到恒基兆业这种鹤立鸡群的表现，对李兆基的经营手法评价极高。

其实，在1982年底恒生银行负责股票分析的区肇基就已经写了一个非常详尽的关于恒地潜质与前景的报告如下：

“恒基兆业地产有限公司业务大部分为发展物业，因此每年可分配盈利并不如置业收租之稳定，尤其是以目前经济及政治环境之下，更难预料来年之盈利，而事实上该公司主席在其报告内亦指出1983年度之盈利将逊于本年度。

“虽然如是，该公司目前正处于十分有利之地位，例如并无过分负债（事实上比对后该公司在银行有存款），承担项目不大，换地权益书及联营公司权益已经撇低（如日后地产市道一旦复苏，账面盈利将会大增），是以该公司现时正处于一个‘进可以攻，退可以守’之地步。

“根据1982年6月底之年结，该公司每股之账面值为2.35元，而10月29日在香港证券交易所收市价为0.9元，即市价比账面值折低约62%。本人估计该公司每股现值大约为3元正，以此计算市值比现值折低约七成，换句话说，现值为市值之3.3倍。假如1983年度该公司每股盈利为0.2元及股息0.15元，则市价盈利率为4.5倍，而息率为16.6%。

“虽然由于目前物业市道呆滞而致该公司股票难望在短期内有显著升幅，但该公司之优良财政状况及撇低之土地账面值实不容忽视。

“因此如果物业市道一旦复苏，该公司将为一主要受惠者。”

这个内部传阅的分析报告，送到恒生银行主脑人何添手上时，他对李兆基这位老朋友更加放心。

何添是银行界内公认的仁厚长者，他认识李兆基多年，一向对他的沉实从商、宽宏待人、严谨处事的态度十分赞赏。

除了何添之外，廖创兴银行之廖烈文和其弟廖烈智对李兆基亦信心十足。在目下，别说是地产业遭逢劫难，其他各行各业都在疲弱市道中蒙受影响之际，银行家也不可以不慎重选择支持的目标。

李兆基的信誉在这个非常时期不是受到考验，而是受到赞赏。

事实上，在这段艰苦经营的日子里，能渡过难关，绝非易事。就如一向财雄势大之香港置地公司，在1981年最高每股12.6元，经历1983年及1984年之低潮，股价一直在谷底徘徊，1983年最高股价每股只得5.05元，最低跌至每股2.2元。1984年更惨，最高股价每股4.4元，最低则为1.95元。迫得置地要弃车保帅，在1983年出售全部香港电话股份，1984年出售手上持有之大部分怡和股份和1985年出售全部香港电灯股份以减低负债。

李兆基非但屹立不倒，且始终坚持资金不作外流，当时本港重量级华资集团，也有随英资企业向海外分散投资者，1984年3月，怡和公司董事局主席西门凯瑟克更宣布董事局建议该公司迁册百慕达，并于3个月后召开的股东大会上获得通过。

但，李兆基坐在环球大厦六楼的办公室内，依然重复他在恒地上市前对股东的承诺：

“恒基兆业必以香港地产为主要业务。”

第十一节　恒地恒发　相得益彰（1984年—1985年）

1984年12月19日，香港600万人透过电视看到中英两国政府的总理和首相端坐在北京人民大会堂中，在国家领导人邓小平和李先念以及有代表性的香港嘉宾观礼下，正式签署了中英联合声明。结束了中英两国在香港主权问题上之争，双方同意开创一个平稳过渡的新局面。

翌日，香港股市立即全力反弹，恒生指数上升至1 187.54，为是年的最高点。

1985年开始，地产市道复苏，因政治局势不明朗而转往海外市场的企业家部分已经回流，开始重新在香港投资置业或者自置居所。加上全年利息偏低，银行界并积极提供种种优惠办法，以低成本贷款来吸引市民买楼。在这些利好条件之下，物业市道再次日呈活跃，并节节上升。

1985年，经仲量行估值计算，永泰建业的资产淨值为每股5.17元，于是恒地以每股4.75元收购，随后，于1988年更将永泰易名为恒基发展（简称“恒发”）。

自此之后，是要恒地与恒发的业务性质和动向划分得更清晰，使两家公司的形象确立，作风鲜明。

前者专注于香港的房地产发展，包括地产买卖、楼宇租售、地产设计、财务按揭、信托管理、建筑营造、物业估价及代客处理计划发展地产事宜。

后者的65.06%股权为恒基地产所持有，业务较母公司多元化，属下持有多间联营公司，包括中华煤气、香港小轮，并逐渐投资其他百货零售及酒店业务。

第十二节　劳燕分飞　好友辞世（1985年）

1984年时，李兆基已经带领着儿女住进昂然屹立于中区半山地王麦当劳道36号的惠苑豪华大厦之内，此幢大厦原本就是李兆基为家族而建筑的，并以其妻刘惠娟之英文名字命名（EVA COURT），但李兆基与儿女入住到这华厦顶楼一共四层复式的公寓时已缺少了女主人。

李兆基婚后的15年，其间乃新鸿基时代，由三大合股人当权，故李兆基不便偕妻在公司参政，这时刘惠娟只是专心当家庭主妇，生儿育女，故此琴瑟和谐，家庭生活过得颇为愉快。夫妇两人只在管教子女上，有不同方针，有着慈父严母之别。

其后的十年，也就是在新鸿基分家、恒基兆业独立门户之后，刘惠娟就参与恒基管理层的工作，自视为公司的大老板，与她共事的人都渐渐觉得她的强蛮好胜，狂妄自大，意气用事，任性争权，都表现在业务处理上头，终而弄至李兆基与她矛盾日深，意见分歧，思想各异，遂引致夫妻不和。

所谓“一山不能藏二虎”，当年李兆基曾苦劝其妻退居二线，但她反而变本加厉，一意孤行，李兆基详细考虑后，民主地跟几名儿女说出婚姻发生问题，最后经过家庭会议，又经多名亲友出面相劝，仍未能令刘惠娟回心转意，结果，始则分居，后则用和解方式经法庭办妥离婚手续了。

李兆基是终于住进了原为刘惠娟而建设的惠苑顶楼之四层复式豪宅。

当他推门进去那间应该是夫妻同住的主人套房时，感慨万千。他只看了一眼，跟身旁的小儿子家诚说：

“留给你三哥学成回港来住吧！”

之后，李兆基挑了另外一间只不过是200呎左右的客房作为睡房。

他想，一个人占用的睡房其实只需要放一张床，有一个能挂几件西装的衣柜就已经足够了，在香港寸金尺土的地方，这间睡房已经相当宽敞。

自己不是曾为很多很多小家庭设计过只有几十平方呎的房间吗?

在李兆基睡房的隔壁是他最常逗留的书房，装修也并不太讲究，只有一张相当宽大的书桌。李兆基坐在书桌旁，一就是埋首在文件与图则之中，一就是抬起头来，透过面前一大排的玻璃窗，看到美丽绝伦的香江景色。或者眼角还能瞟到墙上那幅从天花板直落下来的巨型全家福油画像。

李兆基之所以不住山顶独立别墅，而住在半山公寓，主要是大厦保安容易，而且交通方便，五分钟车程便可以到达中环写字楼，很能配合李兆基分秒必争的办事作风。李兆基的生活总是以工作为重的。

而且，人，只要知足，就会常乐了。

在这标志着李兆基事业会更上一层楼的1985年内，令李兆基极不愉快的是他三位多年的好朋友都在是年相继去世。

他们是在香港财经企业界均享有盛誉的冯景禧、杨志云和胡汉辉。

杨志云和胡汉辉都是恒基兆业董事，而冯景禧更是深交拍档。

李兆基实在舍不得他们。

冯景禧的去世也太突然、太意外了。

是年8月，冯景禧夫妇在女儿和女婿陪同下乘邮轮度假。

在船上他忽然觉得有点头痛，就昏过去，一直不省人事。

船上的医生立即急召直升机，把冯景禧送到温哥华的医院急救。

可惜，天妒英才，经过了一段日子的抢救，终因脑部血管两次爆裂，而与世长辞，

坐落中区半山麦当劳道的惠苑（Eva Court）豪华大厦，顶楼四层复式公寓是欧洲及亚洲首富李兆基的住宅。

上图：注重运动的李兆基常在惠苑顶楼的私家游泳池游泳。
下图：李兆基在惠苑宴客用之饭厅。

享年 63 岁。

不幸的消息传到香港，李兆基多少个晚上都睡不安宁。

李兆基在书房的窗前眺望，香江的夜景五光十色，这城市更美好的景致应在明天，应在下一个世纪，可是，跟自己一同成长一同奋斗的冯景禧，就再看不到了。

李兆基没有忘记，他只身前来香港创业时，冯景禧曾忠诚地向他伸出友爱之手。当李兆基有商业上的疑问时，冯景禧跟他认真地研究商议；有什么好的生意，一同携手合作。这种共患难同欢乐的日子叫人回想起来，太感慨。

当冯景禧的灵柩从温哥华运回香港的那天晚上，李兆基正在恒基兆业与老伙计梁升开会，他黯然地对梁升说：

"我和你去机场接禧哥吧！"

路上，李兆基又感慨地对梁升说：

"今年是个什么年头了？怎么老朋友一个一个的辞世呢？拥有天下的财富，和人世间的成就，而没有多少朋友和亲人共享的话，又有什么意义呢？"

李兆基待朋友以真心诚意，是千真万确的。

跟他同住的大儿子李家杰会告诉你：

"我少见父亲有忧伤的时候，只除了 1985 年冯伯（李家杰对冯景禧的尊称）去世和 1997 年父亲丁母忧时，他才在好多个晚上把自己关在房里，不愿跟别人讲话。"

当然，日后他以友善方式收购杨志云的美丽华酒店一役，也可以作为李兆基重视友情的实例引证。

第十三节　固本培元　发扬光大（1985 年 — 1987 年）

1986 年对恒基兆业集团来说，可以说是固本培元，再作冲刺准备的一年。

经历了 1982、1983 以及 1984 年的全面经济衰退之后，1985 年地产业已经恢复元气，日有起色。

港岛住宅在1984年每平方呎平均只售690元，但至1985年，已升到780元。

到1986年，香港各大企业集团已经重新站稳阵脚，又打算摩拳擦掌，争一日之长短。

李兆基在这个香港地产复元后稳步上扬的阶段，为集团定下了几个重要的基本策略。

从1986年初，几乎每一次李兆基主持的集团内部策略会议，都重申恒基兆业的最大特点，就是要以分层出售为主。

换言之，集团业务要以收租为次。

未来的行动是从速建楼出售，赚取盈利及有资金回笼，再行购入“原料”用地，以达到货如轮转的目的。

故此李兆基认为建成之商住楼宇，除新区的商场因为每年增值相当可观，可用作收租外，其他尽量出售。对于出租物业，也要有五大法则需要注意。

其一是租务部从今要注意，凡是月租逾万元之租约，必须由高级职员去商议租约细则。

说到底，高级职员经验与学识比较好，头脑比较灵活，在议论租约时不会令公司有吃亏的地方。

其二是租楼的对象要小心选择，尤其以公司名义租屋，必须查清楚是否草鞋公司。万一长租约是租给这些公司的话，就有机会拖累恒基要承担跌市时租客毁约之风险及损失。

其三是负责租务的同事必须注意租务上有所谓有形及无形的两种损失。

租客欠租拒交租乃属有形损失，数码有限。

如果集团跟租客签了租期过长或租金过低之租约，所引致的无形损失更大。

要减低无形损失则需依赖控制租约条件之技术。

故此凡有商场要出租，必须细心研究才订立租约条件。

其四对于一些市场信用昭著及有名望的商户，一定要尽量招揽，因为可以引起“名牌”效应，有宣传价值，对商场之租务及日后之商场生意也有帮助。

其五是要跟代表公司之律师密切联络，租客欠租或有不履行义务的情况发生，其实应由律师楼出手相帮，效果会比由公司出面追讨有效，而且可以节省内部人力。

由此可见李兆基处事心细，数目精确，他曾有一句名言说：

“小生意怕食不怕息，

大生意怕息不怕食。”

对李兆基而言，他笃信做小生意最要勤，最不喜欢把时间及金钱花用在吃吃喝喝的应酬之上。

至于说做大生意，最紧要是计数精确。生意额大，牵涉的本钱和盈利大，一出一入的利息，多一分少一分是很重要的。

故而，李兆基郑重地向同事解释，在1982年至1984年，为了要促销楼宇而特别设计的优待买家条件之一是由恒基贷款，这些分期贷款业务等于是权宜之计，因为资金积压在贷款之上，所得到之利息极少，而资金用于营业，三四年就有机会双倍收成，利润差距太大。

尤其在1986年，银行利息低的环境下，更应从速把给客户的贷款转让给银行。

作为恒基兆业集团的掌舵人，他清楚自己的这一条船的营运性质和目的，不能把一间地产发展公司慢慢变为一间财务信贷机构。

利用息率低，市道回升，1986年的恒基大计是把开售地盘增加一倍。

1984年内开售的地盘总额16个，楼面面积约共100万平方呎。

1985年内开售的地盘为14个，楼面面积约共120万平方呎。

李兆基在1986年给下属的业务指标是要有29个开售楼盘，即等于1984年及1985年之总和。

大约估计可以在上半年开售12个楼盘，楼面面积约150万平方呎。下半年则开售17个楼盘，楼面面积约为150万平方呎，合共要出售约300万平方呎的房产。

如果这个指标顺利达到，则是年的公司溢利可能作三级跳，相当可观。

要完成这个年内的盈利目标，李兆基还指出了一个技术性的问题，就是必须掌握交地盘与建筑施工日期、售楼日期及入伙日期。如果每个环节都拖延，势必会影响到利润收益和资金回流。

要令广大投资者及国际投资基金认识恒地股份，明了该股的优良质素及升值潜力，是需要长时间的推介，不厌其烦地接受基金及报界的访问，提高透明度及盈利预测的可靠性，林高演及他的同事，在这方面做了大量的功夫，公司年报亦每年作出准确的业绩预测，渐渐恒地的股份更多人认识，虽然股价由于客观因素并未脱幅跳升，但已渐成基金的宠儿。

李兆基于是开始另一个重要的集团策略，先将所有的准备功夫做足，待时机一旦成熟，随时可以发行新股集资。

他的这个部署，在1987年中就已生效。

恒地成功地引用了上市法例中那条“发行不超过10%新股条例”，在自己全盘策划之下，发行新股一成。

结果即时就集资8.3亿余元。

是次集资的得心应手全因细心研究了上市集资法例而灵活运用所致。

是次集资林高演的保密功夫做得百分之百妥当，先后只不过闭门苦干数小时，消息全无外泄，且还避免了繁复而且昂贵的上市程序。

经过了这次经历，恒基兆业集团开始循着一个既定的、可以活学活用的市场游戏规则，谋求更壮大的成长。

以下的一个十年，就更见李兆基的才华和本事了。

《第四章》

成功

第一节　预见股灾　胜算在握（1987 年）

20 世纪 80 年代末的香港华资集团实力强劲，且具灵活性，李兆基在 1987 年曾参与过收购香港置地的事件，与李嘉诚、郑裕彤和荣智健联手出价，到最后关头，被置地游说，终于念着香港置地毕竟在香港有长远历史，四位华资企业巨子便同意放弃这个轰动一时的收购置地计划。

同年，东亚银行的董事局，由李国宝为代表，隆而重之地邀请李兆基进入东亚银行的董事局出任董事之职。

兼任了银行董事，可见李兆基在香港企业界的地位更上一层楼了。

他也决不是图个虚名就算的人，一向处事认真的他，自从戴上了银行董事的桂冠之后，非常积极地留意香港的银行业务，经常向与他熟谙的银行家如何添、廖烈智和温超元等求教，汲取经验，以能对香港银行业务有更多认识，可以对东亚银行提出建设性的意见。

温超元看到李兆基加入东亚银行董事局，还幽他一默说：

“你别真的当银行家当出瘾头来，就打算收购一家银行呢！”

李兆基也随即笑着答道：

“你放心，我不会做银行老板，如果我做了银行老板，就不方便向市面上数十间银行借钱了。”

李兆基的眼光敏锐，个性如银行家风格，相当稳健。

例如在 1987 年的下半年，香港经济过热，港岛住宅楼价已经平均超逾每平方呎 1 000 元，股市更是雷厉上扬，市场人士大多兴奋，只有李兆基感觉到社会经济会有隐忧。

他跟林高演从 9 月份开始，就已经认真地研究整个市场走势。

李兆基有一个工作习惯，他一般是很能耐心地听下属给他分析、条陈、建议，静听完对方的意见之后，他的脑就活像电脑般，把输入的所有资料与数据，贮存过滤，然后很快地得出一个答案。

林高演当时把外围证券的走势、经济过热的现象和股市炒风过劲的情况报道之后，李兆基心上已经有数。从这件事上，他对这位得力要员的敏锐眼光和缜密头脑，也赞赏不已。

当天他对林高演的指示是：

“聪明而谨慎的人既然知道是山雨欲来风满楼，最应该在这个时候就得出货了，免得走避不及。别忘了还有恒指期货对大市的拖连作用，更是可大可小。”

果然 10 月 19 日，香港受到美股大跌的影响，恒生指数由上个交易日之 3 783.2 狂泻 420 点，报 3 363.2，是恒生指数创建 23 年来跌幅最大的一天。

翌日，联合交易所宣布停市四天。

股市重开的当天是 26 日，恒生指数仍在一天之内狂泻 1 120 点，报 2 241.69，为有史以来最大的一日跌幅，股价平均跌了 33%。

市场经过这次严重的跌市打击，的确是风声鹤唳。

楼市因而会被拖累，这原本是意料中事。

然而，这场风暴波及房产价格只及 10% 至 15%，优质物业的跌幅更低，是比较出人意表的。

李兆基的分析是：近年地产的升幅仍然有空间，未曾有风驶尽帆。

香港股票跌了五成，楼宇只跌了一成，可见地产的承接力仍然存在。

若以香港目前的房价和租值计算，每年可有八至九厘的收入，比海外的纽约、东京还要出色。

由此，李兆基依然看好香港地产的后市。

但由于股票跌得过分，而楼价相对地跌得不足，很可能还要观望一个时期，让土地原料的价格跌到谷底，然后才入货未迟。

在 1987 年尾与 1988 年初，李兆基以手上的换地权益书，预计从政府批出的每季

30 万平方呎地皮中，可以有三分之一属恒地所有，一年下来，总计共应有 400 万平方呎的上盖楼面面积可供发展。于是对再买入原料地皮，并不过急。

他的这种谨慎入货，却随时留意机会的营商态度，使他在 1988 年的 5 月又以相当便宜的价钱，斥资共 3.58 亿元买入一大批换地权益书。

一年之前，还在忧虑土地原料价格越来越昂贵，不知如何入货的李兆基，竟然受惠于 1987 年的 10 月股市风暴，而入了一批平货。

各人的运程不一，以致做成事业的兴衰，然而，更重要的是有些人，如李兆基，的确明白生意的成败在于谋定而后动，要低买高卖，是不可以盲目跟风，亦不能冲动鲁莽的。

第二节　稳定繁荣　成竹在胸（1988 年）

自从《中英联合声明》正式签署之后，中国实行一国两制的诚意，渐渐被很多香港以至海外人士接纳和信任。

尤其是商界中人，对中国实施四化，厉行市场经济的决心，普遍欣赏。

李兆基通过各种渠道的接触，使他对邓小平实行“有中国特色的社会主义”这个概念，充满信心。

在投资策略上，李兆基并不是完全否定分散投资，只是知道分散投资有其吃亏的地方。

他亦相当客观的拿香港的投资环境跟海外的相比，的确是香港优胜得多。

就以李兆基调查所得的美国物业收租市道为例吧。

在彼邦以物业收租的成本高昂至难以接受，包括政府征税每年一次、大厦管理费（一般约为月租的四分之一）、经纪介绍租户之佣金（通常要收两个月的租金作为佣金）、要给予房租客的装修津贴，以及免租期等，合共的支出，可以使收租的大厦首两年全无进账。

就是一般的写字楼，假如每呎毛租收入为 20 元，在扣除了各种费用之后，实收只会净得 11 元。

此外，租约多是相当长期的，冻结资金之后，减弱活动的赚钱机会，这种间接损失更加难以计数。

反观香港收租相当好之商场，一般租约期为二至三年。

商场在三年租约满了之后，由于入住人口的有系统有秩序递增，会变为生意滔滔不绝的畅旺场地，租金跳升 50% 是等闲事。

李兆基也有分散投资，但投资比例很少。例如 1988 年他投资在加拿大温哥华的博览会旧址，场址占地面积共 890 万平方呎，可建之楼面面积为 1 500 万平方呎，其中住宅面积约占 1 200 万平方呎，商业面积约占 300 万平方呎，李兆基占是项投资 15%。除此之外，在邻近唐人街处的“国际村”地盘，全为李兆基名下所有。“国际村”地盘面积达 46 万平方呎，可建之楼面面积约为 160 万平方呎，分作多期发展，将提供 1 400 个住宅单位，2 300 个地下停车场车位，46 万平方呎之零售铺位，酒楼食肆及其他各行各业的商业空间。建筑工程自开始以来，进展相当顺利，首期名为巴黎阁已于 1995 年落成入伙。

加拿大的地产投资只属李兆基个人名下，恒基集团始终集中投资香港。

李兆基在 1987 年已注意到中国资金有慢慢流入香港市场的趋势，这对香港地产前景更为有利。

是年开始，中国广东省以及沿海省份，已有资金在香港购买物业，多作收租之用。

香港目前的租金跟其他国际大城市比较，还不算是高不可攀，换言之，尚有进展之潜力。

李兆基暗地里计算，充满信心地认定在往后的十年，内地在香港投资物业大有可能取代日、英、美各个国家。

这个预测当然以中国的四化改革和经济开放为基础。

而且既然对一国两制深具信心，中国竭心尽志保存香港，使之在资本主义制度下

上图：东亚大学颁授李兆基工商管理荣誉博士学位。
下图：李兆基与前加拿大总理杜鲁多一同获东亚大学博士学位。

李兆基博士投资加拿大温哥华博览会旧址，兴建宏伟壮观的加拿大国际村。

持续繁荣稳定的话，因此没有理由不令地产业欣欣向荣。

与此同时，香港政府为了解决市民居住问题，已经推行贷款新政策，资助公屋居民购买私人发展的住宅楼宇，虽然贷款额只有50 000元一个单位，在这近期楼价仍节节上升之环境中起不了什么作用，但到底是一个鼓励置业的具体政策，对楼宇的保值有良性影响。

经过这种市场现象的分析，李兆基在这一两年的建屋政策，仍然是以适合大众口味的中小型楼宇为业务重心。

他是数十年如一日的，对每一个地盘的图则都参与意见。

他看着特为中小家庭而设，日渐受欢迎的700呎左右的楼宇图则，就对则师说：

“中小家庭很少会在家里招呼亲朋戚友，同事互相拜访的情况亦不多，有什么喜庆宴会，都是光顾酒楼茶室，因此客饭厅反而不必太大。多出几十呎设一个浴室放在主人房里，就更有特色了。”

谁个中等人家一天工作劳累回家，不想夫妇二人躺在床上，一边休息闲谈，一边看电视。主人房兼有浴室，自成一国，更是便捷。

因此，中小型楼宇的主人房开始设计为套房，又是李兆基匠心独运而最终证明大受欢迎的方式。

是年，澳门东亚大学颁赠工商管理学博士学位给李兆基，表示对他在香港商界的卓越成就致以崇高敬意。

第三节　并楼行动　神乎其技（1988年）

收购旧楼及换地权益书得来的土地贮备，恒基地产在香港地产界是无人能出其右的。

而其实更有趣，也更奇情曲折的争取土地贮备手法，是李兆基一直主持兼坚持的并楼大行动。

知道李兆基如何去把一层层、一幢幢的旧楼并凑成一个大地盘，拆迁改建成一大座巍峨的新厦，就会更清楚、也会更佩服李兆基为何可以稳坐香港地产大王的宝座了。

几十年来，李兆基并旧楼的行动无数。

他习惯在市区看到最旺地点有什么旧楼，就发散线报去调查该等楼宇的业主是谁。

李兆基是兵强将勇的主帅，助他打赢一场并楼大战役的，不一定全是他集团内的全职职员，而其实大多都是在市场内有很多资料和消息的地产经纪。

心甘情愿地为李兆基效忠的经纪实在为数甚众，主要是李兆基从不克扣“军粮”。很多地产公司的老板，最舍不得就是经纪佣金，一幅地皮或一宗楼宇买卖，到最终讲成价了，那些老板就会对经纪说：

“对方不肯减价，那就减你的经纪佣金吧，否则就不成交了。”

他们就是拿准了经纪宁愿少拿佣金也比做不成生意好的心理，占他们的便宜。

李兆基除了待人忠厚，不忍心刻薄之外，他其实相当聪明，明白到现代企业要成功，要靠资讯，而消息门路是一种有价服务。

为此，市场上有什么好货色，地产经纪都会在第一时间就通知李兆基。

于是在哪个好地点的旧楼一有出让，立刻就有盘口放在他的办公桌上。

并楼毫不简单，而且是极其艰辛劳累的一回事。

要同时成功地向很多个业主收购物业，才可以并成一整幢来改建。

只要其中一个单位的业主摇头说个“不”字，就会令整个并楼计划功亏一篑。

市场上还有一些人专门“吃夹棍”，也可以说是“打楼钉”。那就是说，有些市场中人知悉恒基正在某地方并楼时，他们会千方百计的捷足先登，在那目的物业内先抢购一个单位，活脱脱像在墙上打了一口钉似的，要除去这口“眼中钉”，就是他们开天杀价的时候了。

李兆基的营商手法是只看大数，如果计过有盈利，他不介意有多一个人分一杯羹。

故而，遇上这种“打楼钉”的人，倒是好办。

彼此讲妥价钱，就把问题解决了。

但，很多时要旧楼业主出让物业的困难与麻烦，真非局外人所能想象。

就以 1988 年 3 月份开始，恒地在电器道、宏安道、单边福荫街、油街等地段的并楼为例，就可见李兆基的耐心、魄力与公道。

首先，在 1988 年初，恒地留意到在宏安道 1 号至 19 号的业主有意思转让物业。但单要了这个地盘，改建面积还是不够大。

于是又继续探听在宏安道 21 号至 27 号的相连物业，有没有可能购入。

这个物业正好是单边，一旁是福荫街，如果可以打通了，将来的楼宇就多一面单边，好用好价得多，另外楼面面积的倍数也可增加。

其中一个单位的物业是夫妻联名的，那位太太说：

“卖价虽然好，但不能为了钱而连累我儿子的学业。”

原来业主的独子在附近一间名校就读，如果搬了，就影响他上学。故而除非恒基可以替他们的儿子觅到另外一间好学校，还要介绍他们在那附近买回一个好的住宅单位，他们才肯搬。

向他们推荐新居，还比较易办，要替孩子找学校，那就比较艰难了。

这件事当然不得不报告李兆基了。

他听了，想一想，道：

“让我试试吧。”

原来前些时候，才有位老朋友摇电话来给李兆基，因为移民加拿大之后回流，女儿要当插班生，于是便拜托李兆基说：

“四哥，你人面广，门路多，可否替我想办法？”

李兆基听后点点头，便为朋友四处张罗了。

为了要使那个业主出售单位，李兆基对秘书说：

“我们又要找学校收小学生了，不过，这回是收男生，不是收女生。”

难为日理万机的亿万富豪，花费心机，辗转拜托，终于连学位和居所都给找齐了，才把那个旧楼单位买回来。

这并楼的第一个阶段，历时半年，算是完成了。

所并得的地盘已属三面单边，一共有 1.5 万平方呎。

李兆基要善用资源，务必要将地盘伸展去电器道，打成一大块相连的地皮，将来兴建的大厦正门在电器道，楼价就非同凡响了。

因为宏安道，只能算是住宅用地。但，电器道则是大路，商业价值比较高。

于是林高演联同严平西、黎永坚等恒基大将，立即召集有关经纪，对准目标进发。

总之是耐心地见一层买一层。

务求要买得电器道 187、189、191、193 号共四间，以便该地盘能相连及打通。

李兆基知道该电器道四间物业乃属一家中资地产公司，于是连忙请经纪跟他们商议，恒基用附近木星街 2 号至 12 号面积较大的恒基地盘跟对方交换，再补偿了 160 万余元现金给中资地产公司，就达成了这宗交易。

最后还要努力把其余十间收购，才是完整无缺的一个大地盘。

就在这最后一个并楼阶段，所要面对的就已经有 20 个业主。

只要每一个业主，每日摇一个电话，谈 15 分钟的事情，当天就要应付 20 个电话，半天时间就没有了。

何况情况还是说有多复杂就有多复杂。

除此之外，有些业主要求立即换楼，又得把恒地现有的出售物业陈列在对方跟前，努力推介。又有些要谈补偿装修的细节。更有些物业的业主是第二代，牵涉到遗产问题等等。总之难题之多，有如天上繁星，天天都闪得人眼花缭乱，头昏脑胀。

最终，李兆基以几十年如一日的韧力，领导着一群并楼战士勇夺了这块北角罕有的黄金地皮，合共 28 间旧楼并成四面单边，面积共有 30 055 平方呎。

整个收购过程自 1988 年 3 月至 1993 年 1 月，历时四年零十个月的艰苦经营，少一点耐性，缺一点心思也不可能完成。

从这个共一百多个业主的并楼例子，就知道李兆基的成功得来不易。

恒地的并楼行动很多，每一次都是心机和血汗的累积，跟一般地产公司只研究洽购一个大地盘所要付出的是云泥之别。

恒地多年来，绝少在政府的官地拍卖场合中出现，却能够占领城内为数甚多的黄金地盘，依靠的就是乙种换地权益书和并楼行动。

先前买入的宏安道，原本是拟建住宅的，后来买入电器道，因电器道地点环境好，可合并改建为商业楼宇。

同样，恒基兆业买入谢菲道的一块地皮，在并凑过程中，努力找到搭通骆克道的一个小地盘，连成一片，那么就成了骆克道的物业，价格就比谢菲道高得多了。

这跟在罗便臣道并楼，终而搭通了干德道，以干德道为新楼门牌是一样的。这样，整幢楼宇的价钱就攀升了。

熟悉政府建楼条例的李兆基，更加明白一块普通市区住宅地皮在没有单边时，建筑比例可能只是八倍，但两面单边就可增至九倍，三面单边更是十倍。為此，能把一幅无单边地皮，向左右前后继续努力，终成为三面单边的话，等于平白多得两倍面积。故此，并楼成功就可以获得厚利。

恒基兆业的出色并楼成绩，近这十年还可以列举的有如下地盘（大部分是分层楼宇，“每间”由数个业主占有，“每幢”由数十个业主占有）。

香港区计有：

1. 宏安道共八间，面积 8 525 平方呎。

2. 骆克道与谢菲道共十间，面积 8 023 平方呎。

3. 渣华道共七间，面积 9 153 平方呎。

4. 罗便臣道七间和干德道一幢，面积 26 173 平方呎。

5. 万茂台共八间，面积 13 680 平方呎。

6. 士美菲路共两幢，面积 7 395 平方呎。

7. 干德道一幢和罗便臣道三间，面积 34 297 平方呎。

8. 德辅道西共七间，面积 10 333 平方呎。

9. 罗便臣道四间和西摩道两幢，共面积 11 215 平方呎。

10. 德辅道中共十间，面积 8 686 平方呎。

11. 德辅道中及永乐街共 15 间，面积 12 968 平方呎。

12. 宏安道和电器道共 28 间，面积 30 053 平方呎。

13. 西摩道两幢和四间，共面积 17 636 平方呎。

14. 石水渠街、大道东及太原街共 29 间，面积 22 728 平方呎。

15. 英辉台共七间，面积 11 281 平方呎。

16. 宝云道两幢，面积 47 937 平方呎。

17. 春秧街共九间，面积 9 518 平方呎。

18. 渣华道共五间，面积 7 036 平方呎。

19. 英皇道一幢，面积 9 120 平方呎。

20. 坚道及宝华街共八间，面积 12 818 平方呎。

21. 麦当劳道一幢，面积 10 597 平方呎。

九龙区计有：

1. 渡船街共十间，面积 7 399 平方呎。

2. 德兴街两幢，面积 10 884 平方呎。

3. 昌华街及青山道共 11 间，面积 11 583 平方呎。

4. 南昌街的九间，面积共 8 625 平方呎。

5. 棉登径及白兰轩道共 15 间，面积 19 053 平方呎。

6. 双喜街一幢，面积 10 450 平方呎。

7. 太子道及景福街一幢，面积 18 050 平方呎。

8. 大有街一幢，面积 15 400 平方呎。

新界区则有元朗大马路共八间，面积 7 949 平方呎。

在香港，是寸金尺土。

因而，李兆基是寸土必争，哪怕是一寸土地需要几番心机和千百回的奔波与周转。

谁说亿万富豪的财富不是心血和勤劳的结晶。

第四节　国内国外　牛刀小试（1988年）

恒基兆业每个月都有经理例会，在会上，同事最怕听到李兆基提出，在市场内有哪一家地产发展商的建筑效率比恒基兆业快。

而偏巧这些资料李兆基都了如指掌。

到如今，都没有人知道李兆基为什么如此神通广大，他完全知道业务上的各个对手的强弱之处，城内各大型楼宇落成的快慢尤其在他洞悉之中。

对集团公司角色的分配，李兆基亦作出了调整。他把恒发清晰地改为“洋行”式来经营，除既为控股公司外，并将收租物业拨进恒发，使得每年均有固定的经常性收益。

这个调动，无疑提高了恒发的市场地位。

李兆基相信，香港有名企业的大行在今日之前是英资独领风骚，但在今日之后，由华人控股的“行”，将在香港渐居领导地位，而且渐渐会令国际投资者瞩目。

事实上，香港华资企业家的卓越成绩是有目共睹的。

在五六十年代，菲律宾、印尼、新马泰的华侨财富与成就，都凌驾在香港人之上。

但这个大势在70年代已慢慢有所转移，过渡到80年代，香港华资企业家的实力在亚洲已是声势显赫，不容忽视的。

一踏进90年代，香港富豪在相当稳健雄厚的底子下，财富与成就已能凌驾在菲律宾、印尼、新马泰富豪之上。

香港企业家叱咤风云、顾盼生辉的时代已经开始了，因为他们不论财富累积、企业影响力、国际声望等都有足够的条件在亚洲遥遥领先。

立足香港，放眼世界是李兆基事业发展的一贯宗旨。

当香港的基础稳定之后，不妨向周围探索机会。

但有一点是李兆基始终坚持的，香港之外的投资，除中国内地作另类处理之外，其余地方，小试即可，并无雷厉进攻的打算。

故而，当一班谈得来的商界友好如李嘉诚、郑裕彤、邵逸夫、曹文锦、周文轩等请李兆基加盟，一起投资新加坡，兴建规模庞大的会议展览中心，李兆基也就欣然答允。

通过一个投资去观望当地的经济发展，基本上是值得尝试的。

与友人携手共事，三人行必有我师，更是很大的乐趣。

李兆基是以轻松的心情，严谨的态度去参与新加坡的投资，而把更大的祈望放在与霍英东合作的番禺投资之上。

这个合作计划的投资者，除了恒地和霍英东之外，还包括番禺市政府和广东省政府。

计划是开发番禺的洛溪新城，大量建造适合当地人士用途的庞大住宅楼宇，当然还有商场铺位纳入长期的收租项目。

整个投资计划，李兆基交给他的亲信林高演负责。

投资中国地产的概念早就在李兆基心上，这次的计划无疑比前些年投资花园酒店和中国酒店规模更大，并且更直接参与实际营运经销工作。

恒地看好内地地产市场，因为中国人口共有12亿，只要每日有50亿个生产小时，就已是全球独一无二的。估计内地发展至21世纪，国民经济应可进入“小康”阶段。

若认为目前仍属烧冷灶的阶段，也是值得尝试的，因为可能发展的空间之大，可能回收盈利之丰，真是在世界其他各地所绝无仅有的。

事实显示李兆基眼光独到。

恒地在1988年投资番禺洛溪新城1 400万元。

恒地在1988年投资番禺1 400万元，实际的回笼盈利在1991年报728万元，1992年报1 170万元，1993年报2 550万元，1994年报740万元，1995年报456万元，1996年报186万元，合共5 830万元。

而尚未发展的土地还有38万余平方米，容积率为1.8倍，可建楼面为735万平方呎，恒地占25%股权计，约值港币8 750万元。

未出售之住宅及商铺，属恒地名下的估值为3 000万元。

此外收租之地铺物业共有20 184平方米，收租商场物业又有1.6万平方米，恒地可以稳收2 850万元。

投资该个地盘，初期只为1 400万元，但自1988年至1996年，为期八年的时间，估约共赚1.46亿元，能有十余倍的利润。可见适当的投资十分重要。

第五节　能征惯战　举重若轻（1989年）

香港地产市道自1985年起回升，速度相当快，至1987年底，虽因全球股灾导致本城楼宇一度受挫，但只沉寂了一个时期，很快又复苏活跃起来。

1989年的楼价较1984年时大约平均上升了约130%。

是年平均售价以每平方呎计，港岛住宅为1 704元，九龙住宅为1 407元，新界住宅为1 310元。至于工厂大厦平均售价则为1 119元，甲级写字楼之平均租金则徘徊在每平方呎30元左右。

1989年春夏之交的政治风波，不错，是给香港市道造成困扰，可是，当时以为香港地产从此会一蹶不振，甚至认为会有一段长时期沉寂的人，最终都“大跌眼镜”。

是次的地产风潮只是一个极短时期，显著的影响是使去势甚速的1988年楼宇炒风放缓下来，而实际楼价并没有大跌。

这显示出香港人的经济贮备相当稳健，每个手上有物业的家庭，仍然有充足的融资以应付经济风浪和不时之需。

香港已经是一个商业成熟的城市，也因为战后40年来经历的波浪不少，有点见怪不怪，其怪自败。

最重要的是，香港商界仍然凝聚了一群对中国政府和内地经济信任的力量。

于是1989年的地产，不错，在7月份反应最激烈，楼价下跌20%，之后就止跌回稳，到1989年底至1990年初就已有缓缓再升的迹象。

因有1983年应付困境的经验，这次的地产风潮对恒基兆业更是不成问题。

投资兴建新加坡会议展览中心的新达城市发展有限公司董事于1988年合照：后排由左至右：周忠继、王惟翰、叶元章、李达三。前排由左至右：周文轩、李兆基、邵逸夫、曹文锦、李嘉诚、郑裕彤。

《第五章》

高峰

第一节　养精蓄锐　待机出击（1990年）

如果说：

50年代是李兆基的摸索期，

60年代是李兆基的奋斗期，

70年代是李兆基的成长期，

80年代是李兆基的发达期，

那么，20世纪90年代是李兆基的高峰期。

1990年初的他，实力与名望已经在香港以至亚洲相当显赫。

无人会否认他是稳居香港十大首富和十大知名企业家之行列。

一踏进20世纪90年代，李兆基采取很审慎的态度去观察周围环境包括国际投资气候，以为集团和家族筹划前途大计。

1990年因为伊拉克入侵科威特，造成海湾危机，大战一触即发，世界各国金融观察家都对全球经济看淡。

于是外围股市全面大幅下挫，港股敏感地被波及以致下跌二至四成。

李兆基本人认为“伊科”问题不会一发不可收拾，对香港前景更是满怀信心的。

他当然没有受内外围的影响而不发展正常业务。正如他一直在人前人后解释，各行各业中最长线投资的生意就是地产。房产事业的生产期至销售期相当长，由政府拍卖土地，到画则起楼，再而至出租出售，首尾最起码要四年时间。如果地皮不是由拍卖而来，靠收购旧楼改建，则更需要长达六至七年光景才能见到焕然一新的大厦面世。

地产发展这行业绝对不是即食面，不可以今日好景，就搭棚建筑，到楼宇落成，届时可能又是另一番新景象了。故此，从事地产业务是不能以1997年为界限。

李兆基有别于其他某些地产公司，他视恒基兆业为楼宇工厂，工厂假期除了春节之外，是一年到头都不会想到停工的。只会不断的生产，不断的销售，不断的再投资、再生产、再销售。总之要价廉物美，货如轮转，不着重于收租。

然而，这个既定的宗旨，一直施行，也有缓急之分，轻重之别。

那就是说从买入“原料”，到设计兴建“制成品”，再而销售或出租，有很多工序。

哪一个工序在哪一个时间应该加速进行，哪一个阶段要拖慢完成，就是最高的调控技巧。

全看总舵主的头脑是否精明，手法是否灵活。

其时 1990 年伊科海湾危机，造成国际投资不景气，当时股市大跌，地产价格虽然仍站得住阵脚，但李兆基在这一年不打算为集团作什么大计划。

他视这一年为清闲期，劝喻下属不必冲锋陷阵，就利用时间做好后勤工作，争取把极度忙碌时积下来的事务清理。

李兆基观察到中小型楼宇价格仍然坚挺之外，又不至于有价无市，这反映一般市民的心态，无非是趁低价格置业安居。

这显然是一个好的兆头。

虽然银行将最高按揭成数定为 70%，政府亦立例规定住宅物业印花税须于签订买卖合约时缴纳，但仍阻不了楼市有上升之趋势。

为此，李兆基作好种种部署，等待在海湾危机消弭后便可立即进攻市场。

第二节　望子成龙　后继有人（1990 年）

一踏进 20 世纪 90 年代，李兆基就为家族部署一件大事。

长子李家杰在英国接受完正统大学教育之后，已在 80 年代回港在集团内学习。经过了这几年的观察和培养，是时候放手让他去独当一面了。

对于儿子，他自问其实是有要求的。

李兆基早期熟读中国古书，后期参读中国新文学，思想开明而自由。他心里盼望儿女成才，但所采用的教导方法既不是严肃拘谨，又没有流于保守迂腐。

含着银匙出生的孩子既有优越而充足的条件去风花雪月，或是伤春悲秋，做父亲的就由着做儿女的先去过他好奇而盼望能过的生活，然后，盯着他，看准了时机，把他拉回身边来。

李家杰从英国学成回港，没有立即在恒基集团服务，他先与友人合伙经营娱乐性质的生意，赢取经验，稍后才回到父亲的企业内助父亲一臂之力。

说来难得的是，李家杰十五六岁开始，因为受李兆基熏陶，竟然也喜欢闲来就念四书五经。国学很有点底子，总算有中国人的儒家传统思想这方面的心得。

李兆基对两个儿子李家杰和李家诚的训练都一样，要他们在集团内涉猎各方面的工作，好好学习。

李兆基没有一下子就把大权交到儿子手上去，而是循循善诱。他最要令家杰明白，年轻一代入主父系企业，切忌动辄革新以示现代化，以示讲求进步。

好大喜功往往是下一代在承接顺境之中，最易触犯的大忌。

李兆基与李家杰在这一点上，沟通得十分好。

记得李兆基年轻时，初到贵境，在中环有家老字号的药材铺，金融界中人有什么头晕身热，伤风咳嗽，就会跑进去买包中药医治。

铺内的掌柜会不厌其详，和善诚恳地将每一种中药的药名和成效用途，向客人详加解释，令人不但增加知识，而且增加信心。

到近十年八载，后人继承药店事业，雷厉改革，说是讲求工作效率，开始取消了与客人的亲切沟通，日子有功，旧顾客没有了亲切感而不一定光顾，新客更无特别关系可言，只要药到病除，走进哪一家药店去买药都没有两样。于是生意与信用也就大不如前了。

李氏父子齐齐分析，这药材铺的成功故事，根源在于照顾客人的诚意，从而建立客人的信心，于是人人心目中有个要买好药真货，就是途长路远，拐多少个弯，转多少角也得去光顾他们。

全盘现代化之后，抽离了诚意，削弱了信心，一旦客人生了个“哪一家药店都差不多”的念头，等于自行取消了顾客心上的专利权，让同业竞争者有机可乘了。

李兆基长子李家杰（右一）克绍箕裘，表现出色，难怪李兆基笑逐颜开。

所以，机构的根本宗旨不可胡乱改革。

创办人的处事作风更不宜鲁莽动摇。

这是继承人最要明白的大方向。

大方向对了，其他的处事细节法则，反而可以一步步地体会吸收。

李兆基常常教导儿子家杰和家诚做事要谨记三个基本原则。

其一是少年得志，狂妄自大，游手好闲，不思勤奋，是失败之源。

放纵自己，轻佻浮躁，早晚会闯祸。

凡事不可忘本，饮水而不思源，后果堪虞。

李家杰信服父亲为富不骄，怀旧致远的性格，因为小时候家里未曾发大达，那时的李兆基跟现在富甲一方的他，根本没有丝毫改变。家杰认为做儿女的，必须仿效父亲的品德，以他为模范。

其二是“一曰忍、二曰俭、三曰不敢为天下先”，凡是忍让，有意想不到的收获。李兆基从来教诲两个儿子，在与对手交易时，必要“预留一手”，即是说必须留一些空间，好让对方“踩”过来。

这种预早留有余地、明让对手占便宜的措施，可以保障几十年的人生过程中不会伤和气。

做生意固然如是，就是平日做人，也别争先恐后。

李家杰和李家诚都紧记父亲的教诲，在父亲平日的言行中，明白他的个性，譬如李兆基每逢到北京去见政要人物，很多人往往希望能在领导人身边拍照与亲近，只有李兆基老是随遇而安的不为人先。

其三是财来自有方。

先放利益在第一位，是功利主义，效果不一定好。

先放责任在第一位，以诚意待人，做好本分，利己利人，有因有果。

家杰和家诚都深信父亲是个不折不扣、有中国传统道德观念的长辈商人。他的人生修养、处事哲学，是值得后辈效仿的。

李家杰在恒基锻炼了一段日子之后，李兆基就放手让他独立主管一些计划或处理一些投资。

当他发觉家杰在这些问题上处理出色之后，他又会多让他主理更多的个案。

比如投资方向的选择上，李兆基毫不介意任由李家杰去领教美国市场。结果放在得州地产的一项投资，回报率十分微，反而让李家杰自动检讨得失，以“美国”、“（中國）香港”、“中国内地”互相比较，便可在生意的回报率及成就上，得出了一个明显的结论。

这结论是父子同心，中国人始终在自己的社会里更便于发挥，更容易获利。

1991年，李家诚尚年幼，仍在加拿大念大学，其时，长子李家杰已正式进军内地地产了。

这些年来，李氏家族留心着中国内地所推行的经济改革开放政策，认为已到了稳打稳扎的地步。

1990年江泽民访问深圳时，约见过李兆基，款款而谈，对香港表达充分的关怀与诚意，这是李兆基亲耳所听的。

同年，朱镕基造访中华煤气，李兆基以中华煤气主席身份接待，双方交流了相当多有关上海和香港的商业发展意见，衷心探求合作的可能机会。

年来国内领导层的谈话与对香港的表现态度，往往都表现出进一步改革开放的形势下，香港和内地的经济合作会更密切，合作层面会更辽阔，合作种类会扩展到更多行业去。

中国地大物博，人口众多，加上科技的进步，房产易于向高空发展，使土地使用更具效益。

故而，李兆基父子同意中国内地已经具备吸引地产发展商投资的有利条件和环境。

李家杰告诉他父亲，投资中国内地还有一个极长远的好处。他需要而且乐意通过工作去认识、了解、体会内地人的做事方式和干活精神，从而知道日后如何

国务院总理朱镕基在 1990 年中旬访港被接见的香港企业界人士不多。他除了造访中华煤气，与李兆基详谈之外，还在其他宴会场合与李兆基相见欢，图为朱熔基与李兆基及嘉宾合照。

适应、协调、合作，以谋求更大的发展。

掌握中国资讯，就是掌握未来。

这是对的。

李兆基笑了。

第三节　注重环保　讲求公道（1992年）

李兆基注重健康医疗，故而对环境保护，也表示关心。这可从他处理南生围地皮发展一事上见到。

香港傅荫钊家族与李兆基通过双方好友萧经岳商量合作发展傅家在南生围的一幅农地。该幅农地发展连其他共约1 000万平方呎，以渔塘为主，邻近为季候鸟每年过境停留的米埔雀鸟保护区。

发展计划是要将这片渔塘发展成低密度的别墅住宅区，只建上盖面积约300万平方呎（占地面约为一成），且还会有18个洞的高尔夫球场，务求令环境变得清新美丽。

为了针对改善周边环境质素及加强该区生态环境的保护，发展计划必要加入各项设施，考虑到如何既改善环境，改善水质，又令野生动物安居，有其居停，故而恒地特别购入米埔以南250万呎名为甩洲的湿地。万一发展地皮上有野生动物受到影响，也可以有一个就近迁徙的地区作栖身之所。

恒地在设计时也是跟足政府城市计划指引去做的，但却因环保人士未有完全了解发展内容就提出反对，而令政府否决发展计划。恒地只好据理力争进行上诉，最后迫不得已才跟政府诉讼。

这几年来，恒地一方面与环保人士加强沟通，增加互信，另一方面循法律途径向枢密院条陈计划法理细节，终于在1996年恒地胜诉。

第四节　故乡名校　回报乡里（1992年）

李兆基品性念旧是众所周知的，故而对家乡顺德有一份特别浓厚的感情。早于1982年，就通过何贤的安排，与同乡好友郑裕彤捐赠善款，建立顺德华侨中学。

顺德华侨中学办得相当好，为了增加学生名额，教育更多人才，于是李兆基与郑裕彤这两位同乡的地产业巨子便决定分别捐赠8 000万元，在故乡顺德建立李兆基中学和郑裕彤中学。

李兆基中学位于顺德市中心，校舍美轮美奂，设备齐全，在顺德固然成为名校，就是在内地，也是非常难得的一间一流中学。

李兆基又在1992年初秋，特意回故乡去参加顺德“李兆基中学”增辟语言实验室、电脑室及冷气设施等最现代化设备之启用庆典。

李兆基也趁是次回乡之便，关注一下他这几年另外捐赠共达千万元的顺德医院及顺德体育中心。

同年，顺德市政府以李兆基对家乡的功绩和建树，向他颁发了顺德荣誉市民奖。

他在各种善举和公益之中，的确是最着重教育和医疗的。

因为人没有了健康，再多的机会也属枉然。

人没有了教育，遇到机会也难发挥。

第五节　形势大好　市道上扬（1993年—1997年）

1993年的地产市道全面向好。

回顾过去1980年至1990年的十年，是多事之秋。（一）1982年中国政府宣布在1997年恢复行使香港主权；（二）1983年港元汇率风暴；（三）1982年至1984年期内有移民潮；（四）1987年全球股灾；（五）1989年“风波”等，给予香港经济一定程度的冲击。

李兆基捐资 8 000 万元在故乡建立设备一流的李兆基中学，图为他在 1995 年 10 月 14 日顺德李兆基中学开幕礼上演讲。

上图：顺德李兆基中学落成剪彩志庆。此校坐落在顺德市中心，设备现代化，现在已成国内知名中学。

下图：顺德李兆基中学建筑宏伟，是李兆基回馈家乡的一份心意。

1992年11月8日顺德市人民政府邀请李兆基博士参加体育中心落成典礼，图为当届顺德市委书记何敏和（左）在顺德市市长陈用志（右）陪同下颁奖给李兆基博士，向他致谢。

1990年开始的往后七年直至九七回归，可见的情况则是：（一）中英联合声明发挥了一定的稳定民心作用；（二）香港通过这十多年过渡期的风风雨雨，看得到中国对港人治港、一国两制的诚意；（三）中国四化成绩日见；（四）珠江三角洲带来兴盛繁荣；（五）海外移民回流香港者众；（六）本港的基建日多，带动市民收入有增无减；（七）香港社会环境安定，利息低廉，人民置业欲望高涨，对前景满怀信心。

由是观之，80年代的十年“坏”的因素，也影响地产市道不多，香港地产总算屹立不倒，而现在与90年代期间，这七年“好”的因素，应该能使地产市道步步高升。

上述两个期间的情况不同，而香港政府过去的十年与现在的七年都不以环境好坏来定夺土地供应量的增减，依然供应相同数量的建屋土地。80年代的十年内，公私合营共建住宅单位数量，大概每年约50 000至60 000个。90年代的这七年，预料兴建数量也会相同，况且有中英联合声明限定每年用地50公顷。而私人土地在过去拆旧建新也已即将用尽资源，今时今日很难满足香港环境的需求，供少求多的情势似乎要持续下去，故此地产市道一路长远向好是合情合理的。

加上近年内地有九间具规模的公司来港上市，另内地有数十间略次级的公司，也寻求来港上市途径，同时内地省市机构多想以香港为发展基地。中环写字楼、半山豪宅及一般住宅物业在有需求之下，前景应予看好。

1993年时估计未来三年本港私营住宅入伙总额平均每年约为20 000余个，恒基兆业在未来三年在市场上出售的住宅楼花平均每年约有5 000个，即这几年全港私营住宅供应，恒基兆业占有1/5。故此90年代中叶的恒基兆业，正可以张开双手迎接一个多年努力之后的丰收期。

第六节　购美丽华　重情重义（1993年）

1993年，李兆基的恒发旗下又添上一间实力潜力俱备的公司，那就是美丽华酒店。

美丽华酒店是何善衡、何添、杨志云、冼为坚等在当年合力创办的。起初由何善衡出任董事局主席。至1983年，何善衡因年老而退位，又因其后杨志云的股权增至最多，故让他出任为美丽华集团主席兼总经理。至1985年杨志云去世之后，便由何添继任董事局主席，由杨志云长子杨秉正接替当总经理。

杨志云跟李兆基是多年朋友，在李兆基初到香港后不久，于文咸东街的金店银铺做买卖的同时期，杨志云也是金融业内活跃的一员。

恒基兆业地产有限公司成立之初，杨志云就是董事局的成员，可见他们二人友情之深远。

1985年，杨志云与冯景禧相继去世，一年之内痛失两位好友，李兆基每每提起来，仍多伤感。

杨志云一共有五个儿子，计为杨秉正、杨秉贤、杨秉坚、杨秉刚和杨秉梁。在杨志云死后，由长子管理美丽华酒店，其余四兄弟都各有发展。

1993年5月21日的中午，李兆基带同亲信林高演在香港中环置地广场弁庆日本餐馆，与杨秉正午膳，商谈生意。

杨秉正在谈话中不期然地透露，兄弟们都有放弃美丽华之想，但他舍不得父亲遗下的事业。

李兆基立即心中有数，但没有作出回应。

果然，在十多天之后，市场真的传出杨氏家人有意出让美丽华集团。

美丽华集团名下物业，主要是弥敦道用以经营的美丽华酒店及金巴利道用以收租的美丽华大厦，这两幅黄金地皮，前者有36 550平方呎，后者则占地85 950平方呎，可以说大约共有楼面160万平方呎。

此外，在蛇口有南海酒店的合营权和管理权，在广州有广发花园的发展地盘，上海虹桥亦有美丽华花园发展地盘，香港有诺士佛台、翠亨村酒楼名下生意。

1993年的地产市道高企，弥敦道凯悦酒店对面的写字楼成交价高达过万元一平方呎。

以此去测算美丽华酒店名下的地产，亦价值150亿元。

当时，美丽华酒店的股数只有五亿股，如以每股17元计算，即港币90多亿元，股价等于资产之六成，是相当便宜的。

李兆基心上除了这条数之外，也同时忆起了故人好友，感情上他很愿意照顾老朋友的下一代，更不愿意看到杨志云所创办的事业卖到市场上去，有被分拆，化整为零的遭遇。

于是立即与杨秉正联络，请他上恒基写字楼磋商。

杨秉正坦白承认杨氏家族有意思出让美丽华酒店的股权，以便能套取现金，让各兄弟的事业发展更有自由度。

李兆基闻言，诚意地表示很乐意承购，并请对方回去跟家人及杨志云遗孀杨老太商议。

过了不久，长江实业和中信泰富也在部署收购美丽华酒店。

谁能成功收购，关键仍在杨氏家族的股权之上。杨秉正向李兆基传递一个重要的口讯，就是：杨老太很希望李兆基收购美丽华酒店成功，并且希望李兆基答允在成功收购之后，仍由她的长子杨秉正主管业务。换言之，出让主权而盼望仍有治权，万望李兆基不要把美丽华集团解散重组。

杨老太的这番心意，李兆基当然明白。

年轻一代各有志愿，亦各有所成，未可厚非。过分勉强地为保存家族事业而牺牲了他们的自由发展和可能更大的成就，不一定是好事。

但，对上一代人来说，身经百战，艰难创业，一下子王国解体，自有千般不舍，万种无奈。

杨志云夫人与李兆基是同一代的人，她盼望这位丈夫生前好友能造就杨家上下两代的心意，实行两全其美，是完全可以理解的。

故此，李兆基慨然答允。

此时最令李兆基为难的是得到了长江实业和中信泰富有意收购美丽华的消息。

在香港企业界内，他早有“百搭地王”的美誉，这30年来，恒基兆业几乎跟城内各大地产发展商都有过合作先例，而且从没有不愉快的争执发生过。有钱一齐赚，有成就一起分享，又全是早晚在各种场合都有讲有笑的朋友，哪会斤斤计较，不肯让肥水流入别人田。

李嘉诚与李兆基的交情非常深厚，识英雄者重英雄，恒基兆业与长江实业的合作，由来已久。

就在前些时，李兆基为了罗便臣道嘉勒撒圣心书院的地盘，早跟监管那学校的修女们商谈改建条件，正在水到渠成之际，李嘉诚一个电话摇来，表示对那个地盘也有兴趣，李兆基立即欣然与他携手合作。

难得英雄所见略同，要分甘同味的话，李兆基怎会计较？

何况，时至今日，香港遍地黄金，自己早已收获甚丰，友情却是千金难求。说得难听一点，好友逐个离世的年代已然开始了，又怎么会在这个时候还重利忘义呢。

可是，对杨氏家族，尤其对杨志云夫人有承诺在先，这就是最大的关键了。

长江实业与中信泰富一旦与自己联手收购美丽华，对方是在商言商，公事公办，到时将美丽华改组分拆势所难免，则李兆基又何以自处，何以向故人妻儿作交代呢？

李兆基这番为难，不能向外人倾吐。

于是李兆基只嘱咐林高演，争取成功收购美丽华。于是在6月17日下午6时，恒发与美丽华就达成协议，双方的代表律师与林高演、黄永麟等到达中环德辅道中的景福大厦杨秉正之办公室进行会议，准备签订协议。

除了杨秉贤之外，杨志云夫人率领四位儿子，对代表李兆基的林高演说：

“杨氏家族要出售的股份应该是价高者得。但是我们的情况比较特殊，因四哥和先夫是好朋友，杨志云在世之时一直是恒基兆业的董事，有了这层渊源，就算是收购价一样，我也会毫无考虑地卖给四哥。”

于是由双方律师再详细检阅文件，至晚上9时，忽然有人叩门。

来者正是百富勤的高级职员，当面交给杨志云夫人一封信函，传递他们收购的最

上图：李兆基与李嘉诚两位地产大王一向惺惺相惜，友情深厚。
下图：以两位闻名全球的超级富豪李嘉诚和李兆基名命的半山豪华大厦嘉兆台，是他们两位的愉快合作。

坐落在尖沙嘴地王的美丽华商业大厦及美丽华酒店，是九龙半岛上难得的优质物业，价值不菲。（图中左方为美丽华商业大厦，右方为美丽华酒店。）

新条件。

杨家兄弟于是又陪母亲到另外一个办公室开家庭会议。最后杨夫人重新亮相，说：

“长江和中信出价16.5元，比你们的价钱要低。不过，我说过了，就算价钱一样，都宁愿让股给四哥。故此，这件事就决定下来。”

两代交情，三十年友好，杨志云夫人就这样意简言深把杨氏家族所持的美丽华集团的股权交托到老朋友手上去。

完成是项交易手续，已是午夜。

习惯了在夜深人静时仍然思考问题、埋首苦干的李兆基，在他麦当劳道惠苑的公寓书房内接到林高演完成使命的报告，他轻轻地放下电话，移步回房，默默地俯瞰着瑰丽如宝光流转的本市晚色，这位名成利就的香江大亨有着无穷的思念、无尽的感触与无言的叹息。

思念的是已逝去的友人，和把臂同游、把盏共欢的知己畅叙日子。

感触的是十年人事几番新，从前，谁也想不到会有今日，世事难料，谁又敢说明天会怎么样？

叹息的是人生的成败得失所牵引起的喜怒哀乐，局外人如何可以猜想得到？

谁会知道李兆基在自我挑战的战场上是勇士，但对以别人为进攻目标的任何纷争，他都是无心恋战的。

翌日，传媒报章争相报道恒发斥资33.57亿元成功收购了美丽华34.78%的股份。

由于恒发购入的美丽华股份未超逾35%，仍然要接受有人全面性收购的挑战。

换言之，长实和中信仍然可以再出高价收购。

中原逐鹿，究竟鹿死谁手，仍是未知之数。

市场与当时传媒众说纷纭。《星岛晚报》标题瞩目：

“长实中信如何应付？”

亚洲电视财经评述员说：

“究竟恒发希望不用全面收购，又能鲸吞美丽华，是否会如愿呢？”

快报干脆写：

“欲知后事如何，请阅《快报》。”

直至6月19日，有新消息了。

百富勤代表长实和中信，以17元公开全面收购美丽华。

6月19日是星期六，李兆基如常去打高尔夫球，听其自然发展。

最后，百富勤宣布只收集得14%的美丽华股权，全面收购行动即告取消。

李兆基成功收购美丽华酒店之后，遵守诺言，并无改组行动，仍让杨秉正照旧掌权经营，直至1995年杨秉正去世，才由猎头公司聘请专业人才余达纲继任为总经理，负责管理美丽华集团。董事局主席则一直由何添出任至今。

早前李嘉诚与李兆基携手合作的半山豪宅，嘉兆台之大厦命名，其实是在两位地产大王的大名中各取一字而成，可见他们友谊深厚。今次收购美丽华，过程中是人在江湖、身不由己，由是之故，是不会影响双方友谊与关系。

时代的真正英雄、商界的成功大亨，得得失失都不会认真计较，但求做事合情合理，无愧于心就心安理得了。

第七节　中大博士　实至名归（1993年）

1993年10月14日，香港中文大学正式颁发荣誉社会科学博士学位予李兆基。

是年第46届颁授学位典礼上，香港中文大学詹德隆先生代表大学对李兆基博士的赞词说：

“近年来，香港传媒千方百计试图计算谁是香港名列榜首的超级富豪，但腰缠万贯的香港人为数甚多，始终难以得出定论，原因之一是因为无法准确地列算李兆基先生的个人财富。

“李先生拥有五间上市公司的控制权，包括恒基兆业、恒基发展、中华煤气、香港小轮，以及刚于数月前收购成功的美丽华酒店集团，占全港股票总市值4%；而他本人更占名下所控制的某些公司总股权的65%，亦即收益的65%。如果再加上他个人投资回报所得，过去几年李先生赚取的财富可能比香港任何一人都要多。

“很多人都有创业致富的欲望，但大部分都只停留于欲望而已。真正成功的例子并不多，因为成功是要靠天赋才华的。

“李先生不喜欢谈论自己的成功事迹，别人说求他捐款易，求他自述难。惟与他共事者无不称赞李先生待人诚恳、处事随和、经商认真，这些都是他成功的秘诀。李先生纵横香港地产界凡35年，其间经历不少风浪，与人合作无数。地产界中人公认李先生处事迅速准确，信非他人所能及。

“今天，这位腰缠万贯的超级富豪，仍然喜欢亲自主理业务。

“李先生不止乐于亲身洽谈生意，甚至凡事都亲力亲为，就是单位的图则设计以至门窗方面，他也常常提供意见，一丝不苟。他洞悉用家要求地尽其用的心理，所以他有一句地产界名言，就是‘寸土必争’。

“李兆基先生工作勤奋，喜欢在下午2时开始，一直工作至凌晨2时，以前是算盘常在桌头，近年才改用计数机。李先生是一位曝光率极低的地产大亨。他生活清俭朴素，性格随和，自言不喜交际，但其实是一位极有耐性听别人说话的长者。

“李先生热心支持社会公益事务，具有作育英才的远见和胸襟。他迭次出资赞助中、英、港的教育事业，贡献至巨。其中有三项成绩尤其卓著。

“其一是于1979年捐助英国牛津大学的华顿书院，设立‘李兆基奖学金’，每年保送三至四名香港优秀学生负笈牛津大学，先后已有46位修读不同科系的学生受惠。

“而李先生亦膺选为该院荣誉院士。其次，李先生于1982年与好友设立‘培华教育基金’，并担任主席，资助中国发展教育和培训专业人才。1993年李先生被邀出任港事顾问，并成为‘广州市荣誉市民’。其三，李兆基先生对中文大学的学术科研发展贡献尤多，他慷慨解囊资助中大设立三年制工商管理硕士课程，并担任顾问委员会委员。李先生现任本校联合书院校董。

1991 年 6 月 20 日，耶鲁大学、香港中文大学敬谢郑裕彤博士与李兆基博士赞助两校学术合作计划典礼。

1993 年 10 月 14 日香港中文大学 30 周年校庆典礼，李兆基获颁荣誉社会科学博士，与挚爱的家人合摄。（左起）李佩玲、李佩雯、李佩仪、李兆基、李家诚、李宁（大女婿）、郑启文（二女婿）。

李兆基博士继澳门东亚大学及香港中文大学颁赠荣誉博士学位之后，在 1997 年底及 1998 年初又分别获香港理工大学颁赠荣誉工商管理学博士和香港大学颁赠荣誉法学博士，以表彰他在企业界之卓越成就以及多年来对中国年轻人教育的重大贡献。图为 1998 年李兆基获澳门东亚大学荣誉博士学位时摄。

上图：李兆基被选为广州荣誉市民，前广州市市长黎子流（右一）鼓掌祝贺。
下图：国学根基深厚的李兆基于 1994 年 6 月 3 日为天河机场题词。

“近年，他又联同挚友郑裕彤博士捐助600万美元与中大及耶鲁大学，支持香港、华南及台湾地区研究计划。

“李先生并迭次捐款支持国际康复机构、香港公益金及爱丁堡公爵奖励计划。其家乡顺德县之医疗、教育和体育事业亦屡获资助，造福桑梓。”

由以上中文大学对李兆基博士的赞词，可见李兆基在学术及教育界的分量。作为一间有声誉与名望的大学，自不会单为了某人捐赠了一笔钱就予以如此的推许与赞扬。

要接受代表大学的赞词以及获得代表大学学术水平的荣誉博士学位，必须有金钱以外的卓越条件的支持。

事实上，李兆基除了事业成就之外，跟随过李兆基工作的人都可以证明他的国学根底相当深厚，每年集团年报的主席报告都是由他亲自撰写或修改。李兆基下笔成文，洋洋洒洒，既有内涵，又有文采，经常都令他那些有硕士和博士学位的同事自叹不如。

同年李兆基又获委为广州市的荣誉市民。

1997年中旬，李兆基又获得另一项很高的荣誉，香港大学致函，请他接受该大学的荣誉博士学位，以表扬他在企业界的成就及对教育下一代的贡献。

李兆基所得到的这些荣誉都是受之无愧的。

第八节　业绩彪炳　派息优厚（1993年）

1993年对他是丰收年。

李兆基亦开始构思如何将多年来打算回报恒地股东的意欲付诸实现。

最直接而实惠的回报方法就是给股东派息，而且是高息。

一直以来，恒地的派息率大约是盈利的1/3。从这1993年开始，李兆基对后市是持相当乐观的态度，那就应让股东开始分享成功果实。

几年前李兆基已经留意到恒地的股份与资产值不成比例，这个现象不但对管理经营者有欠公平，也是对股东利益的损害。

恒地在经营地产成绩方面实在相当不俗，比其他同等规模的地产公司绝不逊色，但股份价格不能充分而准确地反映股份之资产值。

他开始不断地思考如何可以使恒地股票更值钱。

经过了仔细的市场研究、资料搜集、经验推敲，他认定了集团的最大潜力仍然未能发挥。

他跟投资基金经理紧密商议，探讨原因，得到的启发是多数投资者对派息回报十分重视，而投资基金因要向信托投资者交代，也一样十分着重派息的回报。

在深思熟虑之下，趁1993年的恒地业绩优异，乃实行委托仲量行为恒地资产估值。

仲量行宣布重估结果，恒地资产净值为680亿元，平均每股应值42元，而当时恒地在股票交易所的市价，只约为24元，即估价比市价高出甚多。

同时，恒地亦宣布是年业绩纯利急升64%，除税后全年纯利达40亿元，并全年派息1.1元，加送一元红利，合共2.1元。

这一宣布，使市场哗然，股份立即从宣布前的每股24元，升到每股28.7元，升幅达20%。

这对李兆基来说，是名利双收，诚近年果实收成期的开始。

在这个基础上，集团继续发扬光大，更应扩大运用资金，不向银行借贷，而自行集资，以为股东带来更大的利益。

于是1993年内，恒地和恒发共集资达90亿元，其中恒地通过可转换为恒基（中国）的可兑换债券、银团贷款和欧洲美元债券，分别集资35.7亿、13.8亿和23.8亿元，而恒发则以先旧后新配股集资20亿元。

资金充裕后，可以向大型发展项目动脑筋，如此，可保持公司盈利增长。

第九节　市道反复　静观其变（1994年）

上承1992年及1993年的炒风，1994年首季的香港地产市道仍然兴旺。

由于近年很多香港工厂内迁中国内地，引致本港工厂楼宇大量空置。政府为了解决这个问题，特准工厂楼宇30%可作写字楼用途（惟指定限作须与工业有关的写字楼方在此列），亦可以全幢工厂大厦向政府申请补地价改为工贸或写字楼之用。

工厂大厦与商业写字楼在价格上差距甚大，通常有二至三倍之多。李兆基在建筑工厂楼宇策略上，顺应时势需要，训示下属在画则时外形要做到与写字楼一样，内里间隔设计亦以写字楼为对象，以便有效地提高工厂大厦价格，虽不能与正式写字楼价钱相比，但肯定比旧式工厂价格高出一至两倍。用家在入伙后可申请补价，由工厂变作写字楼用，更是一家便宜两家着。

1993年政府认为楼价太高决意打击楼价，至1994年6月市道回落大约两成。

李兆基认为这时楼市已见底了，他并且在年中作出指示，在售楼策略上不宜急于降价求售，尤其2 000呎或以上之豪宅，一向只占全港住宅数量2.5%，并且每年增加数量不多，属高级消费品，价钱会再升高一线。所要注意的是豪宅的外形设计、大堂入口等都要有富贵人家豪宅的气派，方能吸引。

1994年下半年，楼市还是不俗的，因为中英谈判、军事用地已达成协议，机场财务安排亦有转机，且港府通过新例，可供出售的住宅楼花要延迟一年半载方能销售，引致地产公司在这段日子内出售楼花大幅减少。加上市民入息按年增加，置业能力加强，李兆基认为住宅楼宇市道长线是可观的。由于写字楼可建15倍，住宅可建8倍，发展商都把商住地盘改为商业用途，工厂改工商用途，次级写字楼供应大增，后市反而会有机会偏淡。

李兆基从来都对香港有信心，认为香港的低税率政策，一直吸引中外机构和人士，争相来港投资及居留。且外汇自由，通讯发达，具备金融中心条件，如无意外，1997年后经济环境只会更理想。所以李兆基对香港地产是长线看好的。

另一方面，他也留意到有些负面因素，可能引致地产市道会出现短期回落的隐忧。

中国内地正在尝试整顿亏蚀的国家企业，引致大量工人下岗；另一方面，由于经济发展过速，使通货膨胀高达27%，继而影响国民的实际收入；又各省市县地区性权力，未能协调，从而产生各种问题。这些不明朗的负面因素都对香港地产市道造成压力。

果然，1994年下半年一如李兆基的预测，仍属不俗。但至年底就因受内地实施宏观调控的影响，再陷低潮。

中国宏观调控使银根紧缩，银行为吸收现金，提高存款利率，不少本港资金流入内地，预期美国有可能再次加息，因而影响投资意欲放缓，引致市场及楼市趋向淡静。

虽然在此情况下，可以预料到1995年的楼市会仍陷低迷，但李兆基仍认为只是短程疲弱，只要在销售上多用点功夫，加强推广技术，在淡静市道中仍会有售楼佳绩，总有云开见月明的一天，并不主张急于贱价求售。

1994年恒地全年纯利为港币60.38亿元，全年派息1.6元，加一元红利，合共2.6元。

第十节　地产低迷　佳绩仍旧（1995年）

地产的淡风果然席卷1995年，成交异常淡静，可是楼价跌幅不算太大，1994年港岛住宅连半山豪宅计平均每平方呎5 764元，下跌至1995年平均每平方呎5 200元，1994年九龙住宅平均每平方呎3 900元，1995年则下跌至3 686元。

对于应付地产淡市，恒基兆业驾轻就熟，已经是个中高手了。

于是在1994年重施故技，将百货业的淡季促销办法搬到地产市场上来。

其实，消费者的心理是不难捉摸的，一味的物美在淡市中吸引力不够，必须加上价廉，且有各式各样的“着数”，才能诱使这些消费者把藏在枕底的贮备金全拿出来购置东西。

楼宇是高价消费品，一样是消费者的目的物。问题是在于如何在他们的消费意欲低潮时，令他们还是狠一狠心，大破悭囊罢了。那就要看促销技巧了。

家庭主妇们到超级市场去买狮球唛花生油，除了油质好，还通常看到附送洗洁精或烹饪书之类，对正她们的口味和需要。

同样，较高价的楼，赠送合适礼品，也能吸引买家。

1994 年 12 月时，恒地就以特价配售车位予半山豪宅汇豪阁的买家，并且以先到先得的方式认购。半山车位珍贵无比，果然成功地吸引一大批买家排队轮候，一转眼便已售罄。

恒地于马鞍山的新港城，销售对象是普罗大众，一定要靠平，于是实行开售 248 个单位，售价减至每平方呎 4 100 元，比二手楼价还要低，且又声明先到先得。

价廉物美之外，恒地还保证买家可以享有九成按揭优待。

除了连按揭都代为着想之外，住户只要多给 40 000 元，就有齐家具装修，更提供八个装修款式，任由选择。这无非等于装修以批发价承造，一家便宜两家着。

照顾得如此无微不至，有心置业的用家焉能不动心?

百货公司最流行大抽奖，恒地也来个买楼送黄金。并非噱头，讲明十个买家之中有一个中奖。结果，一个新港城地盘的示范单位，人潮不绝，认购者众。

到了 10 月，大埔的住宅楼盘丽湖阁推出，每平方呎平均售价 3 450 元，恒地的销售方针又在按揭上下功夫。特别为九成按揭中加按的两成提供三年免供款优惠。结果市场反应热烈，超额认购达 1.6 倍，使恒地在推出第二批单位时，售价能够调至每平方呎 3 600 元的水平。

这种广东俗语所谓：“除笨有精”，其实是等于肯先让步，肯预留别人进展空间，肯自己先行吃亏，到头来，总会得益，会有好结果的。

集团的作风一定是由主脑人培养出来，也必与他的品性吻合。

李兆基在是年地产市道不景气的情况之下，依然坚持去年就定下的“三高”方针，要在“盈利”、“派息”和“股价”三方面都要有上升的成绩。

结果恒地宣布业绩，表现出色，全年纯盈利为港币 70.3 亿元，较上年增加 16%。

全年派息 1.8 元，加一元红利，合共 2.8 元。

在淡风之中有此佳绩，无疑是令市场观察家大跌眼镜。于是又有人挑剔，认为恒地之所以有此盈利，是把旗下大型住宅楼盘，包括马鞍山的新港城、将军澳的富丽花园、粉岭等楼盘盈利都提早放进是年账目之内。但实际上该等盈利都是有入伙纸后才入账的。

对于这种观察批评，李兆基一笑置之。这可以由恒地的股份持续攀升得到证明。

无他，商场是最现实的世界，在金融体系之中、人情法理之下，有本事把财技耍得出神入化，只有令投资者望而生敬，敬而追随。

说到头来，恒地的股东最关心的还是将来，为他们带来利益更多更大的就好！他们巴不得李兆基的法宝层出不穷。

第十一节　仁安落成　心之所安（1995 年）

1995 年的香港地产市道水静鹅飞。

是年建筑新例放宽康乐设施，不用计倍数，故此恒基兆业的政策是在大型高密度地盘上尽量增加会所康乐设施，务求设备齐全。在设计将军澳 27 号地段大地盘会所设施时，样样康乐场所齐备，以能让左邻右里的地盘也能共同享用为准。

一直强调房产品种选择是决胜之道的李兆基，竟然在这一年内建成了一座不以盈利为着眼点的建筑物。

那就是坐落在沙田的国际医务中心仁安医院。

这间医院的地皮是李兆基早期以市价买入的。地皮面积为 20 万平方呎，准盖面积三倍，即楼面面积 60 万平方呎。先行兴建大约半数，即约 30 万平方呎，包括医院大楼一座，内有病床 212 张；医务中心一座，内有诊症室及医生写字楼；员工宿舍一座，内有 96 个单位，另有地库停车场车位约 150 个，共投资约五亿元。如果日后将尚余未建的一半加建完成，则病床将会增加至 600 张，车位增至约 300 个，总投资额便增

上图：1993年9月23日，沙田仁安医院平顶仪式。左起：地政专员陈国辉先生、李兆基博士、卫生署署长李绍鸿先生、沙田政务专员布朗宁先生。

下图：李兆基博士投资兴建私家医院，不以赚钱为前提，只以惠及市民为目的，造福社会。图为既有美观外貌，内里又设备完善，堪称“秀外慧中”的仁安医院。

上图：1995 年 3 月 28 日佛山市假香格里拉五楼香岛殿举行颁赠佛山市荣誉市民仪式。李兆基博士为获此殊荣之海外杰出人士之一，图为李兆基博士（左三）领奖后与主持颁奖之佛山市委书记鍾光超（左四）、香港新华社副社长乌兰木伦（左七）、香港知名企业家霍英东（左一）、郑裕彤（左五）与其他领奖人士合照留念。

下图：1995 年 7 月 18 日，香港青年协会李兆基交流基金会成立典礼时摄。由杨铁梁（现任香港特别行政区行政会议议员）颁赠赠品予李兆基博士。

左图：东亚安泰商业中心（原名亚洲太平洋广场）楼高27层，面积共达23万余呎，成为德辅道中的一座美轮美奂的商厦，也是恒基地产的杰作之一。

右图：金龙中心全幢金色玻璃幕墙，昂然耸立于德辅道中188号，是楼高27层，使用面积逾15万平方呎的高级写字楼大厦。

至逾十亿元。

就在这仁安医院计划宣布后不久，李兆基在高尔夫球场上碰到一班“波友”，人人都问他：

“四哥，你有没有计错数？”

“计错数？”李兆基愕然。

原来在香港经营私家医院，蚀多赚少。朋友指出三种情况，问李兆基有没有考虑过。

其一，最近二三十年来未有过一间新建的私家医院，现在只得仁安一间。无人染指的生意，证明一定是不好景，否则香港人的商业触觉最敏锐，不可能错过任何赚钱机会。

其二，酒店每间房成本二三百万元，私家医院每间房成本四五百万元，而酒店每天每间房收入约 2 000 元，私家医院每天每间房收入约 1 000 元，相差又是一半。兼且酒店入住率有八九成，部分医院约得四至五成，这又是另外相差一半。

从盈利方面着眼，投资酒店比投资医院回报率有天壤之别。

其三，政府 1990 年至 1995 年五年内资助公共医院医疗经费，由每年 66 亿元增至 220 亿元，增长过速，做成公共医院及私家医院资源越来越悬殊，因而也颇严重地影响私家医院的经营。

这三种情况，其实李兆基老早了如指掌。

事实上，仁安医院这块地皮是政府鉴于私家医院短缺而特意批出来的，但几度易手，仍未开始兴建，就是“算盘打唔过”。

然而，李兆基明知故犯是有他个人的一个想法。

香港地小人多，经济能力不弱，很多中上阶层的人生育或是生病，都希望住到比较好的医院去，但就因为私家医院经营困难，令这一批人得不到方便。

李兆基认为自己的财富是来自香港很多小康之家的信任与支持，回馈他们的方式又不同于支援贫苦大众，若在缺乏私家医院的地区设立一间为市民服务的医务中心，其实是属于公益的事。况且他又得到中文大学李国章校长的指导，及阮中鎏医生和李继尧医生等的协助，都是仁安的强心针。

于是既不以赚钱为主，而以服务为宗旨，以能收支平衡为营运指标，就可以不建酒店而建私家医院了。

当李兆基在医院开幕日颁发一个纪念金牌给当日出生的婴儿父母时，他真是满怀安慰的。

回想大女儿佩雯出生，第一次抱着自己的骨肉时，李兆基就心想，生育儿女是妇女伟大的天职，能让每一位临盆的母亲有一个舒服而安全的生产环境真是好事。

仁安医院在7月1日落成开幕，接着7月18日，又有另一宗公益大事由李兆基鼎力捐助得以达成。

李兆基在1993年及1995年闷声不响就分别捐了500万元，合共1 000万元给香港青年协会，成立了李兆基青年交流基金，并获香港政府税务局正式承认为慈善信托机构。

这个基金成立的目的，一如李兆基在成立典礼上所说：

“要维持本港领先之经济优越地位，必须好好地培训培育新一代的青年去接班。

“中国古语有云：‘读万卷书不如行万里路’。青年人能够有机会，透过世界各地之交流活动，一方面加深认识自己祖国之历史文化和社会发展，另一方面又实地了解其他国家不同的社会文化，不同的风俗习惯，可以扩展自己眼光，增广自己见闻，舍短取长，对将来服务社会，就业办事，大有帮助。”

基金成立后，在1995年至1996年内举办了14项青年交流活动，地点遍及亚洲、非洲、欧洲及内地多个省市。

香港青年协会总干事王葛鸣表示，该项基金除举办外访学习团，接待外地来访的青年团体外，并会资助举办有关青年问题的国际性或地域性会议，设立贮存有关青年及青年服务的资料及数据，以及提供奖助学金予有需要的青年进行交流活动。

多年之前，他已选定了教育和医疗两方面的公益作为他努力贡献的范畴，李兆基一向做事定下目标，就绝少改变主意，定必逐步实现自己的理想。

是年，李兆基继成为顺德市与广州市的荣誉市民之后，又获委为佛山市的荣誉市民，都在表扬他除了企业成就外，还的确关心香港市民和内地同胞的民生需要，经常予以捐献扶持。

第十二节　企业大奖　众望所归（1995年）

《亚洲周刊》主办的企业家成就年奖，一直都负令誉。

周刊是一份亚太区具分量的、致力于推动亚洲华人国际经济活动的刊物，他们每年推选出亚太多个地区的杰出华人企业家，对他们的卓越成就予以表彰，鼓励更多华商为亚太区的经济发展作出贡献，此举备受各地业内人士所注目。

1995年香港区的企业家成就奖得主是恒基兆业集团主席李兆基博士。

在1995年，以地产业为主的香港集团中，因地产市道淡静，业绩能跟恒基兆业集团媲美的没有多少家。

同年各区的企业家成就奖得主有台湾的曹兴诚、中国内地的王安德、马来西亚的杨忠礼和新加坡的郭令明。

李兆基的成就其实早就踏出香港，涉足世界。

自1994年开始，李兆基已成为美国福布斯财经杂志的封面人物，在世界富豪榜上名列前茅。

回顾90年代，恒基集团的营业额及盈利是逐年递升，前者由1991年的38亿元升至1995年的110.7亿元，升幅达193.9%；后者更由1991年的20亿元升至1995年的70.28亿元，升幅高达251.4%。资产值亦由1991年的175亿跳升至1995年的679亿元。全年派息1.8元，加送一元红利，共为2.8元。

身为大股东的李兆基自然在派息收益上，成为全球上市公司每年入息最多之一人。

他获得的股息收入1990年是3.4亿元，1991年是4亿元，1992年是5.1亿元，

1993年是22.4亿元，1994年是28.3亿元，1995年则是30.9亿元，1991年至1995年，单是股息收入已近百亿元了。（1996年李兆基的恒地股息收入更高达33.5亿元，这就是说90年代的最近四年内，李兆基个人所得的恒地股息总额已超逾百亿元了。）

这份骄人成绩，使李兆基昂然步入1995年美国福布斯杂志的世界十大富豪之列，排名第七，资产值是65亿美元。

拿恒地1995年的业绩，从营业额、税前盈利及资产总值等三方面成绩，分别较去年同期增加12%、20%及21%。

这个强劲的增幅，实已使恒地成为国际最大增长力的上市公司之一。

当《亚洲周刊》对李兆基进行访问、请他发表获得是年企业家成就奖的感受时，李兆基老实而谦虚地作答：

“香港有很多间公司，实力和表现都是不相伯仲的，不是你上就是我落，我想，第一、第二，还是第几其实都差不了很多。”

李兆基还很坦率地指出，香港是卧虎藏龙之地，很多人的资产多到不易为外人知晓，换言之，不是上市公司的持股大亨，一样可以是百亿巨富。

这个讲法未尝无理，并同时充分反映出李兆基那种谦谦君子之风。

如此态度使人更相信他对《亚洲周刊》说的一段说话：

“如果要公司扩大一级，随时可以做到。恒地可以向股东采用发新股的方式，每一股供一股，或者以折让方式向街外发行新股，市值也能扩大。但这样勉强让公司增大，并不是真本事。”

事实上，恒地股份从1983年每股0.75元，升至1995年49.8元，升幅几近66倍。公司的市值，是自然壮大的。

这种成绩并不是依靠一次两次的收购合并而成，主要的原因是恒地多年来艰苦经营得来的成果。

加上恒地的楼盘由初期的二十多个，到目前的数百个，一旦建筑完成，买家入住即可进账，营业额之大，充分反映了长久以来低价买入土地贮备的效应，当然有助于

上图：李兆基博士的幼子李家诚初涉商场，即表现出色，图为他“一指定江山”，为恒基集团夺得红磡贵重地皮，使全场瞩目。（图片由《经济一周》提供，谨此致谢）

下图：李兆基博士获《亚洲周刊》1995年度企业家成就奖，摄于1995年11月28日香港及中国大陆区颁奖典礼上。

盈利的表现。

生意不错是一盘数字游戏。但巧妇难为无米之炊，也得要手上的各种数字健康和优秀，才能变得出好看的花样来。

第十三节 爱儿爱将 攻无不克（1995年）

是年最令李兆基关心的并不是得到《亚洲周刊》的企业家成就年奖以及荣获佛山荣誉市民奖等的这些成绩。

一个成功的企业家，创业维艰，几难得有今日，最快乐的莫如有子克绍箕裘，继承父志，把王国的版图再扩充，将成就的根基打得更加稳固。

李兆基的小儿子李家诚在加拿大大学毕业之后，已经以父亲私人助理的身份在集团内学习多年，现今到了考验他独当一面的时候了。

话说恒基兆业的土地贮备已经不能再依靠差不多用罄的旧楼并拆和换地权益书的这两种途径了，遇有政府拍卖潜质优厚的土地，也在拍卖场上与同行一较高下。

是年，政府推出京士柏一幅住宅用地。在九龙市中心的高尚住宅用地为数不多，因而显得极之珍贵。

事前，李兆基的亲信，也就是已晋升为恒地副主席的林高演，亲自率领集团另外两名大将温文仪和黄永麟到现场作实地考察。由于该地皮位置优越，环境高尚，所以林高演主张煤气公司亦注股，将来可出售或收租，很富弹性。

在恒地派出要员竞投这幅黄金地皮之前的最后一小时，李兆基反复研究如何迁就地皮上的那些百年老榕树，把它们保留下来而成为该高尚花园洋房的一大特色。

林高演在前些时的拍卖地皮场合，遇上了另外一位地产业行家，也是拍卖场中的常客，他坦白地对林高演说：

“恒地通常都做足功夫，你举手即是说去得过，我就照跟好了。”

京士柏这幅地既然是志在必得的话，那就必须掩人耳目，否则把地皮价钱抬高了便不划算。

这次出击必须出奇制胜，就有赖尚未曝光、市场完全不认识的李兆基幼子李家诚。

他们在出动前就安排好一个声东击西的计划。

当日，恒地的林高演、温文仪、黄永麟等选择拍卖场的大堂中座当眼处坐下，令人感觉这班底就是恒基的代表，而李家诚则单人匹马独坐在后排，孤身作战，但又可以遥望到主队人马的动静。

拍卖场内，精英汇聚，个个都金睛火眼，摩拳擦掌，择肥而噬。

京士柏这块地皮的叫价推到一个水位，林高演及温文仪就放弃出价了。

坐在一旁静候机会的李家诚稍后机警地接上举手竞投，有板有眼，有分有寸。

在场各大集团的出击队伍都没有留意这年轻小伙子是哪一路的英雄，以为他是不见经传的小型地产公司代表，或者是初到贵境的中资机构，也就没有把他放在眼内。

众人直至见到李家诚出到某个价位，也就无心恋战，拱手相让。

于是李家诚最终投得京士柏地皮之后，全港传媒的财经记者都扑向他问：

“你是代表哪间公司的？”

李家诚笑起来，道：

“恒基。”

他这么一笑，个个拍额，恍然大悟。

这才省起这年轻小伙子模样真像李兆基。

这不是李兆基的小儿子李家诚，是谁？

班师回朝，向父亲报捷，李兆基一看到爱儿爱将，左辅右弼，战绩彪炳，开心地笑得合不拢嘴来。

自此次以13.3亿元勇夺有百年大榕树之九龙豪宅地王之后，李家诚信心十足，其后在好几次的地皮拍卖之上都能一显身手。李兆基和富经验的恒基大将一般只在投地前替李家诚搜集资料和向他分析形势，然后就由他独当一面，决策定价、出手买入，结果成绩斐然。

1995 年 6 月分别以 3.2 亿元投得筲箕湾内地段 825，地皮面积 13 953 平方呎，和以 5 亿元投得大埔市地段 117，地皮面积 283 198 平方呎。

1996 年 3 月，以 47.25 亿元投得九龙内地段 11084，此地皮面积为 162 244 平方呎，乃红磡湾填海地，这块地皮与新鸿基地产各占一半权益。

又于同年以 5.35 亿元购入大埔市地段 118，地皮面积为 228 195 平方呎。

这几个由李家诚定价揸盘的地皮，其后都证明是选择正确，出价精明，有些到 1997 年时估计升值一倍，最少亦有 30% 左右的升值。可见李家诚在地产上确有慧根。

继长子李家杰的商业才具令李兆基惊喜之后，才二十多岁的家诚又有此表现，难怪长征惯战的李兆基笑逐颜开了。

《第 六 章》

百尺竿头

第一节　建香港站　傲视全球（1996 年）

由零到亿的富豪是香港举世知名的特产。

李兆基是一个奇迹，也是一个香港人的梦。

人们如果要知道为什么这个梦会成真，为什么他是奇迹之最？

向你提供一个正确而简单的答案。

因为他信任香港、钟情香港、支持香港。

李兆基是个绝不轻易变心的人。

况且，在香港有好的投资回报，为什么要掉头就走？

李兆基在做生意上头又不是不客观的，他在 80 年代末叶，曾与不同的香港企业家投资于新加坡，兴筑规模宏大的会议展览中心，亦在加拿大投资温哥华博览馆地盘，建筑住宅和商场，但都证明回报率很低。如果把香港税率偏低计算在内，该等投资更难以跟香港的成绩比较。

70 年代华资企业家冒出头来，80 年代不是香港畅顺好景的十年，然而，偏是在重重逆境之中，华资企业成长壮大，且可以说是在英资一个不留神时就把他们的“一哥”地位瓜分成功了。

怡和系列股份在 1985 年开始与香港说再见，各股份（除怡和汽车）在联合交易所除牌之后，在英国及西班牙的发展，情况乏善足陈。还有数不清的中小型企业移师至美、加、澳等地，没有弄至焦头烂额，尾大不掉，已经算相当不俗了。

70 年代，像李兆基、郭得胜、李嘉诚、郑裕彤等这班智慧胆识并重、眼光和韧力俱全的华资企业家形成了群雄并起的局面。趁英资企业仗着一百多年的顺风顺水，顾盼自豪之际，利用本港房地产的兴旺，在这 20 年来建立起很多数百亿至过千亿的企业来。

李兆基之所以跑出了头马，就因为他的 80% 以上资产都留在香港发展。更兼对自己公司的股份有信心，他持回自己公司股量近70%之多。

总的一句话，过往无论香港地陷山摇，滔天风浪，他一于不动心、不移志、不外骛、不从俗，总之楼照起，地照买，最终就是名照升，钱照赚。

有些人会认为90年代中叶以后，以低成本的土地贮备去建筑高回报的楼宇，因而产生可观至50%或以上的边际利润的好日子，可能会成为历史陈迹了。

作为一个庞大至控制全港上市公司市值近6%的财团，在业绩的竞技场上是不进则退的，因为长江后浪推前浪，江山代有才人出。

如何可以再继续笑傲江湖，独领风骚呢?

李兆基依然是成竹在胸，满怀信心。

在本城的地产生意，照做如仪。

集团未来的大型地产发展项目，包括将军澳达600万平方呎住宅楼面之都会计划，内有100余万呎的大型商场、机铁东涌站第一期物业发展，楼面面积370万平方呎、地铁香港站上盖物业楼面面积440万呎综合形式发展，以及新近投得的红磡地皮〔九龙内地段11084〕，楼面面积147万平方呎及以暗标投得之上水、粉岭总楼面面积达160万平方呎之商业住宅地皮发展等。

这些项目中，最令人瞩目的自然是坐落于香港中区商业核心“香港站”地铁上盖，将投资400亿港元建成四幢壮观巍峨的高厦，为世界耗资金额最巨的私营发展项目之一。

香港站其中最高的一幢落成后，将成为全世界第四名最高之建筑物，前三名是于2001年落成之上海World Financial Center，于1997年落成之吉隆坡Petronas Tower及1974年已落成的美国芝加哥Sears Tower。

机铁上盖发展项目共分四期兴建，第一期预计于1998年第四季竣工，第二期至第四期将于2004年前相继落成。其中有一幢高88层的现代化写字楼，将会是全港最高的大厦。另一幢38层，也是高尚写字楼，此两幢商业办公大楼每层楼面面积由1.8万平方呎至2.2万平方呎不等，共提供总楼面面积达273万平方呎；其余两幢则是国际五星级酒店及豪华服务式公寓。四幢下层都是购物商场，其间地下全部打通，有通道将四幢大厦连成一体，非常便捷。商场楼面面积为64万平方呎，酒店楼面面积为110万平方呎，四幢建筑物之楼面总面积合共447万平方呎。

这项投资李兆基系的公司与新鸿基地产各占47.5%，中国银行占5%。恒基系内，李兆基认为中华煤气需要有优质物业，故而让它占15%，余下32.5%则为恒地所有。

“香港站”位置优越，前临维多利亚港，上盖物业坐拥优美海景，物业质素更达世界级水平，预算将成为本地及海外机构的高级办公室热门选址，乃香港商业及金融中心区的新焦点。

“香港站”经铁路连接新机杨，加上完善的商业及交通设施，将发展成为商业核心区。新机场将于1998年4月启用，届时乘客可直接在香港站机铁大楼办理登机手续。

“香港站”为香港近年最重要的基建发展项目之一，也是整个香港交通的总枢纽。“香港站”除了连接机铁及地铁系统外，毗邻并设有新中环巴士总站，以及完善的渡轮、公路及行人道路。

此外，更会兴建大型行人天桥系统，连接傍海地带与中环商业中心。

发展商将在大厦的顶层设立瞭望台，为香港市民及外地游客提供一个新的观景处，居高临下，俯瞰香港都市全貌。这个结合建筑艺术及观景意念的设计，足以媲美美国帝国大厦及巴黎铁塔。

该等建筑物由世界著名的美籍建筑师西沙佩里(Cesar Palli)及本港建筑师严迅奇联手设计，极富时代色彩，为香港中环海旁增添朝气；发展商亦计划在海旁兴建广阔的园林平台，面积达14万平方呎，为市民及租户提供休憩设施。

李兆基积极参与是项发展，使香港将有一幢名震全球的现代化摩天大厦，无疑是为香港繁盛的商业社会带来突破性的贡献。

“香港站”于 2001 年落成后将成为全世界第四名最高的建筑物，办公室大楼富时代感的设计，令海港面貌焕然一新。

“香港站”上盖物业发展规模庞大，包括两幢高级办公大厦、最新式之购物商场、五星级大酒店及豪华服务式公寓。

上图：“香港站”设有独特的观景台及广阔的平台花园，为中区增添优质的公众休憩设施。前面向海的是香港小轮公司码头的新厦设计。
下图：“香港站”乃连接新机场地铁、巴士、渡海小轮及行人天桥设施的交通枢纽，是集宏伟、壮观、摩登、便捷、高贵于一身的建筑物。

第二节　三间公司　各有千秋（1996年）

1996年，李兆基系的联营公司表现更为出色。

（一）　联营公司之一：香港中华煤气有限公司

中华煤气创立已有135年历史。

李兆基是在1983年7月14日登上中华煤气董事局主席的宝座。自从接管这机构之后，李兆基锐意革新。

正如前述，在1983年，当中英政府对香港问题仍执拗甚剧、香港市道极度疲弱的时期，李兆基依然大刀阔斧，斥资共十亿元，在大埔开设新厂，加强基建，让四部石脑油（Naphtha）制气机投入生产行列，这种石脑油制气机，是将石脑油加压加热加催化而成煤气，过程十分干淨，且使每日生产煤气量达到280万立方米。新厂按计划于1986年完成，大大增加煤气之生产能力。

新厂一期投产之后，效应甚佳，发展至1989年，又定下了再拓展的计划，在1992年新厂二期完成，1993年开始向市场供应，每日可增加煤气量560万立方米。

从前煤气是香港富贵人家的专用物，只有在豪宅地区才有煤气供应。李兆基认为煤气既方便清洁，又健康安全，于是积极将煤气带到平民住宅区。目前除离岛之外，煤气无远弗至。

近年发展新机场，为配合未来赤鱲角新机场及大屿山其他发展项目对煤气的需求，特铺设了一条3 500千帕的输气喉管，贯通荃锦公路与大屿山，大榄郊野公园的一段喉管及马湾海峡的海底喉管都已竣工。整项工程总额为港币五亿元，预计可于1997年上半年开始供气。

李兆基不但使中华煤气在基建上有突破发展，且近年煤气十分积极听取坊间意见。用户以前认为煤气虽便捷干净，但用具款式流于古板，于是中华煤气从善如流，注意市场情况和尊重客户需要。例如德国进口之煤气热水炉虽品质优异，但体积太大，

左上图：李兆基成功地把煤气引进平常百姓家，使煤气不再是富贵之家的专利品。
右上图：中华煤气在李兆基任主席后，励精图治，大埔新厂分两期完成，供气量大增。
左下图：李兆基出任中华煤气主席后业绩优异，图为他巡视新厂房。
右下图：中华煤气新厂落成时举行舞狮，由主席李兆基主持点睛仪式。

上图：1996 年香港中华煤气有限公司董事及高级行政人员合照。前排左起：李国宝、利汉钊、李兆基、廖烈文。后排左起：马文思、林高演、李家杰、陈达雄、梁希文。

下图：中华煤气在大埔之宏伟厂房，土地面积达 1 260 000 呎，全是最先进之设备。

不大适合香港的狭窄家居环境，于是积极引进日本产品，使煮食炉、热水炉等在款式上大大改善，又鼓励日本供应商在中国内地设厂，以减低成本。同时注重安全，炉具火种熄灭，煤气即自动停止供应，可减少火灾的危险。此外又设立“煤气现代家居中心”，把最佳之产品，如效率特高之煤气干衣机、煤气饭煲等介绍给发展商、建筑师、设计师及一般用户，又开创“客户服务中心”及“烹饪中心”，推广煤气的应用。

中华煤气的用户由李兆基荣膺董事局主席时的30万户，发展至1996年底，共有近120万户，有四倍的增长。1983年股东溢利为1.05亿元，至1996年底则为19.46亿元。

除了业绩表现优秀外，李兆基入主中华煤气，使公司能有机会参与香港的优质地产投资和发展，例如万众瞩目的香港站上盖的国际金融中心，中华煤气占15%股权；九龙京士柏花园别墅地盘，中华煤气占45%股权，该罕有之九龙“半山”豪宅地王，总楼面面积约24.1万平方呎，另附有会所及停车场设备，预计于1998年底完成。

此外，中华煤气在马头角的南厂已获城市规划委员会批准改建为商业用途楼宇，马头角厂分为南北两部分，南厂占地13万平方呎，可兴建一幢楼面达156万余平方呎之优质商业大厦，作收租用途。因官契并无限制用途，故毋须补地价即可重新发展。预计他日能为股东带来可观利润。

1973年即已加入中华煤气工作，至1988年升任为执行董事的陈达雄表示，中华煤气在主席李兆基的领导下，励精图治，积极革新，使煤气在美观、实用、效率和安全等方面都有了优良表现。

现今的摩登厨房，的确已是煤气的天下。

（二） 联营公司之二：香港小轮（集团）有限公司

香港小轮公司前身为油麻地小轮船公司，创业于1923年，在港九未有隧道贯连之前，一直是载运乘客和货物往来香港九龙及离岛之重要交通工具，公司除经营渡轮之外，亦经营船厂、酒店、旅游、超级市场等业务。由于三条隧道的渐次落成，香港市民可选择隧道过海，令小轮的载客量下跌，由1975年的年载二亿人次，减至1996年的3 800万人次，所以，在林高演接任该公司主席后，即锐意顺应社会的发展，将业务重心移向赚钱的行业。

其实，小轮公司除经营小轮业务之外，亦拥有相当的地皮。其中大角嘴之旧船坞用地占地22.8万平方呎，可建楼面面积约为200万平方呎，小轮公司为发掘其潜在价值，已于1996年6月申请将用途改为综合发展用途，并已原则上获城市规划委员会批准，有关手续办妥后，将会发展为住宅、商业及酒店之综合建筑物，该地皮位于大角嘴机铁站附近，届时一定增值不菲，能为小轮公司带来厚利。

除转移业务重心之外，公司亦在开源节流方面下了苦功。不断增辟赚钱途径，及在成本方面，不论是前线营运、后勤维修、政策支援和人事调配等，都细加管制。

此外，林高演把小轮公司的现有业务作重新安排，前景没有良好进展的大刀阔斧予以撇除，例如附属的18家超级市场，业内对手为拥有数百家连锁店的百佳和惠康，实在强弱悬殊，故而安排以成本加溢价出售予附属粤海集团的广南超级市场有限公司，广南的特色是有鲜活出售，可在同业中另树一帜。

至于小轮业务的式微趋势，小轮公司不断向政府反映现况及提议对策，指出现时世界上很多小轮业务都是政府补贴的，道路四通八达的地方，小轮成次要交通工具，而小轮的乘客量，通常在上班高峰时间过后，人数便大幅减少，因而有着其先天性的局限。港府在香港半山建有自动电梯，免费运送居民往返中环，又为何不考虑对离岛居民多作照顾呢？在这种逻辑下，小轮公司在1992年6月向政府建议，在中环四个码头上盖加建数层面积达60万平方呎的现代化建筑物，1/3用为酒店式公寓，1/3用为商场，1/3则是写字楼，其租金收入或售楼利润，部分用来补贴小轮运作，并保证该营运资金不少于6.4亿元，行政局原则上已经同意，但补地价、专利权延续及其他细节则仍在商讨中。

上图：油麻地新船下海，李兆基偕幼女李佩仪在新加坡观看模型。
下图：香港小轮集团拥有全香港最大之专利小轮航线网络，由 84 艘渡轮提供服务，集团拥有之贵重地皮，日后发展将成为集团之可观资产。

（三） 联营公司之三：美丽华酒店企业有限公司

美丽华酒店于1957年成立，并于1970年成为上市公司，投资业务包括酒店、地产、饮食及旅游，在香港、中国内地及美国都有投资。该公司的主席，正是李兆基的多年好友何添。

美丽华最贵重的物业，是位于尖沙嘴弥敦道黄金地带的地皮，地盘面积达12.2万平方呎，楼面面积160万平方呎，其上盖分别为拥有500个房间的美丽华酒店，及隔邻的美丽华大厦、商场及戏院。面向弥敦道之商场正在加建，与原有商场相通，完成后将使该处美化不少，另有一番新景象。

美丽华酒店旗下一些现有之旧型物业将拆卸重建，如尖沙嘴诺士佛台6号前身为员工宿舍之已交吉物业，地皮3 700平方呎，可建楼面为40 000平方呎，预计于1998年下半年建成，将可为集团带来相当收益。

在内地方面，美丽华亦是较早进入内地投资的公司之一。在上海，该公司已完成了虹桥区的美丽华花园住宅项目；在广州，亦已完成了天河区的广发花园商住项目，两个项目都获得理想的销售成绩。

集团经营其他业务，如翠亨村茶寮及美丽华旅运，都是香港人熟悉的名字。

美丽华酒店的主要优质资产由于位于最黄金尖沙嘴的龙头地带，价值日见上升，随着租金及酒店收入的按年递增，公司的前景十分看好。

第三节 国内地产 潜力深厚（1996年—1997年）

李兆基在1996年的业务大方向，最为人瞩目的其实是交到长子李家杰手上去营运的内地业务。

有目共睹的情势是香港以至海外的企业界人士，主观上，对中国政权的忧虑是日渐降低了，客观上，外围投资条件实在不理想，只有中国内地是一个仍然公认是深具潜质的庞大市场。于是人人都对之虎视眈眈，而同时又是战战兢兢。

这种既爱且惧的心态是可以理解的。

正如李兆基个人的经验，当年在大陆解放之后，全部企业收归国营，根本没有生意可做。其后的“文化大革命”，对中国本身的损害之大，不堪回首，难怪海外投资者闻之色变。

然而，经过这20年的开放改革，行之有效，已经能打动到不少海外投资者的心，包括李兆基在内。

人们都在瞪着眼，看这个一向独具慧眼、福至心灵的企业大亨在中国投资的遭遇与成败如何，作为自己进军新市场的试金石和定心丸。

他们父子在对中国发展企业的观念和体会上是相当一致的。

在李家杰方面，以他的身份和地位，已能获得与国内高层人物联络。换言之，很多有关生意问题，都能直接探讨和协商。

在这些高层的接触中，最重要是令李家杰对中国政权的认识和信任，他已明白到今时不同往日。

正如邓小平曾一再讲过的，中国需要长期的安定去做好内地的经济建设。

他们父子明白中港经济是唇齿相依，商业发展相辅相成的道理，而目前中国领导层的成熟和诚恳，形成了积极发展内地经济和乐于与香港共同合作中港两地的经济与商业的发展。

长子李家杰在涉猎过海外的投资之后，更加珍惜内地市场。最难得的是，他对这个市场备有浓厚的尝试兴趣。

李家杰还有一个想法，就是开发内地市场，势在必行，开山劈石的工作责任重大，而且异常辛苦，并不容易找到合适人选挑此重担。弟弟李家诚尚是年轻，适宜先在香港涉猎市场，吸收经验，故而自己承担内地市场的工作，是责无旁贷的。

在香港实行一国两制，港人治港的政局之下，李家父子已决定全心全意全情全力投资香港和内地，这是主流方针。长子李家杰既打理内地市场兼管香港业务，幼子李家诚则先行在香港站稳阵脚，助理父亲工作。

上图：美丽华集团参与经营之五星级深圳蛇口南海酒店，以现代化的酒店管理方法使其业务蒸蒸日上。

下图：美丽华弥敦道商场扩建工程完成后，拥有写字楼面积共 679 184 平方呎，连现有之美丽华大厦楼面面积将增至近 1 077 000 平方呎，成为尖沙嘴心脏地带内价值连城的建筑物。

上图：1997 年 5 月 22 日李兆基访京期间，全国政协副主席、中央统战部部长王兆国亲切会见李兆基博士。

下图：香港三大地产界巨子（左起）郑彤裕、李嘉诚、李兆基与国务院港澳办公室主任鲁平经常对香港事务交换意见。

上图：恒基中国1996年3月28日于香港联合交易所上市，李兆基偕同两个儿子李家杰（右一）及李家诚（中）看到当日股价攀升4.63%，笑逐颜开。（此帧照片由《南华早报》提供，谨此致谢，）

下图：坐落在上海天目西路547号的上海不夜城广场是恒基中国集团有限公司的又一杰作，建筑面积约1 260 000平方呎，项目组合计有上海国际办公大楼、逸天阁、逸升阁及四层高大型购物商场。

上图：北京恒基中心上盖面积330万平方呎，由李家杰负责策划兴建，于1997年6月底完成。

下图：广州海珠广场外貌宏伟，整项发展可建楼面约3 910 000平方呎。图为海珠广场外貌设计之模型。

十多年前，已作开路先锋的香港工业家，在内地投资设厂，成功的例子比比皆是。这不失为对李家杰的借鉴和鼓励。

自1993年以来，内地企业和在香港注册的中资机构已经灵活运用香港市场加以发展，使他们在引进资金、现代企管技巧、市场人才等方面获益良多。

这已经显示出内地和香港市场日益加强沟通合作，互助互惠。

李兆基家族已在香港处于企业的领导地位，作为长子，应该承先启后，发扬光大，努力在一个幅员广大的中国领土上寻求事业的突破。

李家杰上承父志，不熟不做，自90年代开始专攻内地地产。这几年在内地选择发展地点都是极具特色的。一俟时机成熟，接近收成时期，就计划把恒基兆业（中国）上市。

李家杰父子明白中国要实行社会主义市场经济是一种新尝试，故而在这个成长过程中，应该逐个省份地做起来，有些尚未成熟的市场必须押后，就如从前的香港，也不是一开始就风调雨顺的，必须耐心按部就班发展。

在中国内地地产投资的地点选择相当重要，直至1996年，恒基（中国）已经在国内拥有二十多项地产发展项目。

其中最瞩目的自然是耗资33亿元人民币建在北京长安大街上、最繁忙的北京火车站侧的那座集商贸、旅游、写字楼、公寓、酒店为一体共达300余万平方呎的大型综合建筑物恒基中心。

除此之外，当然不能忽视早已繁荣发达的珠江三角洲，包括在广州芳村投资13亿元兴建立交桥商住小区；计划在深圳福田发展楼面逾400万平方呎的商住项目，涉及的投资额约为50亿元人民币。此外，重要的发展项目还有广州海珠广场，整个计划楼面面积超过400万平方呎，各期建筑费用共逾50亿元人民币。

李兆基的地产事业是以建造中小型住宅而起家的，因而在内地的地产发展，他不会忽略中下阶层人民的居住需要。

因而李兆基对发展中国人民廉价房屋是特别关注的。就在1996年初，他以香港特别行政区筹备委员会委员的身份到北京开筹委会会议时，应天津市政府之邀请，跑了一次天津，研究投资建造“微利房”，让市政府转售给人民的计划。

当日他不但马不停蹄地跑遍了天津，以清楚观察环境，还跟各级有关官员干部会谈，亲自把他们的回应作笔录。

李兆基不厌其烦地逢人都询问相同的问题，要求知道售卖对象、天津市人民经济能力、每个单位可以出售的价格、市内繁荣区地段与非繁荣区地段的种种比较等。

然后他就核对所得的答案，很高兴的发现从各方面得到的资料都是一致的，毫无抵触和冲突，因而归纳出一个天津人殷实的好印象，认为帮助天津市兴筑民居是项既有意义又有盈利的发展项目。

是项计划将涉及地盘面积 150 万平方米，楼面面积 200 万平方米，总投资额达 20 亿港元，回报率为 17.5%。

恒基（中国）终于在 1996 年上市，成功集资 15 亿元，连同可兑换股债券转为股份，合共集资 51 亿元。恒中宣布在中国共有 22 个地盘，可建楼面面积 497 万平方米，资产估值 137 亿港元。

市场人士的一般分析是中国地产是潜质优异，却是目前举步维艰的业务，要克服一个未曾全面开放的市场内之种种未成熟措施，需要高度的智慧、无比的坚忍和强劲的人际关系，恒基中国能以纯粹中国地产投资项目在香港上市，是李兆基个人魅力的表现，也是对李家杰投下信任的一票，相信虎父无犬子。

时至 1997 年的今日，恒基兆业希望为富于中国特色的社会主义国家作出贡献之同时，也希望令投资者的信任获得相应的丰盛回报，一如以往在香港一样。

第四节　楚弓楚得　泱泱大度（1996 年）

当传媒广泛报道了香港李兆基在世界富豪排名榜的骄人成绩之后，人们都在津津乐道，并期望他来年有更大的突破。李兆基本人则绝对处之泰然。

他的座右铭是“不义而富且贵，于我如浮云。”

李兆基的努力从来是基于他敬业乐业的个性，他日以继夜地工作，从事业所获得的成功，证明他的能力和眼光，使他觉得满足，认为不枉此生。

至于顺带应运而产生的财富，从来不是他努力追寻的第一个目标。

就以这1996年初一次生意上的竞投为例，他就以努力而随缘的态度处理个中的成败。

香港政府公开招标竞投屯门内河码头，李兆基参与以新世界基建和新鸿基工业为首的财团，参加竞投该项工程，是很合适的好拍档，因为新世界基建由郑裕彤之子郑家纯主持，新鸿基工业则是冯景禧之子冯永祥的机构。

结果，政府的招标结果，不是价高者得，而是以和记黄埔为首之财团以低于半价之数投得。

港府对这个决定还罕有地召开记者招待会解释原因，认为是落败的一方在招标书上之计划，包括港府所期望之海运与陆运比例、污水处理措施、台风防御设备等等，都不能令港府满意。

是项结果一出，引起轩然大波，新世界基建及新鸿基工业立即以高姿态通过传媒作出反应。除召开记者招待会，要求政府对指其标书质素欠佳之说作出解释之外，还声言要政府向他们提供满意答复，否则会向政府采取法律行动，对政府为何放弃接纳高标，影响库房收入，表示不满。

李兆基对这次工程投标落败有他个人的看法，他认为是天时地利人和的欠佳所致，所谓天时是政府给予的准备时间太仓促，因而导致在环境污染、交通与海上运输等方面有欠详细注释。所谓地利，恒基这一方不明白有关官员的需要，原来只着重理论上的外表技术，而不重投标价格的高低。最后人和方面是年近岁晚，习惯上老板与工作人员大多放假休息，文书来往，稍为隔膜。无论如何，李兆基提出了他认为最重要的一点是该项工程由本地华资集团所投得，内里很多都是自己朋友。生意不是每宗都不可失，他笑说：

“楚弓楚得，有什么好追究呢？”

反正大家是“围内”好友，就不必做些事令中标者有为难之处，于是希望大家以和为贵。

这宗投标风波就解决了。

李兆基如果是个斤斤计较盈利得失的人，他就不会以如此随和的姿态处事了。

第五节　名震四海　财倾五湖（1996年）

1996年7月有一项世界性的财经信息令香港人觉得与有荣焉。

美国福布斯财经杂志公布那个年年都引起国际传媒瞩目和争相报道的全球亿万富豪排名榜，自1994年开始已成为香港首富的李兆基于1996年排名全球富豪第四名，超越所有亚洲巨富而成为亚洲首富。

李兆基在美国福布斯财经杂志每年的全球富豪榜竞赛中的表现简直是个神奇旅程。

在1993年的世界富豪榜上李兆基排名第67位，远在排名第27位的香港郭炳湘家族和排名第40位的香港李嘉诚之后，当时他的资产净值估计为210.6亿港元，折合为27亿美元。

1994年，李兆基在世界富豪榜上已由第67位跃升至第13位。

到了1995年，更是昂首直入世界十大富豪之列，排名第七，李兆基的资产值是65亿美元。

1995年位居榜首的是美国电脑大王盖茨（Bill Gates），第二位亦是美国人，是波克夏·哈萨威(Berkshire Hathaway)投资公司的巴菲特（Warren Buffett），第三名是日本的地产富豪堤义明（其资产据美国福布斯财经杂志的资料显示，与第四名之劳辛相同），第四名是瑞典包装业之劳辛（Hans Rausing），第五名是瑞士制药之扎赫尔（Paul Sacher）。

The world's ten richest people

William Henry Gates III
$18,000,000,000
Microsoft's stock is up over 40% in the last year—boosting Gates' net worth by $5.1 billion. That's on top of a $4.7 billion increase the year before.

Warren Buffett
$15,300,000,000
His calling Berkshire Hathaway an overvalued stock hasn't scared away investors. Up 43% in the last year, Berkshire's rise has boosted his net worth by $4.6 billion.

Paul Sacher
$13,100,000,000
Although he's stepped down from the Roche board, this Swiss is still believed to preside over his family's interests in the pharmaceutical giant.

Lee Shau Kee
$12,700,000,000
Shares of his Henderson Land Development Co. have risen over sevenfold in six years. Now he's spun off his China projects into a new company, Henderson China.

Tsai Wan-lin
$12,200,000,000
The stock of his Cathay Life Insurance rose 50% in April after Morgan Stanley announced it was considering adding Taiwan to three of its global stock indexes.

Li Ka-shing
$10,600,000,000
After making billions in Hong Kong real estate, he's now investing in container ports, power plants and other projects in China.

Yoshiaki Tsutsumi
$9,200,000,000
This magnate used to be the world's richest individual, but falling Japanese property prices have taken their toll.

Paul G. Allen
$7,500,000,000
His smartest move was holding on to most of his stock in Microsoft after a scary encounter with Hodgkin's disease prompted him to leave the company in 1983.

Kenneth R. Thomson
$7,400,000,000
He's taking his Thomson Corp. into the front ranks of electronic publishers.

Tan Yu
$7,000,000,000
Holdings in his property portfolio stretch from the Philippines, Taiwan and China to San Francisco, Las Vegas and Houston.

Forbes ■ July 15, 1996　125

1996年7月出版的美国福布斯财经杂志根据调查资料宣布是年之世界十大富豪，李兆基博士名列第四，香港和中国人与有荣焉。（此图取自该杂志，谨此致谢。）

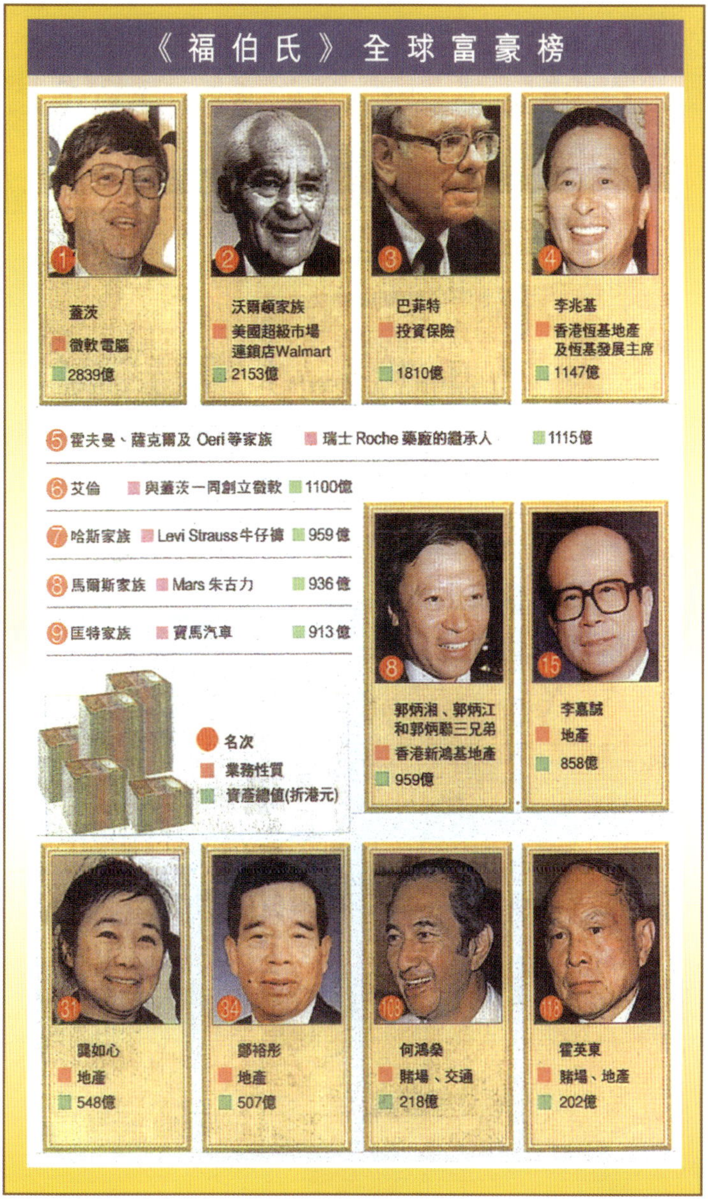

1997年7月中旬，美国财经杂志福布斯宣布一年一度的调查结果，是年全球十大富豪榜上，李兆基博士再次获选为第四名，首三名为美国籍大亨，遂使李兆基跃升为欧亚两洲的首富。（此图取自《明报》，谨此致谢。）

上图：胜者为王，所以笑得如此灿烂！李兆基摄于黄鹤楼。
下图：李兆基成为全球上市公司股东派息收入的冠军，几年之间单从一间公司所派的利息就有百亿元进账，这份骄人成绩是中国人的光荣。

台湾的保险及建筑业巨子蔡万霖以85亿美元的资产位居第六，仅排在香港李兆基之上。

加拿大的汤姆森以64亿美元的资产排在第八位。

亚洲华裔富豪还有以62亿美元排名第九的韩国现代集团创办人郑周永，以及以59亿美元排名第十的香港长江实业集团主席李嘉诚。

根据美国福布斯财经杂志的资料，李兆基的资产增长幅度十分惊人，由1995年65亿美元增至1996年的127亿美元，升幅为95%。

个人资产在一年之内增值几近一倍，这种滚雪球式的增长能力，使是年超级富豪榜上排名在李兆基前面的三位财主也望尘莫及，计为第一名拥有180亿美元的美国电脑大王的盖茨、第二名拥有153亿美元的美国投资大亨巴菲特，以及第三名拥有131亿美元的瑞士制药企业家扎赫尔，他们的财产增幅都输给了李兆基。

蝉联两年首富的美国微软集团总裁盖茨，1996年的资产增幅不过40%，比李兆基所创的纪录少了一半有多。

回顾李兆基企业王国的领航旗舰恒基兆业地产在90年代的骄人成绩见后页图表。

事实上，美国福布斯财经杂志的资料更显示，李兆基已经在个人每年股息上击败了其他各国富豪，创下了世界纪录而成为1996年全球上市公司纪录中股息最多之一人。是年恒地全年派息共3.03元，他个人股息收入达33.5亿元。

《华尔街日报》立即要求访问这位出类拔萃的全球华籍首富，探讨他成功的秘诀。

对于这份骄人的成绩，李兆基仍保持一贯谦虚的态度，回复传媒说：

“这只是根据全球上市公司的资料统计得出的结果，私人财富隐藏者众，谁也没法子知道谁有多少身家，个人资产是很难预计的。而且在香港，若以家族财富而论，首位应是郭得胜的第二代郭氏兄弟家族，若以控股额而论，第一应属李嘉诚。”

实际的情况是，当香港很多富翁都忙不迭地作分散投资，把产业分一半或以上挪动到欧美国家，又把存款藏匿于瑞士银行之际，李兆基把绝大部分财产倾注于香港，然后又分一部分到内地。如此眼光独到，是他成功的重要因素。

他很老实地解释，在海外的投资利息每年的回报只有五厘，太少了，有10%的海外投资已是足够，甚而是少至5%都无所谓。

事实上，如果在1976年相信李兆基的说话，倾囊投资于恒基兆业以及香港地产，今日有哪个不是面团团作富翁了？

（年终计）

年份	营业额	税前盈利	利息	总资产值	市值
1990	40亿	24亿	0.35元	146亿	136亿
1991	38亿	25亿	0.4元	175亿	220亿
1992	42亿	31亿	0.51元	114亿	231亿
1993	62亿	49亿	2.1元	298亿	910亿
1994	100亿	75亿	2.6元	561亿	589亿
1995	112亿	90亿	2.8元	679亿	766亿
1996	153亿	108亿	3.03元	780亿	1 325亿

第六节　筹委推委　国事港事（1996年）

1996年的12月，对香港人而言是极有意义的。因为香港特别行政区的首届行政长官以及在1997年7月1日起负起特区立法责任的临时立法会将由来自香港各界的400名推选委员会推举产生。

李兆基因为在香港商界地位崇高，自从在1993年被中国政府委任为港事顾问之后，于1996年又被人大任命为香港特别行政区筹备委员会委员，并当香港有5 000多人竞选推选委员会之时，李兆基又以相当高的票数当选。

李兆基备受筹委会的其他成员尊重，因为不管他事务多么繁忙，他从来都不缺席，而且有时筹委会小组讨论在时间上有所调动，以致跟他原来的业务会议计划有所冲突，

上图：顺德联谊会祝贺李兆基博士获任为香港特别行政区筹备委员会委员。
下图：时任全国政协副主席、中央统战部部长王兆国亲切会见恒基集团主席李兆基博士、新世界发展主席郑裕彤博士、新鸿基地产的主席郭炳湘等，聆听他们对香港及内地经济发展的意见。

他都会竭力更改自己的工作予以迁就，这证明李兆基是关心香港政治前景，而且愿意贡献他的一份力量的。

在筹委会的会议上，他不是个勇于发言的委员，却绝非毫无意见。

他一贯喜以多听别人的讲解，静心分析之后，把自己的观点提出来。

其中一次，大家就新界乡村在分产上是否要男女平等一事提出讨论，李兆基很快就把问题的关键指出来。

一直以来新界祖堂物业都是传男不传女，由司理人去管治物业，把收益用来照顾乡村中的孤儿寡妇。乡绅之所以激烈反对男女平等分产，就是因为万一传了给女儿，一经出嫁就是别乡别姓的人，财产流出乡村之外，谁再负责去照顾孤儿寡妇？之所以祖业世世代代不可以分产，就是为了顾全大局。而且李兆基更一针见血地指出，新界的祖堂物业共值超过百亿元，真是牵一发足以动全身。如一旦男女平等，到时又怎样分配呢？筹委会委员王英伟说：

“李兆基先生的意见一般都有数据支持，难得的是他对数字记得相当清楚，往往举出几个数字来，就可以说明很多情况。”

可以说李兆基是个精通数字，而又明白数字代表的含义而予以尊重的专家。

1996 年底，董建华以大比例的票数当选了行政首长，李兆基与大部分的香港人一样，对这个人选表示满意，并对他期以厚望，有信心香港在他的领导下持续繁荣安定。

李兆基对政治没有兴趣，他对香港前途表示关怀，并不表示他对政治有参与或间接从旁参与的心意。

李兆基深信香港特区政府会在 1997 年当政之后，成为一个能干而正直的政府，给予香港商人更多公平的竞争机会，因为只有这样，香港才会继续繁荣和稳定。

第七节　慈亲去世　伤心欲绝（1997 年）

1997 年 1 月 2 日，是李兆基最伤心的日子。

他的母亲陈鸾凤女士享年93岁，因为胆石引起其他并发症而去世了。

李陈鸾凤假香港殡仪馆举丧，是名副其实的生荣死哀，灵堂的布置，高雅庄严，花用逾100万元。

李兆基为母亲购买的棺木是特别订制的四川楠木制成，有防虫防水，永不腐朽的作用，价值达300多万港元。

棺木上还覆盖了一幅巧夺天工的由以色列蝴蝶兰制成的花被，蝴蝶兰常用来献给尊贵温柔的女性。

在扶灵的安排上，尤其看到孝子一番诚恳谦和的孝思。

一般扶灵者都是达官贵人，以示显赫隆重。李兆基想，母亲含笑而逝，都只为看到他今日有成。自己可是靠一班忠心耿耿的同事，尽忠职守，才有这番成绩，倒不如以自己名下的八间公司，由公司的主脑代表扶灵，既免劳驾亲友，又不会顾此失彼，且可以表示自己看重下属，而又报答亲恩的心思。

故而扶灵的八人是：恒基地产有限公司李镜禹、恒基发展有限公司黄永麟、恒基中国有限公司何永勋、香港煤气有限公司陈达雄、香港小轮有限公司林高演、美丽华酒店有限公司余达纲、仁安医院李继尧、裕民建筑有限公司梁升。

出殡当日，香港官绅云集，香港人能叫得出名字来的达官贵人，都前来拜祭。整座香港殡仪馆的里里外外墙壁都铺满了几层花圈。

李兆基并决定把母亲带回顺德大良安葬，于是由弟弟李达民将墓地整理及回乡打点一切。

李陈鸾凤笃信佛教，故而李兆基特地请僧侣念经，由香港念到故乡，共七日七夜。他更邀得香港佛教联合会的觉光法师，为灵柩盖棺。

李太夫人的丧礼在香港举行后翌日，灵柩先运往其半山住宅麦当劳道举行路祭，再运往沙头角边境，经陆路运返顺德大良。

李兆基是顺德市的荣誉市民，对顺德的教育和医疗建设一直贡献良多，故而顺德政府对是次李老夫人回乡安葬，相当重视。不但派员协助李家亲戚办理丧事，而且向全市36个单位发出通告请求派出代表到场致祭。

结果在1月5日于顺德为李陈鸾凤举行的追悼会，有数百乡众热情参加，由李兆基捐赠8 000万元建成的李兆基中学，派出的公祭代表团几达100人。

李陈鸾凤下葬于顺德大良的飞鹅岗，是经过香港的风水名师蔡伯励亲自选定的一块上佳墓穴。

是日亲送李太夫人上山的除了李兆基和他的五名子女，以及李兆基的其他兄弟姊妹之外，还有众多亲友，他们所乘的旅游车共十多辆，要由公安沿途开路，才不至于令送丧的车队中断。

高龄99岁的李介甫对妻子去世并不知情。李兆基等回家去看望李介甫时，先把手臂上的黑纱除下来，此番隐瞒无非怕惹老人家过分忧伤，有伤身体。

李兆基嘱各人砌词告诉老父，母亲是因为身体不适，要进院休养。爱妻情切的李介甫信以为真，每天起床之后一定步入陈鸾凤的卧室，看她已经回家来了没有。

难得父母如此夫妻情重，恩爱如常，到底算是白头偕老，这是李兆基至大的安慰。

母亲得享高龄，虽属笑丧，但李兆基的心还是不住地淌泪。

这20年，李兆基把父母接到香港奉养，不能算是子欲养而亲不在，但每当怀记母亲对自己的溺爱，就难舍亲恩。一闭上眼，就活像见到自己小时候捧着饭碗吃饭，赫然发觉碗底下有一块半肥瘦的猪肉藏着，抬起头来触着的是母亲那一脸无微不至的慈爱，和那个让李兆基看了温暖得似洒满一身朝阳的笑容。

李兆基把母亲安葬故乡之后，仍有好多天晚上睡不着。

只有长子家杰留意到李兆基好多天都在下班之后就把自己关在睡房内，老不出门，就算是尝试跟他攀谈，他也有一点点的无精打采。

夜里，站在窗前看到维多利亚海港两岸的霓虹灯七彩缤纷，万紫千红，令一个世界有名的财经重镇光辉灿烂，瑰丽夺目。李兆基的感慨禁不住澎湃如潮，翻腾似浪，涌现于心湖脑海。

过尽悠悠的50年时光，香港由一个小渔港发展为今日国际间鼎鼎大名的金融中

上图：李介甫先生与陈鸾凤女士 70 周年结婚纪念晚宴时与他们的子女合摄。左起李焕瑶、李焕琼、李达民、李兆麟、李兆基、李兆楠、李焕珍。

下图：李兆基的五名儿女、两位女婿郑启文（左二）及李宁（右一）与三名外孙女摄于父亲李介甫先生与母亲陈鸾凤女士 70 周年结婚纪念晚宴上。

李兆基与父母兄弟姊妹合照。左起李达民、李介甫、陈鸾凤、李兆麟、李兆基、李焕瑶及儿子、李焕琼。

李兆基率男家杰与家诚亲送母亲回乡安葬。(此帧图片由《壹周刊》提供，谨此致谢。)

心和最具发展潜力的大都会；李兆基由一个籍籍无名的小商人发迹成财倾五湖、名闻四海的企业家，二者同步成长，同时壮大。

李兆基祈望香港会有很多人跟他一样欣然迈步走向下一个50年。

第八节　日本上市　股坛盛事（1997年）

恒基兆业在市场上无可否认是集资的长胜将军，自上市之后的每一次集资行动，都在极短的时间之内被市场人士、股票经纪及基金机构争相认购一空。

恒基兆业分别在1995年12月6日和1996年9月23日都以配新股形式集资，前者以每股作价45.6元，配售4 825万股，共集资22亿元；后者以每股作价64元，配售5 500万股，集资35.2亿元。都是用作集团之一般营运资金，集资过程十分顺利，在集资计划宣布之后一小时内就大功告成。

1997年的1月10日，李兆基在集团集资的策动上，作了一个历史性的大突破。

恒基兆业地产有限公司成为首只在日本上市的香港股票。

日本经济增长迅速，至令楼价上升，但因为日本税重，持物业者大都不肯出售套现，而只会做银行按揭。股市方面，都是机构与机构之间互相持股，在股市上扬时愈加制造上扬条件，日本这种泡沫经济在1990年终于爆破，市道一沉不起，只能减低利息刺激经济，日本储蓄存款利率只有1/2厘。

恒地因见日本利息低，就决定安排在日本上市，吸纳资金回港及回国发展。

恒地是次在东京交易所上市，不但在名望上首先赢了一仗，而且集资的成绩也是相当优异的。恒基在日本公开发售股份，每股售价为港币73.25元，配售3 300万股，集资共24亿港元。吸引了不少中小投资者，日本的股东人数超过8 000人。

李兆基在1997年2月初率领要员林高演、郭炳濠、黄永麟等，与野川证券香港分行联席主席林孝信，以及胡关李罗律师楼的著名律师李王佩玲访问了日本东京交易所，在交易所主席陪同下，李兆基出现在交易所大堂的月台上，由交易所主席向在场的出市代表介绍李兆基，立即掌声雷动，受到热烈欢迎。

日本的基金和市场投资者都对恒基寄予厚望，因为日本人也深谙一句中国名言：

“不是猛龙不过江。”

人们相信这纵横四海的过江猛龙，有他长远而过人的眼光，并相信最终会获得令人叹为观止的成绩。

李兆基对日本市场人士作出诚恳表示，恒基这次在日本上市，盼望能令日本投资者多留意香港市场和认识更多优质香港股票。

在1997年5月20日李兆基接受了日本经济新闻社之访问，谈论的问题颇为独特。

问：“请评估一下贵公司在日本东京股票市场上市一事。”

答：“恒地利息高，增长快，很适合散户投资。”

问：“您在日本公司及地产界方面的投资额有多少？”

答：“我没有在日本作投资。”

问：“您对李泽楷（Richard Lee）用七亿美元投下东京火车站地段一事有何看法？”

答：“地点相当好，可惜日本的税率贵了些。”

问：“您认为香港地产价格在未来会有年增10%至15%的可能吗？”

答：“有可能。”

问：“在美国传媒不看好香港未来之际，您为何对香港充满信心？”

答：“美国人以讹传讹，对香港的实际情况未够了解，我个人看不出香港在1997年之后会有什么危机。”

问：“在香港大多数公司迁册别国之际，您的集团为何仍留守香港？那样做有何分别？”

答：“香港是投资胜地，回报率好，以十年计香港投资可能升值数倍，外国才得一倍。”

问：“您是否准备好，假若中国内地违背诺言，就会离开香港？”

答：“我相信香港50年不变。”

恒基商标是投资者信心的标志，李兆基不但为自己创造了巨大的财富，也为香港繁荣作出贡献。

问："香港置地公司的年代是否已结束？"

答："恒地及新地等，在中环商业黄金地带，正发展全港最大型及最高的地产计划，可媲美置地公司在中环的商厦。"

问："世人都以您怎样看回归为依归，您对您的观察者有何话说？"

答："香港回归，是大喜事。"

问："作为港事顾问，您向中国内地提出过什么意见？"

答："对香港好的意见，我时常会提出来，譬如回归前港元兑美元汇价必须维持稳定，以避免外汇市场及利率的波动。"

问："请说一下您在内地投资的策略及在大陆投资地产的目标。"

答："长线看好优越城市的黄金地段。"

问："请详细说一下您在内地投资 100 亿之事。"

答："目前占集团的总投资额 10%，计划以后三年会增至一倍，即 20%。"

问："请说一下您的永恒梦想。"

答："在商言商，我永恒不变的理想是成为出色的大企业家。"

第九节　新春团聚　传记留芳（1997 年）

日本上市的功夫做完之后，刚好是春节了。

李兆基绝对不是那种一年工作 365 日而把亲情束之高阁的人。

他每年的春节都与儿女、弟妹、好朋友等一起畅度。

每年李兆基不只跟儿女和弟妹一起度春节，而且还会邀请一班恒基集团的同事和好朋友联同家人一同度假，每年的春节旅行团花上几百万元让大伙儿玩个痛快。

李兆基数十年如一日，不改的是生活习惯，不变的是心意情怀。

1997 年的 2 月 6 日年廿九。这天特别高兴，亲朋戚友一起在温哥华的雪山上晚宴，同时庆祝李兆基长女李佩雯的四子周岁。

李兆基抱着这个男外孙，笑得合不拢嘴。这孩子其实是在他的鼓励下出生的。原来李佩雯婚后已育有三个女儿，打算不再生育了，李兆基就劝她：

“你丈夫李宁几代单传，你应该努力为李宁诞下男孩传宗接代，如果你生下儿子，我送 1 000 万元作为赏励。”

终于，佩雯在父亲的训勉下快乐地完成责任。

1997 年在加拿大温哥华的世界有名滑雪胜地威斯那（Whistler），李兆基带领着他的滑雪团，一边欢度新年，一边还要在度假当中，挤一些时间空隙出来接受香港作家梁凤仪的访问，以帮助她撰写李兆基的传记。

对从来言行低调，绝不喜欢成为公众人物的李兆基，这是大大出人意表的一番举止。

众所周知，要求访问李兆基的海内外传媒很多，但他大多数都拒绝。

李兆基之所以会同意梁凤仪为他写传记，是为了想为香港回归做一点事。

1997 年对香港、对中国、对中国人都是别具意义的一年。

中国恢复对香港行使主权，是使满清政府在上一个世纪的丧权辱国之举成为历史陈迹，不平等条约再不会在中国国土上实行，这是中国人绝对的光荣。

毕竟今日的中国非同凡响，今天的中国人出类拔萃。

就是在香港生活成长的中国人也有很多举世称扬的事迹，为人津津乐道。

李兆基身边的很多同事同业亲友开始向他建议：“你应该让人为你写传记。”

尤其在 1997 年，更应出版一本关于他事迹的传记。

因为李兆基的事迹代表了对香港的信心，代表香港人努力奋斗所能争取到的效果，同时显示出香港人傲视全球的才智，和纵横四海的财势。

恒基兆业集团是一个完全东方色彩的企业，通过它在现代社会内鹤立鸡群的成绩，告诉了人们纯粹中国传统的待人接物处世方式，究竟是怎样的一回事。

为此，表彰事实，反映含义，而撰写出版李兆基的事迹，已不是单纯他个人荣耀的问题。

李兆基博士全家福，前坐为长子李家杰。后站左起次女李佩玲、四女李佩仪、幼子李家诚、长女李佩雯，摄于 1997 年 5 月 6 日。

长女李佩雯与夫婿李宁以及他们的爱情结晶品品合摄。

上图：幼子李家诚是不是跟李兆基长得很像?
下图：摄于 1997 年，雪山上的李兆基博士，笑容可掬，显得特别年轻，看上去像四十多五十岁。

李兆基很慎重地考虑过出版传记有点像结算人生总账，故而只有上了年纪的人才会有回忆录。但另一方面，从一个活泼健康的角度看，也不妨把自己的事迹宣诸于世，对一些年轻人会起到鼓舞作用；对自己而言，回首往事，也有重拾青春日子的感觉。

于是梁凤仪便利用春节假期，跟李兆基一起滑雪度假，通过多天畅谈以及搜集资料，希望可以为读者提供的不只是李兆基显赫的业绩，而且能更深入地探索披露他从小至今的心路历程。

因而有很多个人的问题，梁凤仪问得很直率，李兆基也答得很坦诚。

梁凤仪问:

“富有的感觉如何？”

李兆基答:

“一般的富有，应该是相当不错的了。

“贫穷的确是令人忧虑兼辛苦的。试想想吃不饱，穿不暖，朝不保夕，心如何能安？志如何可伸？还加上不时会有病痛的话，等于屋漏更兼逢夜雨，真是凄惨的。

“然而富有与极端富有是不一样的。巨富的麻烦相当多，我就不时收到一大堆世界各地寄来的信，有德文、有日文、有法文，不把它们翻译出来，不能知道内容，译好了一读，原来是为了各种原因请求捐款救济的。读了这些信，心头要承受很大的不安，因为不予援手，心有不恻，要援助呢，又不确知对方虚实。世界之大，有待救援之人之事极多，把越多凄凉遭遇放到自己的眼前来，越发难堪。

“还有，穷十辈子也花用不完的钱，在换取个人享乐的作用上是有极限的。成了巨富，无可避免就是公众人物，生活在金鱼缸里，会失去很多自由自在、自把自为的机会。

“而且，钱一旦多起来，客观形势就会迫着自己为保障财富而无止境地苦干下去，不是自己驶‘钱’，而是钱‘驶’了自己。承担无尽期的肉体劳累和精神牵挂，不会是好滋味。”

李兆基作了这番解释之后两天，还塞给梁凤仪一张小便条，上面写着:

“奉劝世人，应知‘不贫’、‘不富’者最有福，可以自得其乐。”

千亿首富这几句真是语重心长、发人深省的说话。

梁凤仪问：

“如何揾钱才会成功？”

李兆基答：

“要大富，必先成小富。”

“小富由俭是至理名言，因为第一笔财富最重要，有了它作为踏脚石，即是钱揾钱，才易于成功。这副本钱应来自勤俭。

“所谓大富由天，绝不是听天由命，而是指顺应天时地利，绝对不可强求。

“财来有因果，有缘由，有机缘，也有福分。一旦明知不可为而为，勉强的后果早晚会招致失败。”

梁凤仪说：

“你的企业王国，将来如何安排？”

李兆基答：

“我非常信服及欣赏故友郭得胜的企业王国安排：他把新鸿基地产传授给他的三个儿子。由于早期教导有方，令到他们能团结一致，各施所长，现在不是发展得头头是道吗？现在新鸿基地产已成为全港首名最大的地产公司，他们潜力深厚，青出于蓝，我羡慕之余，也很想将来我的企业王国，可以与郭氏家族媲美，更希望我的儿女等，能够团结一致，齐心合力，发扬光大——其实企业王国地位与家族事业，若想维持下去，最好不要分家，团结才是力量，好像一束筷子缚在一起，就不容易折断了。”

梁凤仪又问：

“你未来的计划如何？”

李兆基答：

“集团的投资大部分仍在香港及中国内地，海外的投资比例会很少。以后三年，我们计划在中国内地的投资将增加一倍，约占集团总投资额的20%。恒地仍会继续增

李兆基博士于1997年在加拿大威士那雪岭上的餐厅与本书作者梁凤仪博士的夫婿、香港特区临时立法会议员黄宜弘博士饮酒赏雪，名人雅兴，其乐无穷。

加土地贮备，以供日后长远发展；恒发作为一间大洋行则会作多元化发展，包括加强基建项目的投资。”

“你捐献社会公益的计划着重哪方面呢？”

李兆基说：

“我会为中国同胞的教育及医疗两方面作出我的贡献。

“我们商人喜欢讲求实际效果，教育的回报率最高，因此最值得我投资。

“以小学教育为例，如在内地教育未普及之荒僻地区，用很少金钱便能开设多间学校，教育不少的学生，这不是回报高收效广吗？

“以大学教育为例，投资一个学生念三五年的大学课程，以后这个大学毕业生便要为社会服务至少三十多年，这不又是回报率极高的投资吗？

“我们在1982年成立培华教育基金，为祖国培训了5 000多人，在一传十、十传百之下，这5 000多人可把他们的学识传授不知多少人，对祖国建树良多，我引以为慰。”

梁凤仪问：

“你现有遗憾吗？”

李兆基随即点头，答：

“有。年轻时来港艰辛创业，与七位好友共组永业，及后与两位好拍档冯景禧、郭得胜成立新鸿基，当年雄心壮志，努力奋斗，但望有日香江之内，处处可见新鸿基那个表征我们三人同心的‘SHK’标志，现在梦想成真了，可是永业八个合伙人，七位已经不在了，新鸿基‘三剑侠’中冯景禧与郭得胜亦先后辞世，只剩我形单影只，实在有难以言喻的遗憾。每当我看到‘SHK’标志，我的心就隐隐作痛。如果今日，他们都能与我一起目睹香港的繁荣，享受成功的满足，那会多好！”

梁凤仪问：

“你最喜欢什么？最恐惧什么？最希望什么？”

李兆基答：

“最喜欢与儿女、好友共叙。最怕成为公众人物。最希望香港持续繁荣，中国日有进步，我自己身体健康。”

梁凤仪想了很久，终于忍不住问了一个她也许不应该发问的问题：

“你会再婚吗？”

年已68岁的李兆基，看上去只像个50岁上下的人。

近几年，李兆基体魄健康之外，比十年前更见年轻，主要是他生活有规律，又勤于运动，心境也开朗，每每跟朋友畅谈，就会笑声不绝，偶然浮现于表情之中的羞怯，反显童真。

既是活力充沛，对生命又如此热爱，再婚是理所当然的事吧。

可是，李兆基摇头，道：

“不会再婚了。”

“为什么？”梁凤仪问：“怕女人只爱你有‘贝’之‘财’，而不是无‘贝’之‘才’，抑或，只注重她自己之‘得’，而非尊重你之‘德’吗？”

李兆基解释说：

“这倒是社会环境问题，使我产生了防范警觉而有所踌躇。不再婚的部分原因，是我离婚时已50多岁，如果再婚，生育孩子，就会把家庭复杂化。生下的孩子，在教养及教育方面，恐因自己年纪老迈，有照料不周不及之弊。而且娶个年轻的，长远而言，还是不够精力去陪伴她欢度余生；若是娶个跟我差不多年纪的回来，单是她的健康问题就会有如负包袱的麻烦了。

“我其实最怕束缚，我数十年都不戴眼镜、不戴戒指、项链、手表，连西装裤都不用皮带，只用原装布带。

“我已独身多年，早就习惯而至适应，觉得无牵无挂，无疚无恼了。”

李兆基之所以喜欢滑雪，其中一个理由也是因为在茫茫白雪之中自由翱翔，能深深体会到一种人活着而无牵无挂、无疚无恼的化境。

李兆基的这个1997年春节假期应该是玩得相当不错。

1997 年 5 月 6 日，李兆基博士与他旗下恒基兆业地产有限公司全体经理合照。

本书作者梁凤仪访问李兆基博士时摄。

他从不因为天气风雨而改变他既定下来的滑雪计划，碰巧天朗气清，风和日丽，那就更是他的运气了。

在巍峨的雪岭上潇洒滑翔的李兆基，极目远望，但见群山含情，蓝天带笑，李兆基满心欢喜，他自信明天跟今天一样，他都会拥有一个宁静而光明、自在而畅顺的世界。

《第七章》

人品作风

我们最好能从一些事实中去透视李兆基的人品和作风。以下所举的例子，都是从李兆基的同事、朋友和亲人口中探悉的，正好让读者自行感受这位富甲一方的香港大亨是如何待人接物的。

第一节　扶危济急　照顾下属

1983年，全城经济市道都在风雨飘摇之中，谁的环境都好不到哪儿去，有些人前些日子过于急进，有风驶尽帆，弄得家无贮备之粮，就难保不会被这个经济低潮拖垮了。

在李兆基身边任事多年一位姓陈的老伙计正因自己炒楼炒股失败，血本无归，又被证券经纪行迫仓，真是走投无路，欲哭无泪。

这事给李兆基发觉了，不期然地说上他那句口头禅：

“乜咁论尽㗎！”

也不待对方开口求援，李兆基就把会计何永勋叫进办公室来，嘱咐他：

“替他平仓吧。”

何永勋忍不住问：

“在这个时候帮他吗？”

意思是说又不是太平盛世，在此大难当头，谁都兼顾不了谁。况且，其时恒基也欠下银行相当多的债务，应是自顾不暇。

李兆基说：

“就是这个时候，我不帮他，还会有谁帮他了？”

别说是跟了自己一辈子的老伙计，就是才在李兆基身边任秘书不久的郭志云，也有类似的危难发生，只不过“炒燶”了股票的不是她本人，而是她的家人。

李兆基发觉了郭志云有一点神不守舍，愁眉不展，于是关心地向她查问，郭志云

上图：香港两大地产大王郑裕彤及李兆基同是世界级巨富，公余都喜欢唱卡拉 OK。

下图：与顺德市委书记陈用志、市长冯润胜及郑裕彤先生合照。球场上的李兆基跟商场上的他，一样潇洒自如。

上图：跟随了李兆基工作多年的恒基集团主席办公室高级秘书郭志云常说李兆基不只是她的老板，而且是位教晓她很多做人处事道理的良师。

下图：爱儿爱将，除了在商场上与李兆基并肩作战外，公余亦齐齐欢乐。（左起）林高演、李兆基、李家诚、郭志云。

把心上的困扰说出来。她说：

“我想帮助家人，可是，自己没有能力，但见死不救，又于心不忍。”

这就是郭志云的困难了。

于是那个慷慨而又关怀下属的老板李兆基，又闷声不响地为一个好伙计解决了难题。

第二节　设身处地　诚恳关怀

在新鸿基创立后不久，冯景禧分神另开设纺织工厂，并且希望从永业时代就跟随他过档到新鸿基的罗景云去帮忙打理工厂。

罗景云在李兆基、冯景禧和郭得胜三位老板之中，跟李兆基谈话的机会最少，只为李兆基根本是少说话多做事的人，却跟他其实谈得最是投契，于是他把冯景禧的意思转告李兆基，征询他的意见。

李兆基听后，沉思一会，便答：

“让我替你想一想，才答复你吧！”

罗景云并不知道，他提出的疑问，让李兆基困扰了几天。

从小到大，李兆基就已体会到好雇员的难得。目下几位由永业而至新鸿基的随员，都是忠诚护主的好助手，失去他们任何一个都是新鸿基的损失。

同样的道理引申到好朋友及好拍档冯景禧身上，罗景云是冯景禧带他出身，把他引入永业任事的。如今冯景禧另有创业计划，要把罗景云调去辅助他，也是顺理成章的事。

想来想去，鱼与熊掌，各有因由。

认真是顺得哥情失嫂意，一下子不知如何是好。

再重新考虑一遍，李兆基恍然大悟过来了。

他老是从老板的角度去考虑问题是不对的。

罗景云信任他，才向他求教，那就应该撇开老板的身份，以罗景云为朋友的角度，去为罗景云本身的利益考虑去留。

正确的决定应该是首先对罗景云有利，才对得起朋友，才是好办法。

这么一想，问题就迎刃而解了。

翌日回到公司去他就对罗景云说：

“你还是留在新鸿基好，不熟不做。”

在熟悉的行业和熟悉的环境内，运用熟练的技巧和熟谙的人事，必然是事半功倍。

李兆基笃信事业成就等于一个累积总分。

他只会把自己信奉的道理，自己朝着前进的方向，告诉他的同事和朋友。

结果，罗景云留下来了，最终成为香港地产界内的名将。

第三节　有福同享　皆大欢喜

1998年，有一天，建筑部的经理在开会时向李兆基偶然提及，承接其中一项工程的判头要求恒基补发一笔酬金，遭建筑部拒绝，理由是合约上对有关承造项目以及银码，都写得清清楚楚，怎可能工程做完之后就反口加价？

李兆基问：

“那个判头为什么要出尔反尔呢？一定有他的原因吧？”

“是的。”建筑部的同事回答：“他说他当初落标时计错了数。直到如今结账时，才发觉做了一单亏本生意。”

李兆基点点头，说：

“乜咁论尽㗎！”

建筑部的同事当即表示，合约是白纸黑字签好的，有法律保障，大可不必对此事进行处理。

李兆基说：

“在市道不俗时，人人赚到钱，唯独他吃亏，也是够可怜的。法律不外乎人情，判头是我们的长期合作伙伴，反正这个地盘我们有钱赚，也就补回那笔钱给他，皆大欢喜吧！”

第四节　一言九鼎　重信守诺

金城银行的副总经理温超元看中了恒基大埔安慈路翠屏花园的一个铺位，用以开设分行，出价430万元，李兆基答允了。

过了一段日子，他在街上碰上了恒生银行的一个经理，对方翘起了大拇指，赞美他说：

“温先生，你的面子真够大！”

“什么？”温超元莫名其妙。

“大埔的那个地铺，风水好，又是单边，地点又最旺。”对方说：“你知道吗？我们最近向恒基洽购，原来李兆基先生已答允你们，纵有人肯多出两成价钱，都买不到。李兆基说，金城银行有言在先，他们一定要轮第一。”

做生意赚多赚少，尤在其次。

信誉永远占第一位。

银行家的最大操守是重承诺，相信买不到铺位的恒生银行与买到铺位的金城银行，都会同样敬重李兆基的一言九鼎。

第五节　念旧怀远　注重衣食

李兆基是能征惯战、举重若轻之士，他在应付繁重工作之余亦不忘娱乐，尤其是保障健康、松弛紧张情绪的运动对李兆基更不可缺。

李兆基年中多会抽空跟家人去日本或加拿大滑雪，又会与好友到美国或东南亚最一流的高尔夫球场打球。

1989年廖烈智最记得约同李兆基、郑裕彤等联袂去美国打波，因为发生了一件令各人印象十分深刻的事。

成班富豪享受完友谊球赛之后，都希望饱餐一顿，奈何吃了几天西餐，实在很不合脾胃，老想在附近找间中国饭馆，吃中国菜。

找了半天，终于得偿所愿。

饭菜搬到面前来后，各人尝了一口，觉得味道差，均不想吃。

只有李兆基一人面不改容，甚而是悠然自得地据案大嚼。

各个富豪目不转睛地瞪着李兆基，最终忍不住问：

“你觉得这些饭菜的味道如何？”

李兆基答：

“差劲极了。”

廖烈智于是问：

“那么你为什么又津津有味似地吃得精光呢？”

李兆基笑道：

“战时，我们难得有餐饱饭吃，那时候已经知道，有机会吃饱就是福分呢。”

原来在日治时代，李兆基故乡顺德的街坊邻里，有些人饥寒交迫，都能得到李家的救济。

每晚李介甫和李兆基父子除了省吃俭用之外，每天饭后收拾饭台时，必把剩余的饭菜，分派给在门口等候的行乞老弱人士，令他们有一口饭充饥。

小小年纪的李兆基目睹饥饿的邻里得到少许剩余饭菜而面露感恩的表情时，他忽然地告诉自己：

“千万别忘了当时的情景。”

以后李兆基成了香港富豪中极之有“衣食”的一位，实在是谨记童年这些往事所致。

第六节　从善如流　纳谏听劝

李兆基于1980年初往新加坡探望已在当地工业界有名望的旧友萧经岳。萧经岳看到李兆基，便说：

“四哥，别怪我坦率，你的衣着未免过于寒酸了吧！”

李兆基闻言吃吃笑：

“啊，是吗？是吗？男人不必太着重打扮吧，我也没有这个闲情逸致。”

萧经岳正色道：

“这不是你个人问题。今时今日，你背负着恒基兆业之名，是集团信心的标志，就应该在人前人后都光彩清新，令人看上去舒服，这根本是你的责任。”

李兆基回港，一下了飞机，回到办公室去，嘱咐秘书的第一件事就是：

“请代我找个裁缝来，我要订造一批新西装。”

第七节　投入勤奋　认真从事

李兆基很年轻时，也没有太注重健康，只知埋头埋脑的苦干，其后发觉两位业务伙伴冯景禧和郭得胜都每天早泳，他便又养成了这个习惯。

加上好朋友如郑裕彤、廖烈智、王增祥等，老是提点他运动之不可缺，极力推荐他打高尔夫球，包保他在如茵的绿草之上，在温暖的阳光之下，一棒一棒地把球打进洞去，会觉得舒筋活络，头脑清醒，心境开朗。

李兆基也就从此决心打起高尔夫球来。

好友们对李兆基学习打高尔夫球的毅力相当佩服，他除非不致力做一件事，否则必然做到成功为止。以学习高尔夫球为例，李兆基不但礼聘多位名师教导，而且还买了很多录像带回家，一有空就自行补习，终于成为友侪之中一个“好波”之人。

第八节　随和谦厚　与人方便

李兆基一般如果当日没有午膳约会，他会在公司午饭，李兆基吃得相当简单。有一段日子，料理他吃午饭的女佣人十姐，很多时都给他准备免治牛肉饭加一只鸡蛋作午餐。

李兆基的秘书郭志云曾问十姐：

“为什么老是独沽一味？你烧些新的菜式给老板吃吧。”

十姐说：

“他是老板，可以随时嘱咐我更换菜式，他每次都吃个精光，不就证明他挺喜欢吃免治牛肉饭吗？”

后来，人事部把十姐调到另外一层楼去负责茶水工作，于是由另一位女佣丽姐照顾老板的午膳。

新接手的女佣弄了另外一味小菜，送进去给李兆基。他十分开心，情不自禁地说：

“哈哈，有新菜式了。”

恒基的同事将此传为美谈，李兆基毫无架子的谦和性格更受到敬重。

第九节　不爱贪新　不会忘旧

李兆基是个很念旧的人，这是香港商界中人公认的。他连穿的皮鞋，几十年都是巴利的那个没有缚带的懒佬款式。

负责给他买鞋的同事陈华兴，有一次向他报告，巴利皮鞋厂再不出这个款式的皮鞋了，李兆基“唔唔”地应了两声，便嘱他快去搜购，一下子买下同款式的几对巴利皮鞋，直穿至破烂，再无可修补为止。

他的西装从来都是一位叫李桐的师傅替他缝制。李桐已为他服务了几十年，李兆基从没有想过要尝试市面上的什么名牌产品。

上图：李兆基在公事上认真，在娱乐时活泼。
中图：球场上的李兆基跟商场上的他，一样潇洒自如。
下图：李兆基做事绝对投入，现已成为高尔夫球场上的一名高手。

恒基兆业自1981年搬到环球大厦，15年来不断扩充，很多层的装修都相当辉煌得体，只有六楼的主席办公室，没有重新装修，还是老样子。

墙壁上的那幅青山绿水的墙纸和那套家具，李兆基对足了五千多个日子，依然乐此不疲。

家里亦然，搬进惠苑之后，从最顶的一层数下来四层都是李家的住宅，每层大约4 400呎，同住的儿女们已经三番四次地为自己的家居天地重新装修，只有李兆基在搬进去之后，丝毫没有再动过他的睡房和书房布置。

1990年初，老朋友萧经岳从新加坡来香港探望他，上李家去叙旧时，李兆基刚从浴室出来，手中拿着一个须刨，笑眯眯地对萧经岳说：

"看，这是你送给我的须刨。"

那是80年代初的事，要不是李兆基提起，萧经岳都忘记了。十多年的旧物，他还这么如珍如宝的使用着，只为他看重旧物所盛载的旧情旧义。

第十节　求才若渴　真诚相向

跟随在李兆基身边工作的人，对他都很佩服和尊敬，人人都心甘情愿为他服务。

李兆基对下属，最难得还有两大好处，其一是李兆基会对得力下属一律视若亲人朋友般关怀备至。

例如有一次，林高演在家中书房，蹲于书桌旁捡拾掉在地上的东西，女佣没有留意，拉开了书桌的抽屉，以致林高演一站起来，就撞伤了背部。翌日，李兆基知道这个意外，立即亲自带着林高演到山顶医院找骨科名医就诊。

老板的这种关心是无法不令打工仔感激感动的。

其二是对于信任的下属，李兆基很能放手让他去干。当他把最重要的决策方针定下来之后，尤其喜欢考验主持计划者如何表现商业智慧与行政能力，作为他继续栽培该等人才的指标。

这又是所有企业界高级要员所最殷切祈望得到的机会。

第十一节　爱惜同事　分甘同味

跟李兆基工作过的人都对他赞不绝口，认为他是最照顾伙计利益的好老板。

李兆基对雇员的支持和爱护，的确也不只是意见的提供和口头的关怀。

他明白打工仔只靠一份薪金，入息总是有限。于是，很多时都让几位左右手有机会注股于一些十拿九稳的地盘计划上，让他们能赚到比薪金多几倍的利润。使同事分享业务的盈利，感受做生意的乐趣，对士气肯定会有良好帮助。

例如在新鸿基时代，李兆基征得冯景禧和郭得胜的同意，把当时一个在中环的地盘15%的股份拿出来，让五位好伙计加股。

那五位同事就是卢超俊、冯贵权、罗景云、梁升和何永新，让他们每人各占3%。

每1%的股本就是港币7 000元，换言之，五位职员需要各自拿出21 000元来注股。

当时梁升私下盘算，发觉自己的银行积蓄只有10 000元，量入为出，只好加股1%，自动放弃其余2%的权益，把它送给了其余有能力加股的同事。

过了几天，李兆基知道这件事，便急急把梁升叫到办公室去问：

“阿升，那真是个潜质极佳的投资项目，你为什么只入1%的股份呢？”

梁升坦然说：

“多谢四哥关照，我每月薪金也不足1 000元，积蓄有限，现今全副身家也只不过10 000元呢！”

李兆基想了一想便道：

“我有机会赚10 000，都希望你们赚100。这样吧，我把我名下的2%股份让给你，股本暂时你欠我的，将来赚到钱，你就偿还给我吧！”

雇主对雇员的真诚照顾在于实惠。

朋友对朋友的真挚关怀在于疏财。

这地盘收成之日，开心的不只是梁升和其他同事，更是李兆基本人。

他暗地里计算，真是本小利大。付出小小的钱，就能赢得了一团和气，合作愉快。

从来，和气生财，这是李兆基成就霸业的秘诀之一。

第十二节　慷慨重义　珍重交情

印度籍之梅真利家族名下，在澳门黑沙湾经营的制衣厂在1996年终于宣布倒闭了，这令李兆基损失了2 800万元。

远在1988年时，梅真利来向李兆基求救，这家制衣厂年来经营不善，加上制衣已成夕阳工业，故此欠下银行债项，被追迫清还，他们在红磡荣光街52号有一座梅真利工业大厦，地皮有20 000平方呎，共十层，希望李兆基可以承购以济燃眉之急。

李兆基于是以一亿多元买入该项物业，然而梅真利仍然不能完全清还银行债务，加上有一项坏账无法追回，周转再度不灵。于是在1989年又往恒基求援。

李兆基虽与他相识多年，但交情并非很深，感念梅真利也算是在香港艰苦创业的家族，不忍见死不救，于是又慷慨地提供了2 800万元现金作周转。

可惜，制衣厂苟延残喘至1996年，终于返魂乏术了。

听说梅真利家族在渣甸山仍有一幢祖屋，李兆基应可提出以此房产作为抵押，但李兆基从来没有这样要求。

香港之内，富豪兴衰，无日无之，对于没落的家族，多的是一沉百踩，少的是雪中送炭。

不忍心落井下石，且存厚道、且保温情的，试问在这个以成王败寇见称的压力之城内，能有几人？

第十三节 犒赏三军 惠及亲属

曾在恒基兆业工作的人会证明，集团内的同事都具备废寝忘餐、埋头苦干的拼搏精神，因为凡是对恒基有贡献的职员，李兆基绝不会亏待他们。每年年底，都会有不菲的花红。

就算曾为李兆基服务过、已退休或已亡故的老臣子，万一他们的下一代有困难，李兆基亦会尽力帮忙。以下就是其中一例。

每年收到如雪片飞来的圣诞卡之中，有一个署名莲达的，自纽约远道而至。

莲达就是李兆基在永业时代已经认识的一位旧伙计的女儿，其父跟在李兆基身边任事多年，直至退休，才跟家人到美国退休，并于80年代初病殁。

80年代末美国地产大跌，莲达写信给李兆基，说经济不景，因而失业，没法子准时付按揭，银行要充公她的房子，李兆基便立即汇给她40万美元，让她把房子买下来。

事至如今，已达十年。莲达再没有提起那笔欠款，却每年都有圣诞卡寄回来。对李兆基而言，每年收到莲达的圣诞卡时就会微微笑着对身边的儿子说：

"知道她能安居乐业就安慰了。"

做生意不能不精于数字，做人可不必斤斤计较。

因此对待朋友和股东不同，对前者付予深情，对后者还以厚利。

这就是李兆基了。

第十四节 好友后代 关怀备至

李兆基对朋友的关心真是无微不至的。他的好朋友冯景禧早逝，他对冯氏遗孀梁宝璇和冯家第二代相当关心。

每年李兆基生日，只宴请亲属、恒基的老臣子和旧朋友，以图个阖家欢聚的意愿，而其中必定会邀请冯景禧夫人。每逢听到冯景禧的旧部属时有探访陪伴冯梁宝璇，李兆基就觉得快慰。

李兆基看着冯景禧的儿女长大，感情特别深厚，故此当他知悉冯家女儿婚姻触礁，且与夫婿在离婚条件上作拉锯战，双方都陷入痛苦烦恼时，李兆基就挺身而出，居中调停。

李兆基自认是过来人，生活上无法协调而要离婚是无可奈何之事，当时彼此可能意气用事，事过境迁之后细心思量，对方说到底是自己儿女的亲父或亲母，断不应恶言相向，苛刻对待，以免下一代更难堪。总之，各让一步以求海阔天空。

故此，李兆基为免冯小姐和夫婿纠缠不清，宁愿作离婚条件的担保人，务使他们好来好往，再过新生活。

结果，二人真是在李兆基的调解之下，和气分手，了却冯景禧夫人一宗心事。

难怪冯景禧夫人总是在人前人后，表示对李兆基的感谢和欣赏，说：

“李兆基做生意本事，做人谦厚忠诚，冯景禧生前就已相当敬佩他了。”

第十五节　爱屋及乌　旧生同欢

李兆基在 1997 年的 1 月 11 日亲临跑马地山村道的香港马会会所，作为“新证旧生会”成立典礼的主礼嘉宾。

“新证”指的是冯景禧创办的新鸿基证券集团。自从冯景禧家庭出售了新鸿基证券集团的控股权之后，曾在集团任事的同事现今虽已在各行各业内有很好的发展，但仍然怀念旧日共事新鸿基证券集团的日子，故而决意成立一个“旧生会”，希望通过定期的聚会，可以互通信息，互助业务，同时纪念冯景禧先生。

李兆基一直怀念冯景禧这位知己，难得旧伙计如此念念不忘冯景禧知遇之恩，于是李兆基自动慷慨捐赠一笔巨款，与冯景禧夫人梁宝璇女士合资买下中环一层物业，作为旧生会之会址，以留纪念。

李兆基当晚为新证旧同事演唱的歌是经他特别挑选，都是以歌颂友情为主题的。

李兆基不忘故人，跟一班并不是服务恒基的同事们认真而舒畅地度过这个晚上，让晚宴在他的歌声余音之中愉快地结束，各人心上不但留下一份温暖的好感觉，对李兆基的德行更是敬佩。

第十六节　扶持弟妹　手足情深

李兆基排行第四，三兄是李兆麟，其余是五弟兆楠、七弟达民、六妹焕珍、八妹焕琼、十妹焕瑶。

如果你跟李兆楠和李焕琼谈起李兆基，他们往往爱把儿时的趣事相告，最令他们难忘的就是李兆基到香港发展之后，焕琼与兆楠最爱吃巧克力，因此他每次回乡探亲，一定买巧克力糖回去给弟妹。

李兆基深得兄弟的尊重，除了大家都感谢李兆基为家族争光之外，更为李兆基对他们的家庭与事业都十分关心与扶持，的确是个很爱护他们的兄长。

第十七节　父兼母职　恩威并施

李兆基爱护子女，无微不至。孩子们小时，他不论工作如何忙碌，都必定抽时间陪伴他们和教导他们。

他是从不疾言厉色责骂儿女的，因为他认为责骂不是最有效的教育子女方法，只会惹他们反感及反抗。他最喜欢是以身作则，用事例放在孩子们跟前，让他们感受、消化、吸收、领悟，再作个别的发挥。

例如看到活泼伶俐的小女儿佩玲有一段日子吸烟，他完全没有表示不满，只有一次，轻松地笑着说：

“抽烟会令牙齿和手指发黄。若是女孩子这个模样的话，可能不怎么好看。”

之后，佩玲就把抽烟的习惯戒掉了。

又家杰在20刚出头时，结识了一个漂亮的女孩子，动了成家立室的心。李兆基知道了，又是笑笑说：

“你今年20岁，一定能有机会认识一个女朋友，十年就有十个让你慢慢选择，这么心急干什么呢？”

家杰想想，言之成理。

李兆基很开心的是娴雅的长女佩雯和精灵的二女佩玲都分别觅得如意郎君。

佩雯嫁给浙江第一银行的创办人之后人李宁，他是个高大英俊、谦和殷实的年轻人，不久更是夫妻二人都在恒基助他一臂之力。

李宁在恒基集团之特别计划部任总经理，替集团管理千色店的百货业务和酒店业务。除了因为爱妻而敬重岳父之外，李宁真心佩服李兆基的才华。李宁认为没有在业务上做足功课，下属是不敢去见李兆基的，岳父是那种不怒而威、无为而治的成功老板。

佩玲的夫婿郑启文长得俊秀温文，是香港名门望族之后，在英国学成回港后，开始从事地产业务，现在是华大地产投资有限公司、顺豪建筑（集团）有限公司及顺豪资源（集团）有限公司三间上市公司之行政主席，该三间公司在1996年之资产值分别为15亿、11亿及5.6亿，可见郑启文的事业表现相当出色。郑启文对岳父英明决断的商业才干、公私分明的做事原则，相当佩服。

如果你抓着李兆基的五位儿女，问他们有关父亲的问题，每位都会向你提供一个独特而实在的答案。现已有三女一子的大女儿佩雯说：

“父母离异之后，两人都各自过独身生活，并没有分别嫁娶。我们其实不会反对父亲有很活跃的社交活动，但他明显是个挺爱家的人，最大的享受就是跟我们在一起吃顿早餐或晚饭，然后逗着孙儿耍乐。”

二女儿佩玲说：

“世间难觅如此一个长情念旧的人，一切都是旧的好。故而，久不久他便会放下繁重的工作，组织一些活动，跟亲友叙旧。我们几兄妹都非常地敬爱他，他真是个好父亲。”

长子家杰说：

左图：小女儿佩仪从小就跟父亲一样喜欢游泳。
右图：小时候的李家诚每逢假日就由父亲带到沙滩或郊外玩耍，自小就享受温暖的父爱。

幼女李佩仪与幼子李家诚从小时候就与父亲十分亲密。

一个父亲把女儿带进教堂，心情是怎么样的呢？李兆基摄于长女李佩雯的婚礼上。

雪岭双雄是李氏父子，原来李兆基当初积极学习滑雪，是为了陪伴儿女。

“我们对父亲并无什么特别要求，就算他另外有一头家室都是很正常的事。可是，他从来每一晚都回家睡觉，基本上如果不是非赴会不可的应酬，他都宁愿在家吃晚饭。对于他的才华，我们更是佩服到五体投地。”

现在恒基跟随父亲做事的三女儿佩仪说：

“父亲之所以欢喜滑雪，是因为我们喜欢这种运动。当兄妹们在英国念大学时，有一年暑假到澳洲去滑雪，父母陪着我们去，父亲便开始学滑雪，以便每年跟我们一起玩。他不但注重我们的学校教育，而且关心我们的健康、嗜好和品格的发展。”

小儿子家诚说：

“小时候，我病痛较多，父亲对我的呵护，无微不至，这是我印象最深刻的。此外，从小到大，我都没有回家去会见不到父亲的感觉，印象中，他很多时都在家吃饭，假日又必带着我们到外头去找一些娱乐节目。”

李兆基的五名儿女，在他的教育和爱护下，都完成大学课程。家杰是英国基尔（Keele）大学毕业生，家诚是加拿大劳里埃（Wilfred Laurier）大学荣誉经济学士，佩雯是英国伦敦大学荣誉文学士，佩玲则在伦敦城市理工学院获文学士（会计），佩仪是英国布鲁内尔（Brunel）大学理学士（经济与商业财务）。

李兆基是传统的中国生意人，他对儿子继承家族事业一直都有殷切期望，也觉得儿子有责任将家族事业发扬光大。

故而现今家杰是恒基兆业地产有限公司副主席，恒基兆业（中国）投资有限公司董事长；家诚则为恒基兆业地产有限公司董事兼副总经理，是父亲的得力助手，且已开始独当一面，表现出色。

长女佩雯和次女佩玲均已婚，并有幸福家庭，佩雯还在恒地出任市场拓展总经理。幼女佩仪对商业也有兴趣，在恒地任营业部副经理，勤奋地随父兄学习。

看到下一代各有所成，李兆基相当快慰。

第十八节 友侪亲朋 同声称颂

本书的作者梁凤仪是商界中人，故而身边都是认识李兆基的朋友，多年以来，听到他们对李兆基待人接物的观感，且记录如下。

香港另一位富豪霍英东与李兆基同是培华基金主要捐款人，霍英东一直相当佩服李兆基对年轻人教育的热诚，认为李兆基在事业上与公益上之成就甚为卓越。

香港另一位地产业巨子郑裕彤则常翘起大拇指赞李兆基说：

“李兆基的勤力是罕见的，我自问望尘莫及，还有他的眼力很好，现在六十多岁的他，不用戴眼镜，远近都能看得清楚，令我羡慕不已。”

香港特别行政区行政会议成员梁振英，是梁振英测量行的东主，他曾认真地说过：

“人人都以为在香港从事地产极容易发达，这个想法是错误的，我见过不知多少地产商失败的个案。李兆基一定有令人敬佩的成功因素。”

香港特别行政区行政会议成员李业广，最佩服李兆基的一点是：

“我认识李兆基几十年，从没有见过他决策错误。”

香港临时立法会议员、也是地产界的知名人士的简福饴解释了李兆基事业成功的原因：

“我认为李兆基的超人成就建基于他缜密的计算头脑和对地产市场变化有先见之明。”

香港地产界翘楚、信和集团主席黄志祥说：

“李博士在地产发展和公用事业上所表现的眼光独到，高瞻远瞩就是成功要素。”

新鸿基地产主席郭炳湘常在人前诚恳地说：

“与四叔（他对李兆基之尊称）合伙做生意最放心，因为他公道正义，从不会占人便宜。”

地产界的巨子们对于李兆基的成功，可归纳为如上的分析。至于香港银行家对他的看法又怎样呢？

上图：李兆基的一艘游艇。
下图：李兆基子女专用的另一艘游艇。

李兆基与好友郑裕彤（左一）及对李兆基很欣赏的香港资深银行家何添（右一）合照，旁为何添夫人。彼此都是多年好朋友，共同为香港繁荣努力。

香港德高望重的银行家何添博士说：

“李兆基不但勤力，而且聪明敏捷。恒生银行的一班高层人员对他的营商作风和手法一向有很大信心。”

东亚银行主席李国宝对李兆基的印象是：“少说话、多做事，观察力极强，分析力极详细。”

廖创兴银行的廖烈文对李兆基的看法是：

“知人善任，处事认真。我认为李兆基今日的成就，足以为香港以至全中国人引以为傲，是年轻人做人做事的最佳模范。”

律师阮北耀认识李兆基数十年，他指出：

“李兆基最令人敬重之处可以概括在八个字之内：富而不骄，重情重义。”

罗景云曾跟随过李兆基、冯景禧与郭得胜工作，现任新鸿基地产有限公司董事，他以非常肯定的口吻说：

“我胆敢说所有曾跟过四哥工作的同事都会认为他有今日的成就，是绝对公平的，每一个下属都会为他高兴，引以为荣。”

综合所得之香港商界人士的意见，李兆基赢得的不只是财富，而且是名誉。

他的闻名不只在于富有，而在于谦和。

他的成功也不只在于能干，更在于胸襟。

李兆基的昨天已有辉煌的奋斗成绩；李兆基的今天，依然努力不懈，所以，他的明天，必然更为璀璨。

在香港，很多人的梦想是成为成功的企业家。

这很多人的梦想只是永恒的梦想。

李兆基却能切切实实地使永恒的梦想成真。

—全文完—

附录

附录一

香港大事年记

（因李兆基博士在1948年来港发展，故由是年起简辑有关之香港大事）

1948

- 1月30日，港府公布《银行条例》并指定汇丰、渣打、有利三家银行为发行钞票之银行。

1949

- 8月17日，实行《人口登记法》和“香港身份证”制度。
- 10月13日，广州市民实行紧急大疏散，一天内有50多架次民航机抵港。

1950

- 1月6日，英国正式承认中华人民共和国政府，提出与中国建立外交关系。9日，中国复电接受英国的建议。

1951

- 本年，香港第一个廉租屋邨——北角模范邨建成。皇仁书院铜锣湾新校落成。耗资1.25亿元的大榄涌水塘开始兴建。

1952

- 本年，香港产品的外销达6.67亿元，占输出总值23%，标志香港已从转口港开始转变为贸易和制造中心。

1953

- 本年铜锣湾填海计划完成，并建成维多利亚公园。

1954

- 4 月 6 日，尖沙嘴一幅地皮以每平方呎 80 元的价格成交，地价报涨。
- 12 月 3 日，股票交易额一天达 316 万元，创 1951 年以来的最高纪录。
- 本年全港已经登记的工厂共 2 494 家，属下工人 115 453 人，未登记的工厂的工人约 10 万，合计总数在 20 万以上。

1955

- 1 月 4 日，股市成交额达 342 万元，创 5 年来一天最高成交纪录。
- 7 月 28 日，股票成交额达 452 万元，再创新高。
- 本年，港府公布建筑新条例，准许建筑物的高度为街道宽度的 1.25 倍；而每层楼的高度也由原来的 12 呎减为 9 呎。同时，当局还公布了《1955 年业主与住客条例》。这两条例对香港地产、建筑业的繁荣有很大作用。

1956

- 11 月，崇基学院在沙田马料水兴建校舍。
- 本年，香港基督教浸信会开办的大专——浸会学院创立。
- 本年，由广侨、光夏、华侨、文化等书院以及平正专科学校等合并而成的大专——联合书院成立。

1957

- 11 月 25 日，港府动用 3 300 万元兴建的北角渣华街廉租屋邨（初称平民屋邨）落成，港督葛量洪亲自主持啟用仪式。当时该屋邨被誉为“亚洲最壮丽的建筑工程”。

1958

- 9 月 12 日，耗资 9 000 万港元的启德机场新跑道举行启用礼，港督柏立基主持剪彩。

1959

- 4 月 2 日，位于干诺道之行人隧道正式启用，此为香港第一条行人隧道。
- 本年，大屿山石壁水塘动工兴建。

1960

- 1959 年至 1960 年国内大跃进运动。
- 11 月 22 日，香港工业总会成立，周锡年爵士出任首届主席。

1961

- 3 月，香港进行战后第一次人口普查，普查结果，全港人口为 3 128 000 人。
- 3 月，根据港府劳工处报告，全港工业企业达 5 980 间，雇员共 229 857 人。
- 6 月 15 日，廖创兴银行挤提，汇丰、渣打出面支持，风潮终告平息。

1962

- 股市惨淡，交易量比 1961 年少一半，股票市价约损失 10 亿元。
- 香港财政状况良好，截至 9 月底止，两年收支盈余达到 5.63 亿余元。

1963

- 香港旱灾严重，实施每 4 日供水一次，每次 4 小时。
- 本年，财政盈余破历年纪录，银行存款破历年纪录。

1964

- 10 月 16 日《银行条例》实施，规定银行最低须保持 25% 流动资金，并设立银行监管处，加强对银行业务的管理与控制。
- 本年，港府建成 240 座 H 型多层徙置大厦。

1965

■ 多间银行先后发生挤提风潮，汇丰收购恒生（明德、广东信托破产）。

■ 2 月 9 日港府发布管制银行紧急法例，每一存户每天提取现金以 100 元为限。

1966

■ 内地“文化大革命”开始（1966 年至 1976 年）。反天星加价演变成暴动。

■ 9 月 15 日汇丰银行接管有余银行业务。

■ 至本年底止，全港共有 76 家银行，其中外国银行 27 家。

1967

■ 骚动。

1968

■ 银行业发展良好，存款总数达 100 亿元，创空前纪录。

■ 3 月 15 日金价狂涨，外汇市场亦宣布暂停营业。

1969

■ 港府宣布动用 5 亿元，在港九新界建廉租屋邨。

■ 3 月，亚洲开发银行批准香港为正式会员。

■ 12 月 17 日，远东交易所开业。

■ 本年，股市畅旺，全年成交总额为 27.28 亿元，而上一年为 9 亿多元。

1970

■ 1 月，楼宇租金暴涨，港府下令冻结租金。

■ 10 月，立法局通过会议中英文并用。

1971

- 股市狂热，全年成交为过去十年交易之总和。
- 3 月 14 日，金银证券交易所相继开业。
- 10 月 6 日，港府宣布，今后五年内本港须负担驻港英军费用共 4 000 万英镑（折合当时港币为 5.8 亿元）。

1972

- 股市蓬勃，涨至高峰，牵升楼价。
- 1 月 5 日，九龙证券交易所开业。
- 5 月 24 日，汇丰银行宣布，该行将独资设立一间商业性金融公司——获多利有限公司，专营投资、贷款及股票包销等业务。
- 7 月 6 日港府宣布港币停止随英镑浮动，确定港元同美元挂钩，比率 1 美元兑 5.65 港元。
- 7 月 19 日，汇丰银行宣布派发中期息每股港币 1.75 元，打破该行 107 年来以英镑作本位的派息传统。
- 10 月 30 日置地收购牛奶公司，刺激股市创历年内一日交投最高纪录 4.4 亿元。

1973

- 1 月 14 日，港府宣布港元对美元升值，新汇率为 1 美元兑 5.085 港元。
- 恒生指数自去年 9 月底的 496.6 点一路劲升，至 3 月 9 日达 1774.96 点，该天成交总额为 6.1927 亿元。此后即告急挫，6 月 27 日，恒指为 600.65 点；7 月 11 日，再挫至 494.45 点；至 12 月 24 日，已跌至 400.21 点。
- 6 月 27 日，香港金银贸易场九九金价每安士涨至 756.5 元，创 20 年来最高纪录。
- 7 月 7 日，香港银行美股牌价及自由市场的美汇、美钞价，均跌破美元兑港元的下限而低至 4.970 元，此为战后的最低纪录。

1974

- 石油危机，部分地价下跌九成，经济衰退严重，住宅售价下跌 20%。3 月 23 日，香港金价暴涨，金银贸易场九九金条每两涨至 1 087 元，饰金每两升至 1 090 元；至 11 月 19 日，九九金每两涨至 1 123 元，11 月 25 日，港府宣布港元与美元脱钩，放弃固定汇率。从此，港元外汇率采取自由浮动。

- 12 月 10 日股市续跌至 150.11 新低点，成交额一日仅达 1 千万。
- 12 月 30 日，金价每两更涨至 1142.3 元，创 20 年来的最高纪录。

1975

- 5 月 4 日英女王伊利莎白二世访港。
- 10 月 1 日，以汇丰银行为首的七大银行财团向港府提供贷款 6 000 万美元。
- 12 月，美国宣布香港列入特惠税受益地区。
- 12 月 19 日，英国政府与港府达成协议，由 1976 年 4 月开始，香港第一年负担的驻港英军费用，从原来的 1.1 亿元增至 2.2 亿元。在以后 6 年的合约期内逐年递增，第二年为 2.81 亿元，第三年起每年为 3.3 亿元。

1976

- 1 月，耗资 1.17 亿元的启德机杨新建货运大厦落成，为亚洲规模最大的设备。5 月 12 日正式启用。
- 内地 10 年“文化大革命”结束。9 月 9 日毛泽东主席逝世。

1977

- 地铁工程全面展开。
- 12 月，欧洲共同市场进一步限制香港纺织品进口，估计香港每年损失约 10 亿元，造成约 10 000 名工人失业。

1978

- 开始推行居屋计划，炒楼花风气流行，大批市民在各售楼地盘外露宿排队轮购。
- 10 月 30 日，黄金价格大涨，九九金每安士升至 1 388.8 元，饰金每安士升至 1 440 元，创空前纪录。

1979

- 推行全面租管打击经济过热现象。
- 4 月，中断 30 年的港穗直通火车恢复通车。
- 8 月底，港府宣布暂停接受银行新牌照的申请。全港银行共 115 家。
- 11 月 26 日，柴湾一幅工业用地拍卖，创下每平方米 29 228 元的新纪录。
- 11 月 28 日弥敦道重庆大厦地皮公开拍卖，创出每平方呎土地 1.6 万余元最高纪录，随后尖东土地拍卖，成交价亦达每平方呎 1.6 万余元。
- 12 月 22 日，尖沙嘴东部一幅非工业用地拍卖，打破历来官地拍卖纪录，每平方米售价为 173 333 元。

1980

- 地铁计划建港岛线。
- 3 月 5 日，港府批准香港商品期货交易所开设黄金期货合约买卖。
- 8 月 19 日，是项买卖正式开业。
- 7 月 7 日，香港联合交易所成立。
- 10 月 31 日，股市恒生指数急涨 62.36 点，四所成交总额几达 8 亿元，创历史新高峰。怡和股价每股窜升 6.5 元。

1981

- 股市冲破 1973 年指数，创下 1 801 新高点，全年成交逾 1 000 亿元。
- 2 月，港府提出银行及接受存款公司新修订法案，把银行和接受存款的公司界线分清；并宣布资本额达 100 亿美元的国际银行可领取新银行牌照；此外，建议提高银行的股本至 1 亿元。此法案于 5 月完成立法程序，7 月正式生效。

1982

- 中英会谈，前途不明朗；利率高企，世界经济衰退。2 月 12 日，置地公司以 47.55 亿元购得中区干诺道一块 13 400 平方米地皮（即今交易广场的所在地），成交价每平方米为 354 857 元，是香港有史以来最庞大的单一地皮交易。

- 7 月 29 日，港府宣布斥资 22.58 亿元收回元朗天水围用地。该幅面积 5 250 万平方呎土地于 1980 年间为华润、长实、会德丰等五个公司组成的发展财团投得，计划发展为一个可容纳 50 万人居住的新市镇。
- 8 月 3 日，由于香港前途问题未明朗，导致港元币值下挫，美元兑港元达 6 元以上。
- 8 月 8 日，中国银行香港分行以 10 亿港元购得中环美利道兵房停车场一幅 6 700 平方米土地，打算用以兴建中国银行新大厦。
- 10 月 27 日，港币汇率指数跌至 79.7，为空前低点。香港外汇市场每 100 美元兑港币 694 元，创下战后以来最高纪录。
- 11 月 10 日，汇丰银行宣布提供 20 年期还款的自住楼宇贷款计划，每宗贷款额可达 100 万元，楼宇按揭价格最高可达八成。
- 12 月 9 日，渣打银行宣布该行提供不限地区买楼自住及自置厂房的 20 年贷款按揭计划。

1983

- 换地权益书币值化。
- 7 月 1 日中英宣布展开香港前途谈判，首次会谈于北京举行。
- 9 月 16 日受中英谈判消息影响，港元兑美元汇价暴跌，一美元兑港币逾 9 元，市民抢购物品。
- 9 月 24 日，即中英第二阶段第四轮会谈结束后一天，港元汇价跌破九算，低至 1 美元兑港币 9.7 元，黄金每安士升至 4 705 元。许多市民涌到银行购买美元，或到超级市场抢购大米、花生油等食品，造成了所谓“九月风暴”。同日，港督尤德参加会谈后从北京回香港，立即召开行政局会议讨论港元汇率问题。
- 9 月 26 日，汇丰、渣打、恒生三家银行宣布，限制存户购买美元，限额为 2 000 元至 5 000 元。
- 10 月 15 日，港府宣布稳定港元的措施：固定汇率 1 美元兑港币 7.8 元；取消 10% 的港元存款利息税。17 日，美汇下跌为 8.03 元，金价下降为每安士 3 835 元。
- 至本年底，香港有银行 134 家，包括非在香港注册的 101 家。这 134 家银行在全港共开设 1 531 家分行。

1984

- 3 月 28 日，怡和公司董事局主席西门 · 凯瑟克宣布，该公司董事局建议该公司迁册百慕达；此建议须于6月间召开的董事大会上获各股东通过。

- 5月25日，邓小平指出，中国在恢复行使对香港的主权后，有权在香港驻军，这是国家主权的象徵。
- 9月27日立法局紧急会议，通过接收恒隆银行。
- 香港前途中英谈判经22轮会谈后，9月26日中英联合声明在北京草签，同年12月18日，英首相撒切尔夫人与中国国务院总理赵紫阳，在北京正式签署。
- 12月20日，股市恒生指数上升至1 187.54点，为本年的最高点。

1985

- 联合声明限制土地供应。
- 4月19日，太古地产公司以7.03亿投得港岛金钟一幅面积10 690平方米地皮。
- 6月6日银行业波涛暗涌，财政司下令海外信托银行停业，证券监理专员要求该银行的股票7日起停止买卖。7日，港府动用20亿元外汇基金接管海外信托银行，该行于10日复业。并有三间华资银行被收购。
- 6月15日，中国银行香港分行与汇丰银行发表声明，支持受谣言响而出现流动资金紧张情况的嘉华银行。

1986

- 4月2日，联合交易所开业。原来的四间交易所于3月27日收市后正式停业，合而为一，此即联合交易所（联合交易所之正式开幕日期为本年10月6日）。此日并发表香港指数，基数为1 000点，成份股共45只。
- 5月23日，地铁港岛线上环站落成启用。
- 9月8日，港府宣布接管康年银行。
- 12月4日，港督尤德爵士在北京英大使馆内睡梦中逝世。

1987

- 10月1日，恒生指数收市报3 949.73为历史性新高。翌日，成交金额为港币54亿元，亦为一新高纪录。

- 10 月 19 日，香港股市因受美股大跌影响，恒生指数一日内狂泻 420 点，是恒生指数创建 23 年来跌幅最大的一日。是日恒生指数期货市场亦两度跌至停板。翌日，联合交易所宣布停市 4 天。
- 10 月 26 日股市重开后，一天之内又狂跌 1 120 点，跌幅达 33%，恒生指数降为 2 241 点。
- 12 月 7 日，股市恒生指数跌破 1 900 点，创 10 月份股市暴跌以来的最低纪录。
- 12 月 11 日，耗资二亿元的青衣大桥（北桥）开放通车，此桥全长 1 015 公尺，为全港最长的桥梁。

1988

- 各类楼价跌后回升。9 月 18 日，屯门至元朗轻便铁路正式投入服务，开始分期通车。
- 11 月 8 日，尖沙嘴中港客运码头正式启用。
- 11 月 25 日，全亚洲规模最大的会议暨展览场地——香港会议展览中心落成启用。

1989

- 6 月 5 日，港股出现恐慌性抛售，恒生指数暴跌 581.77 点，跌幅达 21.7%。

1990

- 科威特危机。
- 4 月 4 日，香港特别行政区基本法，经全国人大通过正式颁布。
- 12 月 17 日，在香港扮演半中央银行角色的汇丰银行宣布重组，在英国成立一控股公司。这项迁册英国的行动引起颇大震动。

1991

- 3 月中东停火。11 月政府打击炒楼，按揭减至七成。
- 4 月，本港通胀率创下 10 年来新高峰，高达 13.9%。
- 7 月 8 日，国际商业信贷银行突然关门停业，随后清盘，有 40 000 多名存户蒙受损害，他们合共有总值逾 70 亿元存款。

- 7 月 17 日，财政司翟克诚向立法局宣布将国商清盘，守候在局外的存户闻讯悲恸欲绝。由于此一件事件，又触发本港多家银行，包括万国宝通银行和渣打银行一度发生挤提。本来，华人银行拟收购国商，但因无记录负债索偿过钜，至 1992 年 2 月 19 日宣布放弃收购，国商遂被法院颁令清盘。
- 本年新公司在联合交易所上市数目打破历年来的纪录，达 48 家之多，集资金额逾 50 亿元。
- 本年香港楼价暴升，炒风炽热。一般估计，住宅楼价升幅高达四至五成。在舆论压力下，港府于 8 月间公布 7 项管制炒楼措施，惟收效不大。及至 11 月中，银行宣布调低楼宇按揭比例至七成后，炒风才渐趋淡静。

1992

- 地价上涨，各类物业均上升。
- 7 月 4 日港督卫奕信离任返英，彭定康履新，政制争论开始。

1993

- 地价涨风炽热；12 月龙坪道地王高价成交。
- 中英争论政制，经过 17 轮会谈，仍不能达成协议，12 月 10 日，港府将政改草案刊登宪报，显示各行各路。

1994

- 6 月，政府认为楼价过高，打击楼市。
- 10 月，怡和控股与怡和策略转往新加坡挂牌。

1995

- 楼市低迷。
- 年初，香港《文汇报》报道，有中国内地背景的企业已成为香港仅次于英资的第二大的外来资本，到 1994 年底止，在港正式注册的中资已超过 1 800 家，在港总投资累积资金达 1 500 亿美元。

- 踏入 1995 年以来，香港经济增长放缓，失业率不断攀升，由首季的 2.8%，升至 11 月的 3.6%，攀上 11 年来的最高峰，失业人口更突破 11 万大关，成为急需解决的社会问题。

1996

- 楼市回升，炒风重现。
- 董建华被选为候任香港特区首长。
- 推选委员会同时选出香港特区临时立法会 60 位议员。

1997

- 香港回归祖国。

附录二

李兆基大事年记

1929年 李兆基于中国顺德出生。

1934年 李兆基6岁即在课余到父亲之金铺银号内学习从商。

1937年 由是年起李兆基拜中山大学文学教授梁惠民为师，旧学新用。

1939年 李兆基在日治时代遭遇贼劫，毕生难忘。

1941年 李兆基成为黄金全才，精通睇金、化金、熔金。且将旧钱变新，转弱为强。

1942年 李兆基成为顺德街知巷闻之“神童”，为黄金买卖高手。

1943年 李兆基协助化解了永生银号在日治时代被压迫之危机。

1944年 是年至1947年，李兆基在顺德之家族生意独当一面，深得运筹帷幄的奥秘。

1948年 从1948年起，李兆基只身勇闯香港，从事金融生意，又发展贸易。

1958年 李兆基、郭得胜、冯景禧、胡兆炽、黄少轩、戚宗煌、郭锦涛、吕贤藻等八人合资组永业企业公司，开始进军本港地产业。

1959年 李兆基结婚。

1960年 长女李佩雯出生。

1962年 次女李佩玲出生。

1963年 长子李家杰出生。同年，李兆基、郭得胜、冯景禧三人组成新鸿基企业有限公司，专心发展香港地产。

1965年 李兆基坚决不移民，以香港为家为事业基地。李兆基趁低吸纳，大量购入地皮。

1967年 三女李佩仪出生。

1969年 李兆基悉心为中小型家庭设计自住楼宇。

1970年 李兆基采用楼宇分层出售策略，兴建大量中小型住宅单位，游说银行为业主提供按揭服务。

1971年 幼子李家诚出生。

1972年 新鸿基企业上市，李兆基、郭得胜、冯景禧三人分道扬镳，各自成立公司发展。获委任为顺德联谊会永远荣誉会长。

1973年 李兆基创立恒基兆业有限公司，全力发展地产，开始积极购入换地权益书，搜购旧楼，并楼改建，注重销售包装。

1974 年 李兆基不但安然渡过 1973 年股市下泻所引致之经济危机，且仍不断吸纳地皮。

1975 年 李兆基倡议建筑沙田第一城，为香港地产界奇迹。

1976 年 李兆基在恒基兆业 3 周年纪念刊物发表香港地产预言，日后果然全部兑现。

1977 年 继续添购地盘。

李兆基捐款与香港中文大学开办“三年制工商管理硕士课程”。

李兆基获委为香港中文大学工商管理硕士课程顾问委员会委员。

1978 年 李兆基义助培侨中学建新校，同年并捐款支持香港顺德联谊会成立葵涌李兆基中学。

获委任为香港地产建设商会副会长。

1979 年 创立“李兆基奖学金”，资助香港学生往牛津大学深造。

1980 年 李兆基投资中国地产，与友人合股于广州建中国大酒店和花园酒店。

1981 年 李兆基将私人持有之中华煤气及油麻地小轮股份转让给恒基兆业地产公司（“恒地”）上市。

1982 年 李兆基创立培华教育基金，培训内地人才。

1983 年 1983 年至 1984 年，李兆基面临在香港创业以来从来未经历过之危机，幸而安渡难关，是年出任中华煤气董事局主席。

1984 年 李兆基决定恒地收购永泰建业，并易名为恒基兆业发展（“恒发”）。

1985 年 李兆基和解地办妥离婚法律手续，三名好友亦于是年相继逝世。

1986 年 李兆基固本培元，开始进行发扬光大之部署。

1987 年 恒地首次批股，集资金额为 8 亿余元，同年出任东亚银行董事局董事。

获牛津大学华顿学院颁赠荣誉院士荣衔。

1988 年 李兆基趁 87 股灾后经济疲弱，续斥资买入大批换地权益书，及积极进行并楼行动，另与好友投资新加坡，兴筑会议展览中心，并与霍英东、广东省政府和番禺市政府合资发展番禺之洛溪新城。

获澳门东亚大学颁赠工商管理博士学位。

1989 年 李兆基坚持对香港的信心，未受“六四”事件影响而停止投资香港。

1990 年 李兆基获江泽民接见，同年李兆基以中华煤气主席身份，接待来港访问之朱镕基。

1991 年 李兆基长子李家杰进军中国地产。

李兆基获委任为英国“爱丁堡公爵奖励计划”世界委员。

与郑裕彤先生共捐600万美元资助美国耶鲁大学及香港中文大学合作计划。

1992 年 被顺德市政府选为“顺德市荣誉市民”。

1993 年 李兆基斥巨资收购美丽华酒店 34.78% 股权。

香港中文大学颁发荣誉社会科学博士学位予李兆基。

被中国政府邀请出任港事顾问。

被广州市政府选为“广州市荣誉市民”。

捐款予香港青年协会成立“李兆基交流基金”。

恒地及恒发向市场集资 90 亿元。

1994 年 李兆基以适用于消费者市场之促销法推销马鞍山新港城，除折扣优惠、送黄金外，更送超平装修，及为买家提供额外两成按揭，加按的两成更有三年免息优惠。

1995 年 成立仁安医院，业务扩展至医疗服务。

被佛山市政府选为“佛山市荣誉市民”。

被香港科技大学委任为顾问委员会委员。

被香港理工大学委任为顾问委员会委员。

顺德李兆基中学举行开幕典礼。

被《亚洲周刊》颁赠香港区“企业家成就奖”。

美国《福布斯》财经杂志宣布世界富豪排名榜，李兆基为世界第七大富豪，资产总值为 65 亿美元。

李兆基在 90 年代初至该年，股息收入逾百亿元。

李家诚在地产界一显身手。

恒地配股集资 22 亿多港元。

1996 年 参与机铁中环站上盖发展，是项计划总投资额恒基系公司共占 47.5%。

恒基兆业（中国）于香港联合交易所挂牌上市，成功集资。

美国《福布斯》财经杂志世界富豪排名榜，李兆基排名第四，跃升为亚洲首富，资产总值 127 亿美元。

当选香港特别行政区筹备委员会委员，负责筹组香港特别行政区成立事务。

恒地配股集资 35 亿多港元。

当选香港特别行政区推选委员会委员，负责选出第一届香港特别行政区首长及临时立法会成员。

1997 年 李兆基母亲病逝。

恒地在日本证券市场挂牌上市。

美国财经杂志《福布斯》世界超级富豪排名榜，李兆基蝉联第四，跃升为欧洲及亚洲首富，资产值为 147 亿美元。

香港地产平均售价表

年份	人口	自置居所比例	每户平均人口	港岛住宅平均售价（港元/平方呎）注1及注4	九龙住宅平均售价（港元/平方呎）注1及注4	新九龙住宅平均售价（港元/平方呎）注1及注4	新界住宅平均售价（港元/平方呎）注1及注5	写字楼平均租金（港元/平方呎）注5	工厂平均售价（港平/平方呎）注3
1996	6,217,556		3.3						
1995				$5,219	$3,686	$4,293	$3,662	$40	$1,893
1994				$5,764	$3,908	$4,495	$3,919	$40	$1,994
1993				$4,474	$3,388	$3,661	$3,438	$33	$1,970
1992				$3,823	$2,850	$2,845	$3,023	$30	$1,633
1991	5,522,281	42.6%	3.4	$2,671	$2,037	$2,120	$2,086	$29	$1,317
1990				$1,889	$1,477	$1,486	$1,428	$30	$1,201
1989				$1,704	$1,363	$1,407	$1,310	$30	$1,119
1988				$1,300	$1,040	$1,074	$960	$18	$860
1987				$1,010	$807	$834	$740	$14	$589
1986	5,395,997	35.1%	3.7	$852	$655	$728	$640	$11	$441
1985				$780	$612	$627	$570	$10	$452
1984				$698	$556	$579	$500	$10	$349
1983				$741	$593	$596	$540	$11	$464
1982				$911	$745	$668	$600	$14	$479
1981	4,986,560	27.9%	3.9	$1,049	$858	$750	$700	$15	$500
1980				$760	$1,063	$734	$685	$11	$369

续表

1979				$699	$722	$558	$520	$7	$274
1978				$432	$433	$400	$370	$4	$209
1977				$344	$386	$292	$280	$4	$175
1976	4,402,990	23.2%	4.2	$334	$300	$286			
1975				$254	$257	$216		$4	$99
1974				$176	$178	$149		$5	$99
1973				$220	$223	$185		$4	$150
1972				$200	$202	$170		$3	$141
1971	3,936,630	18.1%	4.5	$150	$152	$128		$3	$136
1970				$85	$86	$72		$2	$125
1969				$60	$61	$51		$1	$106
1968				$49	$50	$42		$1	$87
1967				$41	$41	$34			
1966	3,708,920		4.7	$49	$50	$41			
1965				$51	$52	$43			
1964									
1963									
1962	3,526,500								
1961	3,129,648	20.1%	4.4						
1960									
1956-59									

备注

1) 住宅面积以实用 40 平方米至 69.9 平方米为统计对象。
2) 写字楼租金统计资料为甲、乙、丙三级之平均。
3) 厂厦以九龙传统工厂区域为统计对象。
4) 1975 年以前的住宅价位为推算价位。
5) 1976 年以前未有新界区的统计资料。

附录四

恒基兆业地产有限公司近年已发行股本之变动表

日期	集资形式	增加股数	发行股数	用途
81 年 7 月 23 日	上市		1,319,000,000	
87 年 5 月 29 日	以每股作价港币 $6.3 发行新股	131,900,000	1,450,900,000	筹集资金用作购买物业供发展用途
88 年 11 月 28 日	以红股方式按每十股送一股之比例分配股东	145,090,000	1,595,900,000	
95 年 12 月 6 日	以每股作价港币 $45.6 配售新股	48,250,000	1,644,240,000	作集团之一般营运资金
96 年 9 月 23 日	以每股作价港币 $64 配售新股	55,000,000	1,699,240,000	作集团之一般营运资金
97 年 1 月 10 日	在日本公开发售股份，每股售价为港币 $73.25	33,000,000	1,732,240,000	作集团之一般营运资金

附录五

全球十大富豪榜

（根据 1995 年美国福布斯财经杂志统计）

名次	姓名	地区	企业	财富
1	盖茨（Bill Gates）	美国	电脑软件	129 亿美元
2	巴菲特（Warren Buffett）	美国	股票市场	107 亿美元
3	劳辛（Hans Rausing）	瑞典	包装	90 亿美元
4	堤义明（Yoshiaki Tsutsumi）	日本	房地产	90 亿美元
5	扎赫尔（Paul Sacher）	瑞士	制药	86 亿美元
6	蔡万霖（Tsai Wan-lin）	中国台湾	保险和金融服务	85 亿美元
7	李兆基（Lee Shau-kee）	中国香港	房地产	65 亿美元
8	汤姆森（Kenneth R Thomson）	加拿大	传媒、零售、房地产	65 亿美元
9	郑周永（Chung Ju-yung）	韩国	多元化	62 亿美元
10	李嘉诚（Li Ka-shing）	中国香港	房地产、基建	59 亿美元

全球十大富豪榜

（根据 1996 年美国福布斯财经杂志统计）

名次	姓名	地区	企业	财富
1	盖茨（Bill Gates）	美国	电脑软件	180 亿美元
2	巴菲待（Warren Buffett）	美国	股票市场	153 亿美元
3	扎赫尔（Paul Sacher）	瑞典	包装	131 亿美元
4	李兆基（Lee Shau-kee）	中国香港	房地产	127 亿美元
5	蔡万霖（Tsai Wan-lin）	中国台湾	保险和金融服务	122 亿美元
6	李嘉诚（Li Ka-shing）	中国香港	房地产、基建	106 亿美元
7	堤义明（Yoshiaki Tsutsumi）	日本	房地产	92 亿美元
8	艾伦（Paul G. Allen）	美国	电脑软件	75 亿美元
9	汤姆森（Kenneth R Thomson）	加拿大	传媒、零售、房地产	74 亿美元
10	郑周敏（Tan Yu）	菲律宾	房地产	70 亿美元

其他相关资料

李氏基金股息收入

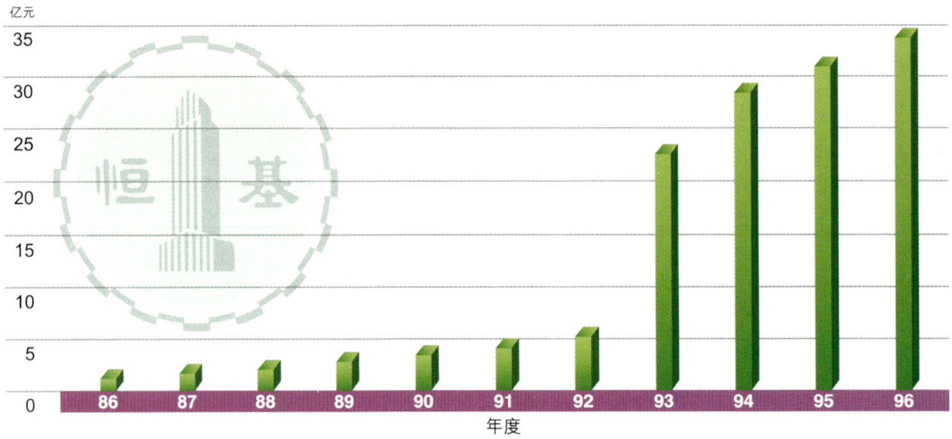

恒基集团雇员人数
(1987 年 12 月至 1996 年 12 月)

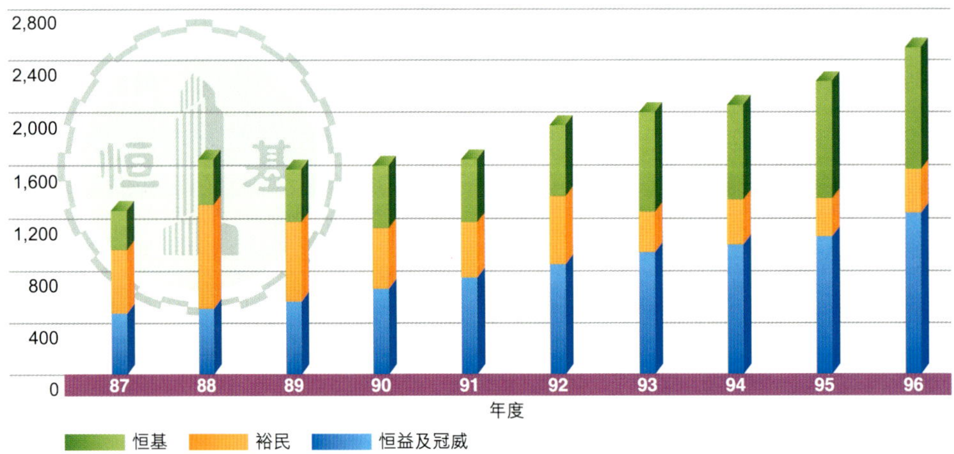

恒基集团雇员人数

(1987 年 12 月至 1996 年 12 月)

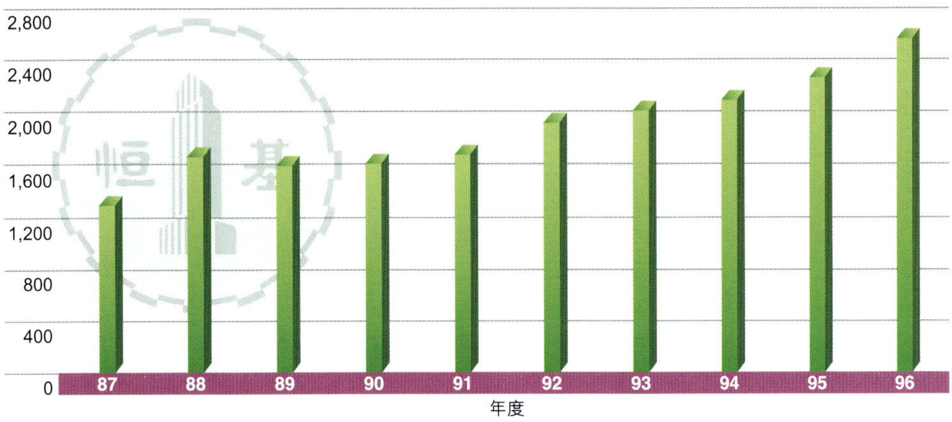

香港中华煤气有限公司

盈利及总资产

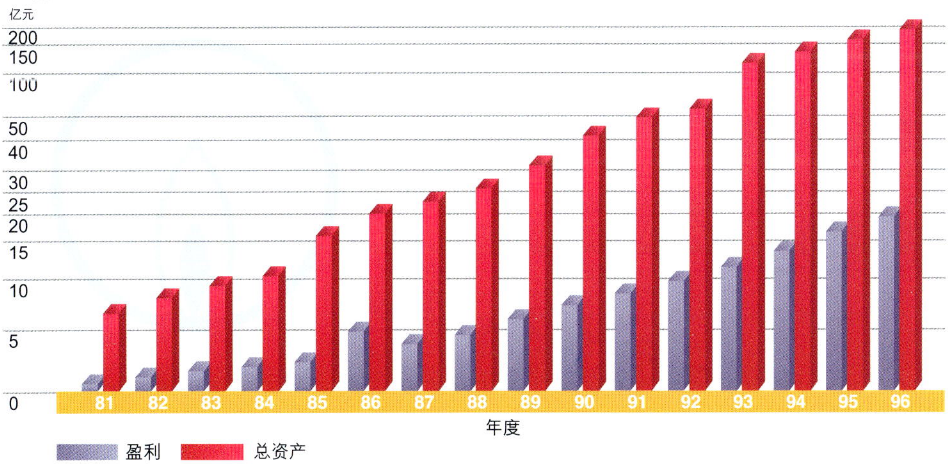

香港中华煤气有限公司

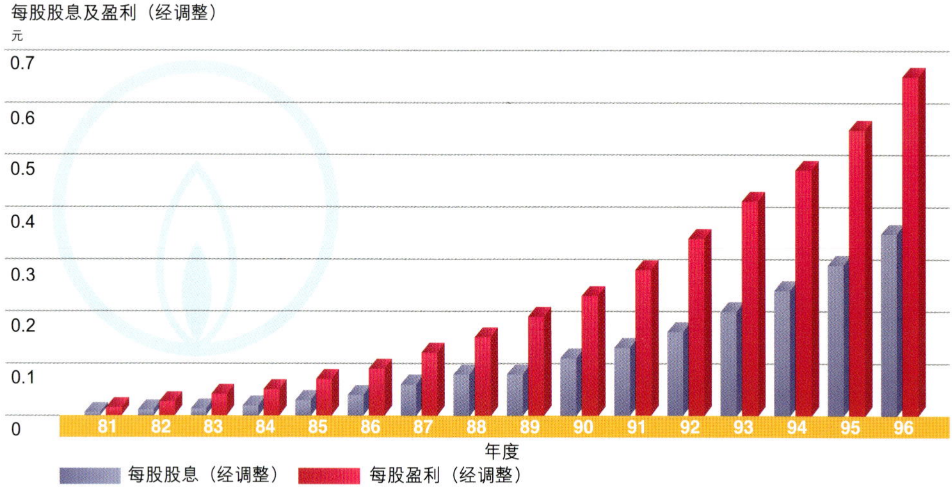

香港中华煤气有限公司 1981 年 -1997 年股价波幅图

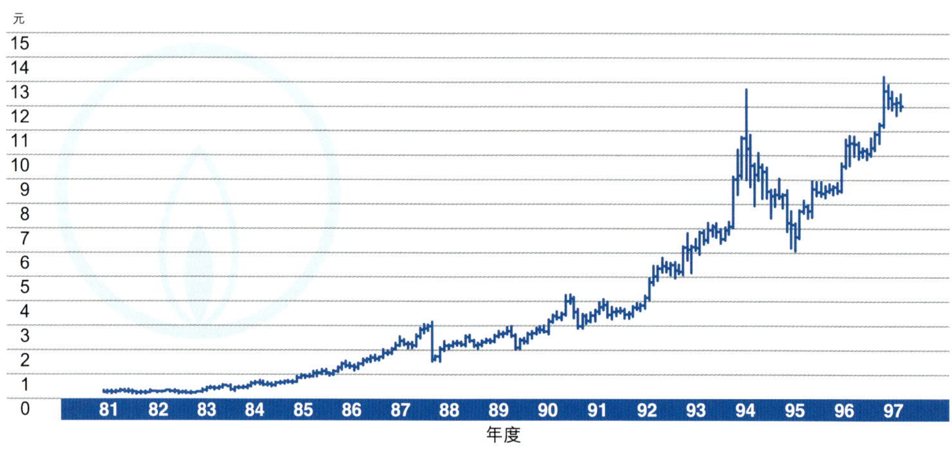

香港中华煤气有限公司
七年财务概要

	90	91	92	93	94	95	96
每股盈利(经调整)	0.237	0.285	0.347	0.411	0.457	0.548	0.65
每股股息(经调整)	0.11	0.13	0.16	0.2	0.24	0.29	0.35
总资产(亿元)	42	49	56	112	130	157	
盈利(亿元)	6.5	7.8	9.4	11.4	13.7	16.4	19.5

香港小轮（集团）有限公司

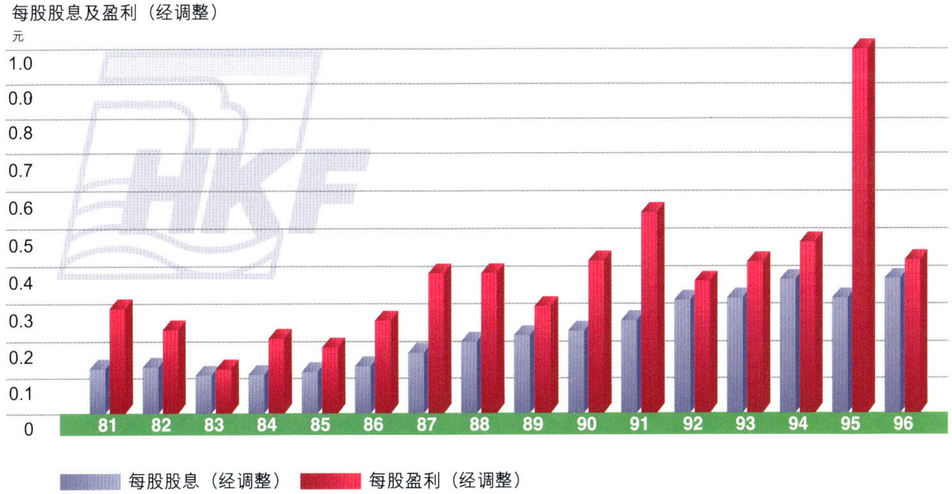

香港小轮（集团）有限公司
七年财务概要

	90	91	92	93	94	95	96
每股盈利(经调整)	0.421	0.554	0.365	0.413	0.427	0.999	0.423
每股股息(经调整)	0.23	0.26	0.31	0.32	0.37	0.37	0.37
总资产(亿元)	14.4	15.5	18.3	22.5	57.4	56.2	
盈利(亿元)	1.0	1.3	0.88	0.99	1.3	3.6	1.5

香港小轮（集团）有限公司 1981 年 - 1997 年股价波幅图

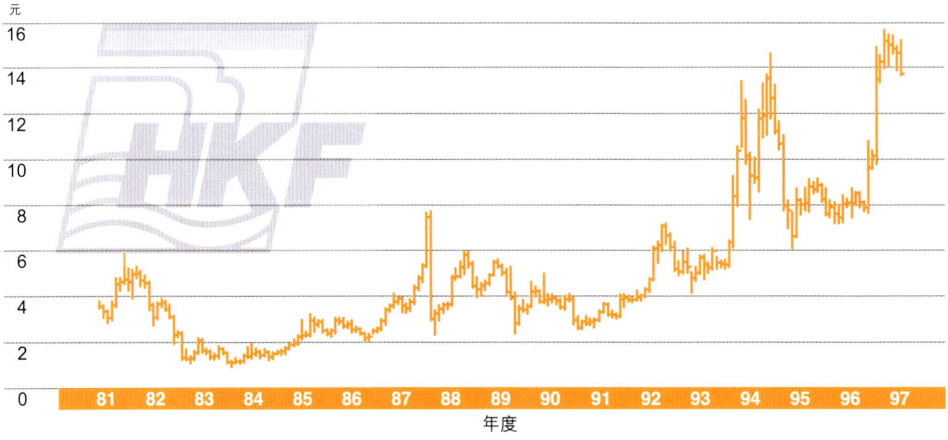

香港小轮（集团）有限公司

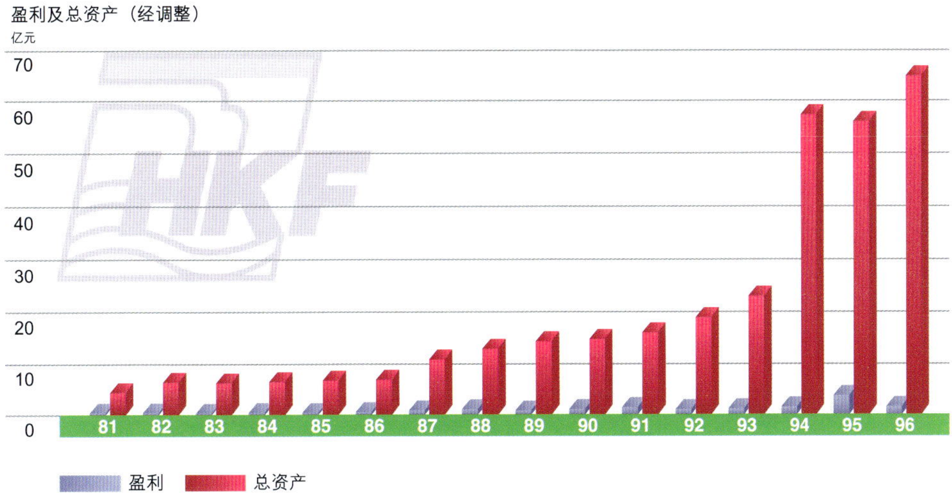

美丽华酒店企业有限公司

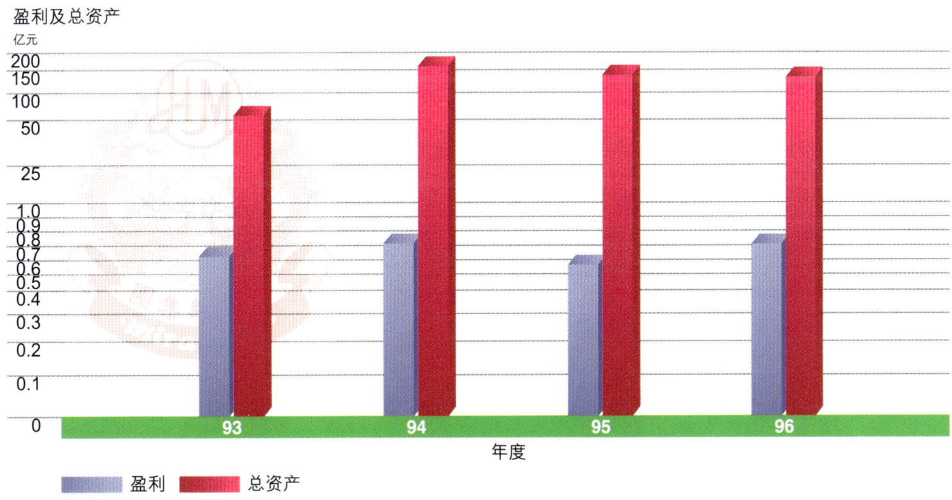

美丽华酒店企业有限公司

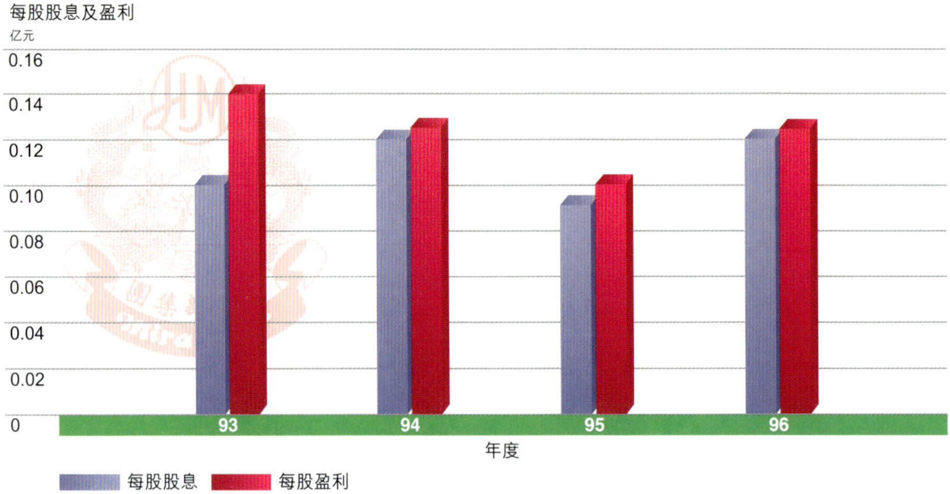

美丽华酒店企业有限公司 1981 年 - 1997 年股价波幅图

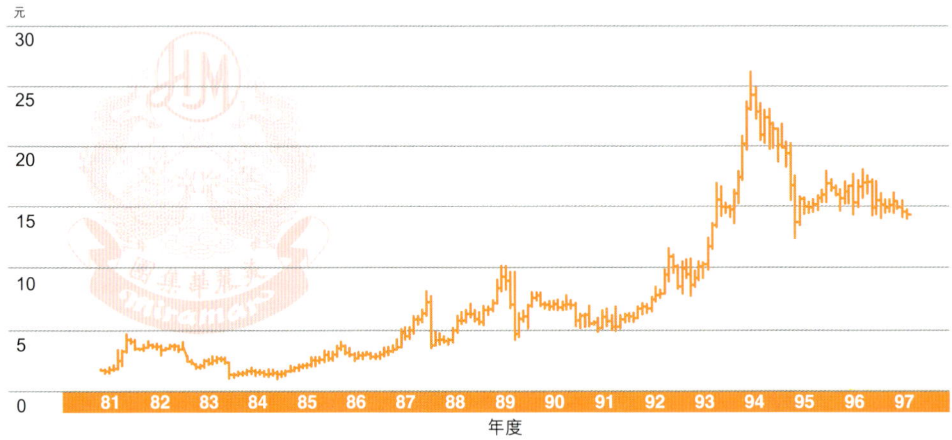

美丽华酒店企业有限公司
七年财务概要

	90	91	92	93	94	95	96
每股盈利	0.191	0.134	0.08	0.14	0.127	0.101	0.122
每股股息	0.17	0.15	0.08	0.1	0.12	0.09	0.12
总资产（亿元）	48.9	49.9	52.5	56.3	157.2	129.3	126.3
盈利（亿元）	1.0	0.71	0.43	0.62	0.71	0.57	0.7

恒基兆业地产有限公司

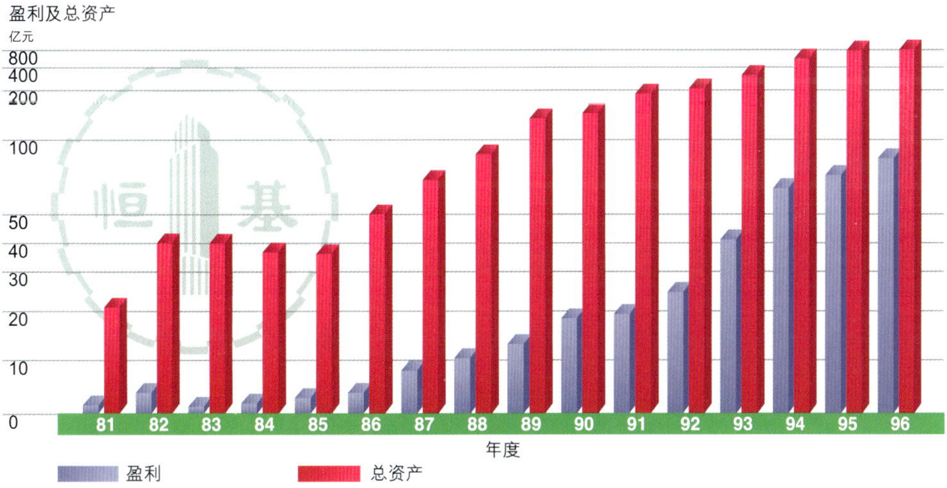

恒基兆业地产有限公司

每股股息及盈利（经调整）

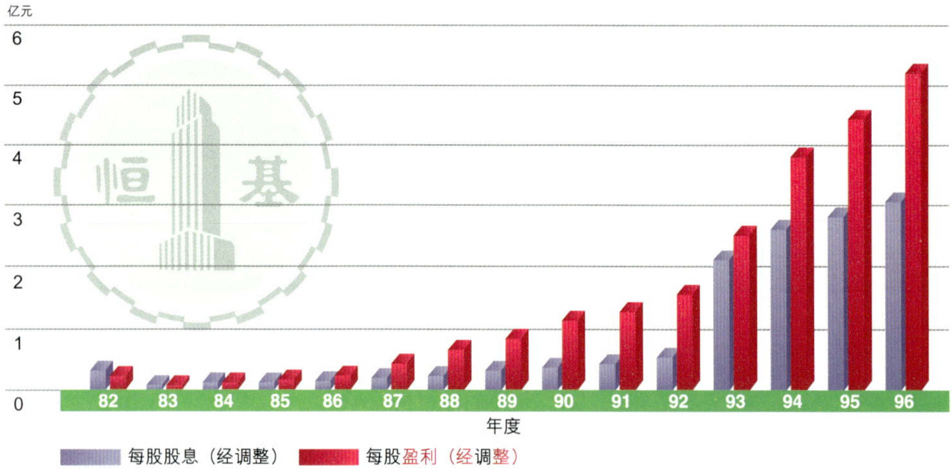

恒基兆业地产有限公司 1982 年 - 1997 年股价波幅图

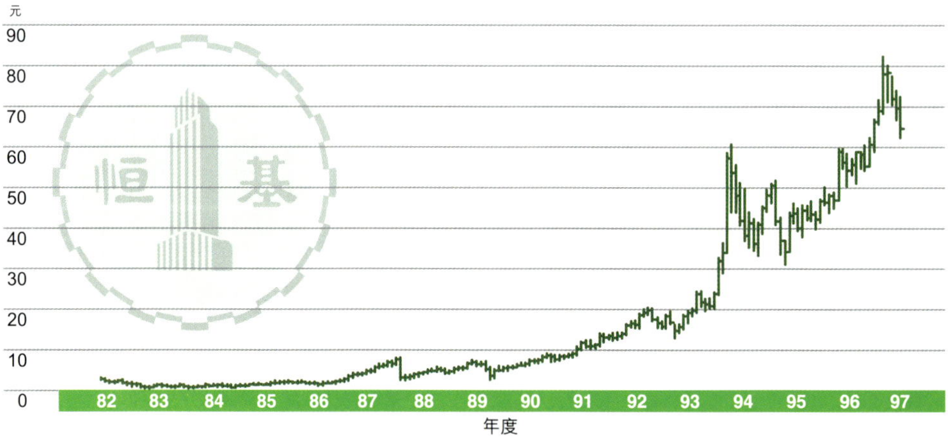

恒基兆业地产有限公司
七年财务概要

	90	91	92	93	94	95	96
每股盈利	1.09	1.26	1.53	2.51	3.78	4.4	5.16
每股股息	0.35	0.4	0.51	2.1	2.6	2.8	3.03
总资产（亿元）	146	175	214	298	561	679	787
盈利（亿元）	17.4	20.0	24.4	40.1	60.4	70.3	83.6

恒基兆业地产有限公司

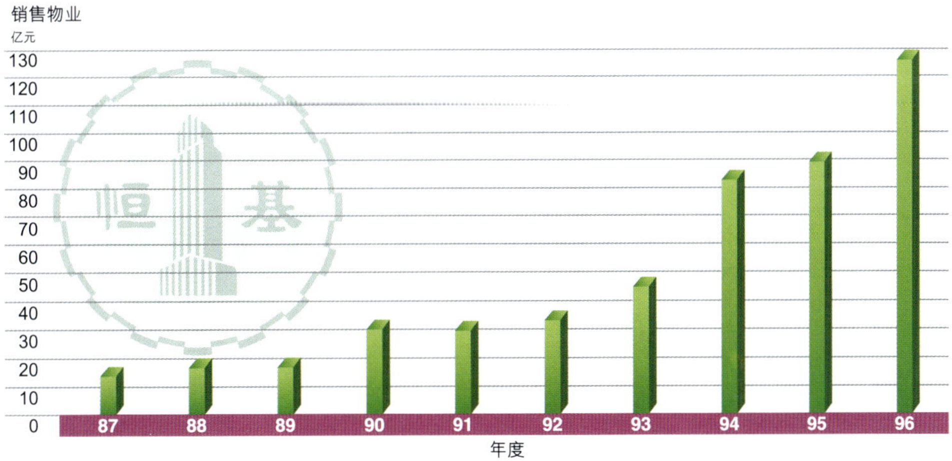

恒基兆业地产有限公司

集团投资物业之租项净收入

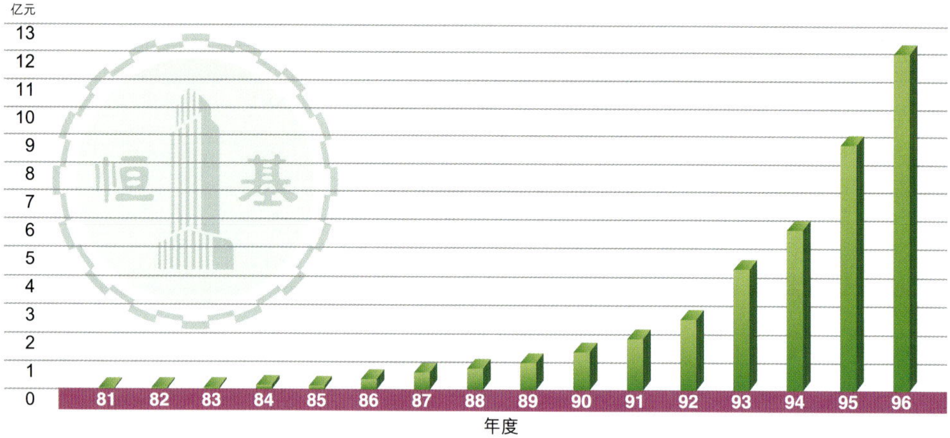

恒基兆业发展有限公司

盈利及总资产

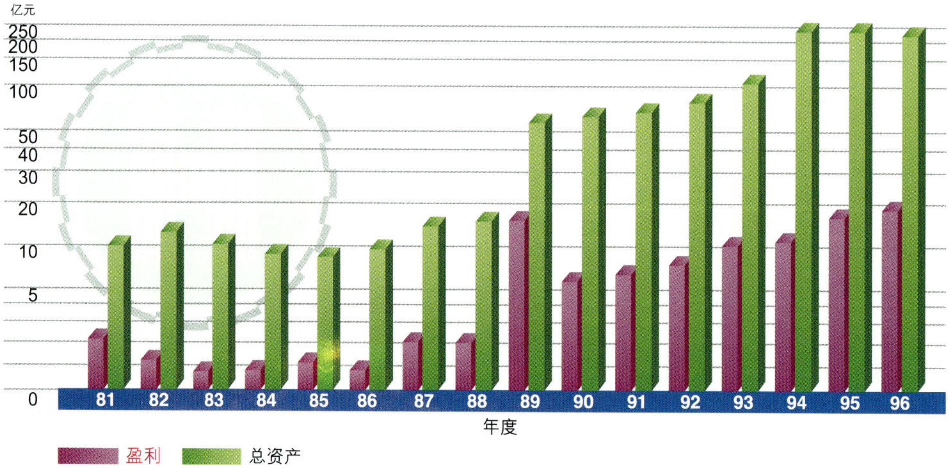

恒基兆业发展有限公司

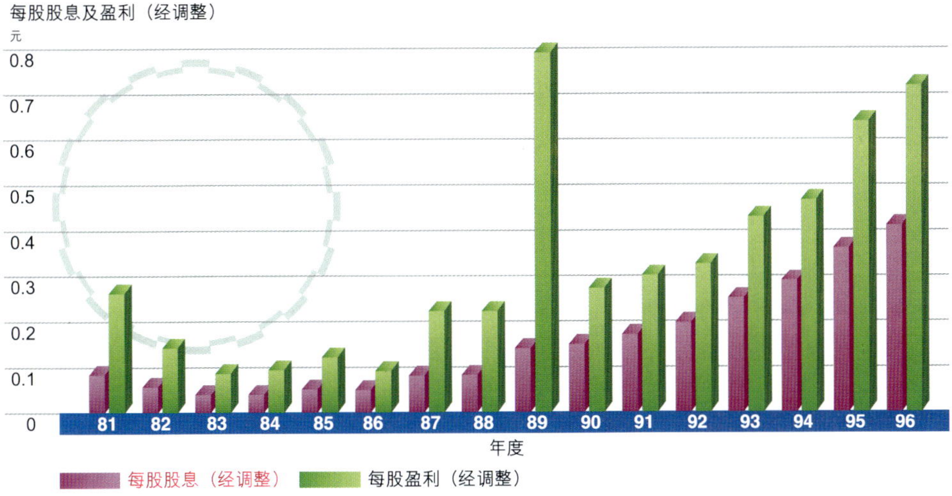

恒基兆业发展有限公司 1982 年 - 1997 年股价波幅图

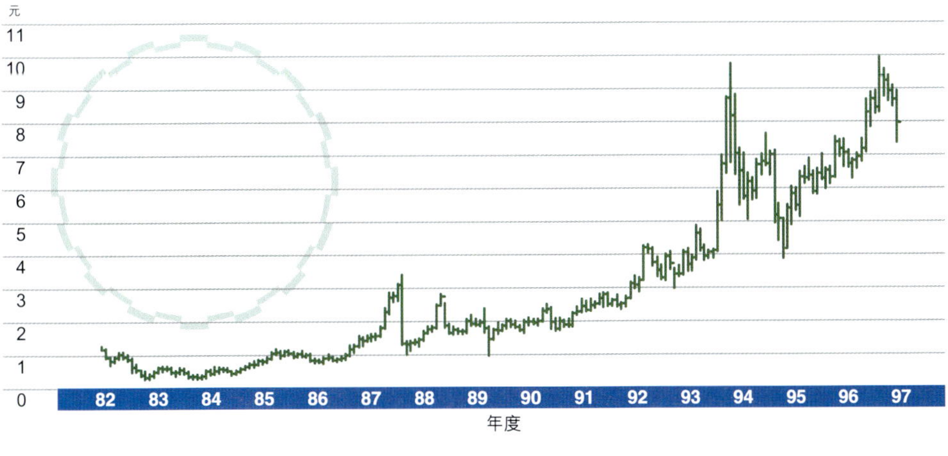

恒基兆业发展有限公司
七年财务概要

	90	91	92	93	94	95	96
每股盈利	0.267	0.288	0.327	0.43	0.466	0.64	0.72
每股股息	0.145	0.17	0.195	0.25	0.29	0.36	0.42
总资产（亿元）	63	67	79	106	235	228	216
盈利（亿元）	5.7	6.4	7.4	9.8	11.3	16.3	18.9

恒基地产之新都城位于将军澳，楼宇总面积约为 5 670 000 呎，规模宏伟，对市民安居和市容改进都有帮助。

恒基地产在沙田马鞍山兴建之新港城，楼宇总面积 3 310 000 平方呎，规模宏伟，设备齐全，为市民乐意购买之现代家庭安居之所。

恒基地产在粉岭兴建之花都广场，楼宇总面积 1 660 000 平方呎，包括大型商场、停车场及住户会所，共有单位数目 2 710 个。